東日本大震災 復興の検証

どのようにして「惨事便乗型復興」を乗り越えるか

綱島不二雄（元山形大学教授）・岡田知弘（京都大学大学院教授）
塩崎賢明（立命館大学教授）・宮入興一（愛知大学名誉教授）
［編］

合同出版

本書を、相次ぐ大震災で被災された方々、今なお困難に立ち向かい続けておられる人々に捧げます。

目次

はしがき

東日本大震災から早くも5年が経過しようとしている。被災者の復興は大幅におくれ、いまだ仮設住宅には40％の被災者が居住を強いられたままである。ふるさとを離れ、間借りの小学校で過ごした子ども達は、そのまま中学生になろうとしている。その一方では、防潮堤、沿岸道路の嵩上げ、高速道路の延伸、大規模盛土市街地造成といった巨大な土木工事は着々と進行している。これが5年の歳月と26兆円をかけた国の復興政策の現状である。しかも、居住制限をかけた地域の50％の土地が、その用途がまったく決まらぬまま放置されるという「復興」の名にも値しない現状である。

福島では、避難区域の解除が進められているが、戻った人はごくわずかである。自宅周辺20ｍの除染が終わり、空間線量が低下したからといって住民が日々の暮らしを再開する条件は、そこにないのである。避難状態が解決したとされる地域が、帰還予定者にとっては帰還困難区域のままなのだ。何から手をつけてよいのか、被災者の復興の道筋が見えないのである。これでは人間の復興にはならないのである。

最近、今進行中の巨大土木事業に関して、国の復興構想に関わった責任者から相次いで発言が出されている。「これほど大規模な土木事業になるとは想像しなかった」（国の復興構想会議五百旗頭会長、『朝日新聞』宮城版２０１６年2月7日）。「（防潮堤に関して）住民の生活と結びつける作業はしてこなかった。明治三陸地震は特例だ。これを基準にするのは誤りだ。巨大防潮堤だけ残ってどうするのだという思いだ」（中央防災会議専用委員会河田恵昭座長、２０１６年2月8日）。

さらにこれに加えて「民主党政権は原発事故と政局にかかりきり、その政治的空白の中で官僚の力を集めて提言につながった。まちづくりでは、高台移転と防潮堤の組み合わせを提言したが、これだけ全面的に行われることは思わなかった。秋になって驚いたことは、会議で想定したすべて、いやそれ以上が予算化されたこと」（復興構想会議検討部会飯尾潤会長、２０１６年2月28日）といったいずれも提言当事者としての責任を回避するかのごとき発言である。

まさに東日本大震災の復興事業は、彼等責任者を飛び超えた国・財界の力が大きく作用したいわゆる惨事便乗型大土木事業と断じることができよう。被災者の復興は、この巨大土木事業の片すみに追いやられているのである。土木学会は、まちづくりや景観を考慮し、防潮堤の再検討を始めた（『朝日新聞』２０１６年3月4日）と報じられている。

この構造に迫り人間の復興実現に向けての課題を各分野から明らかにしようと試みたのが本書である。本書刊行のきっかけは、２０１５年3月14～18日に仙台市で開催された国連防災世界会議のパブリックフォーラムに本書の著者が共同して日本科学者会議災害復興研究チームとして参加したことにある。参加にあたり、人間の復興の重要性、復興財政分析からの接近、復興災害を繰り返さないための施策、減災の思想とねらい、生業復活に向けた被災者の努力などのペーパーを用意して、このフォーラムに臨んだ。このペーパーが合同出版の目に止まり、それをふくらませて、今回の出版となったものである。執筆予定者の打合せ会で議論を繰り返し、可能な限り、認識の共有化をはかった。また、災害対策法制の見直しの観点から津久井進弁護士にもご参加いただき、本書にご寄稿いただいた。これらの打合せ会に日本科学者会議研究助成金を活用させていただいた。記して感謝する次第である。

東日本大震災から6年目に入る。被災者のくらし再構築を一日も早く納得のゆく方向で実現したい。今日国会の場において、憲法改正の意向が、首相の口から発せられた。混乱の度を増す世界情勢の中にあって、「平和憲法」

が提示する基本的人権の尊重こそ重視されなければならない。大震災からの復興を憲法の精神を体して促進しなければならない。

本書の執筆者の多くは阪神淡路大震災以後一貫して、被災者の立場から現地に足を運び、被災者の立場に立って論陣をはってきた。今回、私達が一堂に会し、認識の再確認の場を得、一冊の書として世に問うことができたのは、きわめて幸甚であった。企画・編集にご尽力いただいた上野良治社長、金詩英さんをはじめ、合同出版のみなさんに感謝の念をお届けしたい。

本書が多くの方々に読まれ、広く活用されることを願っている。

執筆者を代表して　綱島不二雄

序章

大震災からの復興
――「創造的復興」と被災者の権利

元山形大学教授　綱島不二雄

1　大震災と被災者の権利

大震災から、5年近くたった2015年11月現在で、仮設住宅などで生活する被災者は、岩手では、2・4万人、宮城では5・5万人、福島では10・3万人にのぼっている。生業の回復も充分でなく、巨大防潮堤建設、大規模盛り土による新市街地造成、嵩《かさ》上げ事業が盛んに行なわれている。被災者の生活はこれから、というのが、26兆円という巨費を投じた復興の今日の姿である。震災関連自殺者数も2011年6月以降、154人にのぼり、福島がその半数強を占めている。

日本は災害大国だが、防災大国ではない。

2004年、22万人もの死者を出したM9・1のスマトラ沖地震津波で最大の被害を受けたインドネシアでは、政府が100日間の国会審議を経て110日後には復興全権を委託された復興庁を設置、国情に相異はあるものの丸4年間で任務を終え閉庁した。一方、日本は、335日を要してようやく復興庁を設置したが、復興交付金は5省40事業で実施され、同庁は復興行政の中核となるどころか行政手続き上の障壁ともなっているのである。避難所の状況はとても先進国の対応とは言えない低レベルのままである。災害対策法制の不具合も表面化している。そして何よりも、阪神・淡路の経験を被災者の復興に生かすでなく、広大な被災地は農・漁村、漁港都市であるにもかかわらず、グローバル化に対応した公共土木事業を軸とした復興ビジネスモデル構築を目論む復興策を、被災者の権利を一顧だにせずしっかりと位置づけていることが、今回の特徴と言える。

2011年4月11日に、国の東日本大震災復興構想会議が発足した。その日、被災地の一つ岩手県の達増知事は慰問先の釜石市で「宮沢賢治は、『世界ぜんたいが幸福にならないうちは個人の幸福はあり得ない』という言葉を残しました。私たち岩手県民は、皆で痛みを分かち合い、心を一つにして、被災された方々が『衣』『食』『住』や『学ぶ機会』『働く機会』を確保し、再び幸せな生活を送ることができるようにしていきます」とする〝がんばろう！　岩手」宣言〟を広くアピールした（章末36ページに掲載）。国の「創造的復興」に抗して「被災者の人権に基づく復興」方策を対峙させたのである。

復旧・復興の5年間で、被災者の権利は、どう守られ、どれだけ実現したのか、また守られなかった原因が何なのか、これらをふまえて、次の大震災に備えるべきものは何か、本書の各章においてその課題に迫りたい。

1　国の復興理念「創造的復興」と2つの事象

２０１５年12月1日、東京地裁で一つの和解が成立した。東京電力福島第一原発事故の3カ月後の6月に自殺した福島県相馬市の酪農家、菅野重清さん（当時54歳）の遺族が東電に対して損害賠償を求めた訴訟であった。菅野さんは、約40頭の乳牛を飼育していたが、原発事故で一時原乳が出荷できなくなるなどして、牛の処分に追い込まれ、将来の見通しも見えぬ中、「原発さえなければ」と堆肥舎の壁に書き残し、自ら命を断った。東電は当初、相馬市が原発から30㎞以上離れていることもあり、事故との因果関係を否定していたが、今回和解したものである。和解文には、弁護団によると遺族への賠償金は明記されていたが、東電側からの謝罪の文言はないという（『朝日新聞』２０１５年12月2日）。

また、時を同じくして、２０１５年12月4日（日本時間5日未明）に国連は、総会第2委員会において、11月5日を国連共通記念日の「世界津波の日」とする決議を、日本政府が提案し、日本を含む１４２カ国が共同提案国となり、全会一致で採決した。もともと国連の共通記念日は１２５もあり、法的拘束や行動義務はない。

記念日制定に深く関わったのが、自民党の二階総務会長だが、二階氏は全国土地改良事業団体連合会の会長も務めている。氏は民主党政権下で減額された土地改良予算の増額を求めているが、国内での公共事業は頭打ち、そこで以前から「国土強靭化、海を渡る」と講演するなどインフラ輸出に意欲を見せていた。2015年11月21日から、二階氏、林経産相ほか運輸、建設、港湾の大企業の役員ら1100人が参加する訪問団がインドネシアを訪問、26日にはスマトラ沖地震（2004年）で16万人以上が死亡したアチェ州を訪れた。インドネシアには、2020年までのインフラ需要がASEAN（東南アジア諸国連合）最大の4500億ドル（約55兆円）もあるとされ、氏もそこに注目しているというもので、災害に強いインフラを整備する「国土強靭化」の輸出に活路を求めるのが狙いだ（『朝日新聞』2015年11月27日）。

以上2つの事象は、東日本大震災の復興に関わる国・東電の姿勢をあからさまに描き出している点できわめて興味深い。

2　被災者の権利無視の原発震災対応

東京地裁での和解の内容は、今回の地震・津波大震災に加え、人災の極みとも言うべき原発震災（地震災害と放射能とが複合・増幅し合う破局的災害―伊東達也・原発問題住民運動全国連絡センター筆頭代表委員）に向き合うべき国・東電の無責任な姿勢を示す以外の何ものでもない。

2011年以後、震災関連自殺者の数は、2015年11月末までに岩手、宮城、福島の3県で、154人にのぼる。うち福島県は80人とその半数を占める。「家に帰りてえ」「賠償手続き負担が重くのしかかる」といったことが直接原因である。被災者は故なく家を、仲間を、仕事を追われ、狭い仮設住宅でのうつろいの日々を強いられている。多くの被災者としっかりと向き合わない国、東電の責任は、これだけの命を奪っているのである。被災者の声なき怒りは計り知れない。

原発震災に関しては、地元福島からも多くの声があがっている。全住民が避難しなければならなかったため役場を他の自治体に移転せざるを得なかった町村は9つにのぼる。そのうち浪江町は、2013年3月末現在、県内避難者は1万4000人、主として7市町村で、30カ所の仮設住宅、借り上げ住宅での生活を強いられている。県外避難は、北海道から沖縄まで6600人。子どもたちは、全国の620校で、日々の学校生活を送っているという状況にある。

原発事故発生から足かけ4年10カ月経過した現在、子どもたちは学年進級し、中学卒業、小学卒業を迎えた子どもも少なくない。子どもたちのふるさと浪江町への思いは如何なるものなのか、想像もできず、この事態にまともに向き合わない国・東電の対応は福島の将来への責任放棄と言える。

浪江の馬場有《たもつ》町長は、これまで役場庁舎を内陸部の二本松市にある浪江町二本松事務所に移転し、避難住民の多い福島市、いわき市、南相馬市、本宮市、桑折《こおり》町に出張所を置き、さらに1府9県に約30名の復興支援員を配置、「浪江のこころ通信」（町民へのインタビュー）を「広報なみえ」に綴じ込んで配布と町民の心をつなげる活動にも取り組む等の努力を通じて、町務をこなしてきた。住民が全国各地に分散し、自治体としての地理的まとまりを欠いた中での町行政の困難は、我々の想像をはるかに超えるものと推察される。2016年1月10日に開催した成人式には、新成人の80％が全国から馳せ参じていた。いずれも浪江町にあった浪江中学校の卒業生である。馬場町長はうれしいと同時に、2年後の成人式はできないだろうと心を痛めている。2年後の新成人は、避難先の中学卒業生となっているからである。世帯調査の結果では、戻りたい意向を示した町民は17・8％にとどまる。しかし町長は5000人規模の新浪江町を構想し、避難指示解除直後からの実現に向けて努力を欠かさない。この状況に手立てを講じない国の姿勢は、地方自治権の無視である。原発事故は、立地町村のみならず周辺町村を消すのである。

２０１３年５月29日、浪江町は、町民１万１６０２人の代理人として、原子力損害賠償紛争解決センター（ＡＤＲ）に対して、３つの目的を持った集団申し立てを行なった。

その目的とは、

①町全体が崩壊させられたことについて東電は謝罪せよ

②２０１１年３月11日以前の生活に戻すための除染とその費用負担

③避難生活が終わるまでの間、住民生活の賠償について、自賠責保険の最低金額の月10万円ではなく、35万円に増額

きわめて当たり前の要求であるが、この申し立てに対して東電はこれまで和解を拒んできた。２０１６年12月17日、ＡＤＲの仲介委員は慰謝料増額の和解案を提示し、東電に受諾を強く求めた。しかし、この和解案も２月５日に東電は拒否、以降２回にわたる和解勧告を出したがこれも拒否、福島県当局は反応していない。国は、２０１７年３月までに放射線量の高い避難困難区域を除いて避難指示解除を一方的に目論んでいる。この事態はきわめて重要視されねばならない。帰村実現の障壁として、避難先での６年間の生活がある。就労、就学等々の変化もある。そして帰村には、何よりも生活インフラの整備が不可欠である。これは被災者の権利である。この条件なしでの一方的な避難指示解除は、国・東電による被災者の人格権の侵害である。

市民訴訟も相次いでいる。たとえば、２０１３年３月11日には、８２２人のいわき市民による「福島原発事故被害いわき市民訴訟」が福島地裁いわき支部に提出されている。約４０００人の大規模な原告が国と東電に原状回復と損害賠償を求める「生業訴訟」も起こしている。国・東電は、２０１４年12月12日、営業損害の賠償を２０１７年２月をもって打ち切ることを発表、さらに、労働不能損害賠償金を２０１５年２月で打ち切っている。原発事故はまだ終息したとは言えない。原発事故は、燃料デブリがどこにあるかも分からない状況である。事故原因の解明

の糸口すら見付かっていない。この状況下で、原発輸出、原発再稼働を進める国には、企業の社会的責任、被災者の心の安らぎへの配慮はみじんもない。被災者の人格権無視の極みである。

空間放射線量がいまだ高い状況下、国交省は常磐自動車道、国道6号線を全線開通させた。国道6号線沿いには、「ローソン浪江町役場前店」が、国、自治体の要請を受け、本社直営店として開店している。しかし、そこには町役場はない。店は避難指示区域にあるため、午前7時から午後6時までの営業である。店の客は、1日に約2万6000人とも言われる除染、廃炉の作業員たちが対象で当然、町民の姿はない。店員はいわき市から通う。来店客数は、半日営業にもかかわらず、1日1200人、ローソン平均の1日900人弱を大きく上回っていると報じられている(『朝日新聞』2015年12月7日)。

除染労働者の生活、権利はどうなっているのであろうか。外国人労働者の雇用も2015年から認められた。東京オリンピック開催の余波で人手不足が深刻なのだ。賃金は、1日8時間で1万6000円、これまで得たことのない高賃金だ。しかもかつて未払いにも直面した。労働組合に相談し、未払い分は支払われた。それでもこの労働者は、「今の職場が、以前自動者部品工場で人間的扱いを受けなかったことよりは良い」と言っていると報じられている(『朝日新聞』2015年12月24日)。

これまで述べてきた事象は、まさに、原発事故と真正面から向き合い、電力業界全体として、原発事故の早期終息に専念する努力を怠り、原発事故をともかく小さく見せようとする国・東電の被災地、被災者の人格権無視のあらわれと言わざるを得ない。それでも被災者はけっして立ち止まっているわけではない。子どもたちが将来を描ける状況は何としても創り出さねばならないのである。

こうした原発震災の先行きの見通せない状況を生み出している原因の一つに「安全神話」にどっぷりと浸《つ》かった中で成立させた「原子力損害の賠償に関する法律」(原賠法—1961年成立)がある。原発先進国の原賠法は、すべて「企業の有限責任」「国の責任」が明記されているのに、日本は「企業の無限責任」「国の援助」となっている。原発先進国は当然のこととしてリスク管理を重視し、同時にその限界も理解して、原賠法を作成している。これに対して日本は、まさに「安全神話」に依拠しての実効性の薄い、ゆるい原賠法の作成だったのである。

今回の事故に「原賠法」を適用すれば、東電の破綻は当然予想される規模であり、国は急遽「原子力損害賠償支援機構法」を成立させ事故対応にあたった（２０１１年8月）。この法律により被災者はさておき、まず、東電の株主と債権者は守られるという逆転した状況が生み出されたのである（詳細は、除本理史《よけもとまさふみ》「原発事故の被害補償をめぐる課題」『震災復興と自治体』自治体問題研究所、２０１３年、３４７～３６２ページ／遠藤典子『原子力損害賠償制度の研究』岩波書店、２０１３年）。

しかし、この方式は、発生から50年を超える今日まで続いている水俣病問題の解決方策を越えるものとはなっていない。基本的には、水俣病事件の場合では、戦後日本の重化学工業化のパイオニア企業「チッソ」の救済・存続であり、今回は、原発企業・東電の救済がその眼目である。そして両者に共通するのは、事故発生原因が、安全確保のための初期投資を無視したことである。チッソの場合は、水俣病の原因となる有機水銀の直接投棄を防止できる製造用溶液の「クローズドシステム」（当時で4億円）の採用を先延ばしし、有機水銀を発生させるアセトアルデヒド生産を中止する2年前にやっと採用したことに尽きる（地球環境経済研究会『日本の公害経験――環境に配慮しない経済の不経済』合同出版、１９９１年）。

東電の場合は、津波を受けにくい立地条件も生かさず地盤を掘り下げて原子炉建屋を建設し、しかも津波被害も想定されていたにもかかわらず、「安全神話」の世界から一歩たりとも踏み出さず、補助電源システムの補強、防潮堤の嵩上げ（費用数十億円と言われている）を見送った結果である。問題の根源は深い。

馬場有浪江町長は、これまで、憲法にのっとった３つの権利、「幸福追求権」（第13条）、「生存権」（第25条）、

「財産権」（第29条）をかかげて、町民には「どこに居ても浪江町民」を合言葉に、国・東電に対しては、被災地から基本的人権の重視を訴えつづけている。この努力を私たちは無にしてはならない。

被災者が未来を目指せる環境、子どもたちがふるさとの将来について考え行動する機会をともかく創出していく努力が実る環境整備を国・東電は必須課題と銘ずべきである。

3　グローバル志向の創造的復興と被災者の権利

大震災後に政権交代があり、政権党となった自民党は、それまでの復興予算19兆円に新たに6兆円を追加し、結果として集中復興期間の復興予算額は26兆円に膨らんだ。追加された6兆円は国土強靭化予算とされ、その意図・内容が自民党・二階総務会長の「国土強靭化、海を渡る」という言動で明確に示されることになった。狭隘《きょうあい》化している国内の公共土木市場から現在、世界市場の4％のシェアを占めるにすぎない日本のグローバル化対応の公共インフラ事業の海外進出である。TPPの大筋合意を受けて、この分野への海外資本の日本への参入も考えられる。まさに、グローバル市場化しているのである。大震災は災害便乗型復興事業モデルの機会とされたのである。

今回「創造的復興」の名の下に実施された復旧・復興過程をあらためて見直すと、その意図が明確に貫かれていたことが分かる。早々に着工されほぼ完成している仙台湾沿岸巨大防潮堤にその姿を見ることができる。防潮堤に加えて、沿岸部を走る県道（一部区間は国道）の嵩上げによる2線堤による防災体制の整備である（現在、仙台湾岸では、現県道に沿って嵩上げ、新県道の建設が進行中である）。これと内陸部、高台への集落移転である。これをモデルに世界市場に乗り出そうという意図は明白である。世界的には、地球温暖化の影響が深刻化しており、とくにＡＳＥＡＮ地域では沿岸部の浸食は深刻の度を増しているからである。

次節で詳しく述べるが、国の創造的復興政策をそのまま実行に移している村井宮城県知事は、その著書『復興に命をかける』（ＰＨＰ研究所、２０１２年）の中で、「私は分権を進めなければならない県が、市町村のまちづくりに口をはさむべきではないと考え、従来のような、まちづくりまで含むフルセット型の総合計画にはしませんでした。しかし、今回の大震災では逆に市町村が計画を策定する前に、県が被害の大きかった地域に建築制限をかけた上で、まちづくりに対する方針をあえて伝えました」と述べている。知事による建築制限は3月12日に発せられた。

そして県内被災自治体での復興計画が、それからの2カ月間でほぼ策定作業に入っている。多くは、大手コンサルタントの提案が下地となり、事業実施主体は、大手ゼネコンに委ねる形で復興に向け動き出しているのである。今回の公共インフラ事業の受発注は従来の自治体ではなく、提案企業の責任において実施される。いわゆる「ＣＭ－Construction Management」方式が採用された。

日本ではこれまで「ＣＭ」方式は、震災などの折り、たまに採用された程度であったが、世界的には、公共インフラ事業の契約にはＣＭ方式が一般的であり、国の意を受けたと思われる知事による地ならしの上に「国土強靭化、海を渡る」モデル事業が被災地宮城で実施されたと言えよう。まさに宮城では「ショックドクトリン」そのものが実施されたのである。震災から混乱の中で苦闘する被災者との話し合いは、持たれることはなく、復興まちづくりの青写真は大手ゼネコンの手に委ねられ、地元建設企業は、困難な計画実施の矢面に立たされたのである。全額国費が投入される5年間の「集中復興期間」は、そのためのものであり、被災地、被災者は片すみに追いやられていたというのが実情ではあるまいか。震災5年を前に、村井知事は「来年になると震災5年、いつまでも被災地、被災地というのはなかなか難しい」と語った（『朝日新聞』２０１5年12月17日）。

もちろん被災者の復興は早ければ早いほど良い。いつまでも被災地、被災地というのはなかなか難しいという言葉は、いつまでも被災者、被災者というのは難しいと同義語である。被災者に期限などない。被災者の権利とは、人間の生存そのものであり、それがまとう、経験、伝統、文化、コミュニティの総体であり、日常のくらしそれ自体であろう。大震災は、仙台湾沿岸町村にとってみれば、400年続いてきたコミュニティの生活のみならず、歴史、文化、景観など一切を一瞬のうちに失ったのである。果たして、国の復旧策は被災者にとって被災者から脱して一市民としてのくらしを始めるまでの条件を与えたのだろうか。答は否である。

それでも国は、次の5年間を「復興・創生期間」と名づけ、被災自治体に復興予算の一部負担を求め、被災地の自立を求める。しかもこれまでの復興政策の基幹部分は、全額国費で、というものであるから、被災者のくらしの部分にそのつけが回ってくるのは充分に予想される。被災者の権利は、無視されたまま今日に至っているのである。これからの5年間であらためて被災者本位の復興を実現すべく、これまで以上の努力が必要とされるのである。

2 復旧・復興の到達点

海との共生を拒絶するかのような巨大防潮堤が、被災した宮城県南部の5市町の海岸線に延々と続く。これは岩手から福島までの各所（延べ400㎞、594カ所、うち高さ10m以上区間は50㎞に及ぶ）に計画されているものの一部である。防潮堤は、集落を守る、復旧する水産施設を守るものとされているが、今日の光景の中には、守るべき何ものもないというのが現状である。

仙台北部の沿岸部では、地元の高校生たちが、〝干潟を守る〟ために、防潮堤に代わる「森の防潮堤」を提案したが、受け入れられず、さらに、東京葛西臨海公園などを視察して、再度提案した防潮堤を埋設する臨海公園方式による干潟との共生案も一蹴され、防潮堤の位置を80mほど内陸側に下げただけで建設に踏み切っている。

居久根《いぐね》（屋敷林）に囲まれた集落が点在するという独特の沿岸農村の美しい景観は、もはや見ることはできそうにない。いわば歴史的景観の喪失である。被災した集落の住民は、内陸部各地に点在する仮設住宅に分散して不慣れな生活を余儀なくされている。５年目を迎えて被災者の40％はいまだ仮設住宅住まいであり、さらに今は、２０１６年度から始まる仮設住宅の閉鎖という、居住被災者にとっては、まったく未来の見えない事態に直面しているのである。

リアス式海岸地域では、庁舎ごと町ぐるみ流出した漁港都市もある。一次避難所に集結した住民が、避難所ごと流されるという事例もあるほどの災害である。そこでは、大規模盛り土の新市街予定地が造成中であり、巨大な高台団地も造成されている。しかし、大半はまだ居住できる状況には至っていない。

これが今日までの復旧復興の現実の一端である。「創造的復興・日本経済の再生」をかかげ、26兆円という巨費をかけた国の復興政策の到達点の一端である。

こう考えると、これまでの復興をとりまく状況はどうあれ、復旧・復興の目標は、いのち、くらし、生業の再生であり、あくまで被災者の復興でなければならない。被災者が一日も早く起《た》ち上がり、動き出すことこそが復興の第一歩と言えるからである。

今回の大震災は、農漁業、農漁村沿岸市町の市街地を襲ったものであり、被災の状況、復興方策を模索する上で、現場を知ることがきわめて重要である。この点で、被災県の復興理念、施策が被災者の復興のあり方に深く関わってくる。岩手、宮城の二県に目を向けると、両県の復興理念・施策には大きな相違が見られる。

宮城県知事は、国の復興政策である「創造的復興」の忠実な実行者であり、岩手県知事は、答えは現場にあるとして、人間の復興を唱えて事にあたっている。両県知事の復興理念、それを生み出す土壌の相異を検討してみよう。

3 被災県知事の復興理念・施策

宮城県知事には、『復興に命をかける』（PHP研究所、2012年）、岩手県知事には、「答えは現場にある」（『世界』2011年9月号）の著作があるので、この中から両者の理念、施策についての見解を抽出し、比較検討を試みたい。

1 「復興に命をかける」村井宮城県知事の復興理念

村井宮城県知事は400年前に起きた慶長三陸地震（1611年）における伊達政宗の慶長遣欧使節派遣を取り上げ、政宗公が地震と津波で大きなダメージを受けた仙台藩のピンチを発展の礎というチャンスに変えたと高く評価し、自身もそうありたいとしている。そして、東北の復興を単なる復旧ではなく、新しい日本のモデルの構築としたいと述べている。ただ、村井知事は、慶長三陸地震の際、壊滅した沿岸部農村に関して、伊達政宗自らが、現在の仙台市六郷、三本塚の地に、農民有志を募り、農業の復興にも意を注いだことは、ごく些細なことなのか意に介していない。

『復興に命をかける』は、6章で構成されているが、震災関連は1～3章で、4～6章はなんと自らが目指す政治家像に関する叙述にあてられている。復興政策に深く関わる部分についてのみ抜き出しておく。

第1章の「後世に伝えたい大震災の教訓」では、避難所対策として、応急仮設ができるまでの期間、二次避難を設定したことを取り上げている。当初は国から宿泊代1人1日5000円の助成策を引き出し、全国に受け入れ要請を発信したが、被災者からは、まだ被災は継続中の状況であり、地元を離れる状況にないという反応が多く、ほとんど実現しなかったことで、完全な空振りに終わった。では今度こそはと、再度県内の温泉施設への二次避難を企画し、2300人余りが参加したと述べている。この記述からは、「避難所でのくらしは、先進国の災害対策とは言えない」（後出、岩手県達増知事のコメント）といった避難所・被災者への直接的目線を感じることはできない。

第2章の「私の政治スタンス」では、自らの造語であると称して「富県共創！　活力とやすらぎの邦づくり」を解説している。トヨタの国内3拠点構想によって実現した、宮城県へのトヨタグループの進出の結果をとらえてしっかりとした経済基盤を築き、創出された富の循環によって、福祉や教育、環境、社会資本整備などへの取り組みを着実に進め（トヨタの進出が県の経済循環を生み出すメカニズムは不明である）─「生まれて良かった。育って良かった。住んで良かったと思える宮城県を構築していこうとするものです」と述べている。

こうした記述が「復興に命をかける」とどのように関係するのか。大震災の被災県知事の政治スタンスが何か、まったく分からない叙述に終始していると言わざるを得ない。さらに「邦づくり」も造語で、道州制を意識して「邦」を使っていると述べている。

第3章では、復興のポイントを10項目にわたって述べている。注目すべきは次の3点である。

①**災害に強いまちづくり**──従来「将来ビジョン」には、まちづくりに関する叙述はなかったが、今回は、あえて県が被害の大きかった地域に市町村に先がけて建築制限をかけた上で、まちづくりに対する方針を示した。そのモデルは、多重防御を軸として、その上に高台移転、職住分離というもので、国の復興構想と軌を一にするものである。

②**津波災害に強い県土づくりの推進**──従来のようなすべての津波を水際で防ぐという発想から転換し、短周期でおこる津波は水際で防ぐ、長周期でおこる巨大津波に対しては、高台移転、職住分離、多重防御と高台への避難道路、避難場所を確保するというものである。

③復興に必要な規制緩和とは、「特区」を活用した規制緩和――スピーディーなまちづくりを進め、民間投資を呼び込むために是非とも必要で「水産業復興特区」はその典型例、とくに今回認められた「復興特区」は、大震災で被災した地域を広くカバーできる。具体的には土地利用再編の特例は、安全な高台などに土地を新たに造成する場合の手続きを簡素化するもの。財政、金融上の特例では、使い勝手の良い交付金などが用意された。

国の復興モデルの被災市町村への押しつけとも見える対応である。結果として復興に関しては、知事権限がきわめて大きなものとなり、その理念が復興のあり方を左右するほどのものになったと言えよう。

さらに第6章の道州制の制度設計では、第28次地方制度調査会（２００６年）での審議案を参考に、東北6県、東北6県＋新潟県、南東北3県の3パターンの圏域を人口と名目ＧＤＰで、世界の同規模国を挙げ比較している。その中で、南東北3県のケースでは、人口でデンマーク、ＧＤＰでフィンランドに匹敵すると述べた上で、そうなれば道州制の首長は、大統領や首相並のダイナミックな行政運営が可能となり、世界の国々と直接商取り引きができるようになる。また道州間の競争で経済効果が増す、とその夢を語っている。しかし、そのＧＤＰ（約26兆円）の半分に相当する額を被災県宮城は運用しているという自覚はまったく感じとることができない。「創造的復興モデル県みやぎ」と呼ぶべきゆえんである。

2　「答えは現場にある」達増岩手県知事の復興理念

「答えは現場にある」という文章は、『世界』（岩波書店、２０１１年9月号）に掲載された。達増岩手県知事がインタビューに答えたものを文章化したものである。村井宮城県知事が触れたテーマにできるだけ対応するよう、達増岩手県知事の発言を紹介してみたい。

復旧復興が進められる中、平泉の文化遺産が、ユネスコの世界遺産に登録された（２０１１年6月）。これに関して「奥州藤原氏の初代清衡《きよひら》公は、荒廃した国土を復興し、戦乱のない平和な理想郷を実現するため、この地にこの世の浄土を創ろうとしました。こうして平泉文化遺産が築かれていきました（中略）。私たちは平泉の理念を胸に東北の災害からの復興に取り組みます」と述べている。まさに、「答えは現場にある」の視点からの発言である。

「今の避難所でのくらしは、先進国の災害対策とは言えない」と述べた達増知事は、発災から4日後の3月15日に内陸の市町村長を前に、早い段階で内陸市町村に被災者の一時受け入れを依頼している。「幸福追求権の保障」と「犠牲者のふるさとへの思いの継承」という〈復興〉大原則を述べたのは、この3月15日の会議の席でのことであった。

この大原則に沿って、復興をどう進めればよいかを考えた時、やはり「答えは現場にある」ということで、２０１１年4月11日、国の復興構想会議創設と同日「オール岩手」の布陣で「岩手県東日本大震災津波復興委員会」が設立された。メンバーは「農業・林業・水産業・商工業・医療・福祉・教育など、諸分野を代表とする人々でした。これに科学的、技術的にしっかり根拠を持つ委員会とするため、防災、都市計画等専門的内容については、県内外の専門家のアドバイスをもらうという体制で原則に沿った復興計画を作っていきたいと思っています」と語っている。

奇しくもメンバーの一人で水産業界代表の大井岩手県漁連会長は、被災漁業者を励ますため「1カ月で宮古漁港を復旧しよう」と呼びかけ、皆の半信半疑を尻目に、1カ月後の4月11日には宮古漁港に最初の漁船（宮古漁協のトロール船）を入港させたのであった。被災者は自ら復興の第一歩を踏み出したのである。さらに同じ日に達増知事は、釜石高校の体育館で、幸福追求権を含味した「がんばろう！　岩手」宣言を読み上げていた。

復興の原則としては「人間本位の復興ということを考えています。まちづくりをどうするか、産業構造をどうするかなど、さまざまな視点がありますが『そこでくらす人間のしあわせ』ということが基底に据えられなければ、どんな復興計画も空疎なものになってしまうのではないでしょうか」と述べている。

農漁業の集約化論議の中では、「地域の現実を見る必要があると思います。少なくとも岩手における復興にとって、規模集約・大型化、民間大手資本の導入――端的に言って〝TPP的〟な路線はまったく考えられません。岩手県の目指す人間本位の復興ということとも関わりますので、この点は、復興構想会議でもかなり時間をかけて繰り返し説明し、両論併記的な記述になった経緯があります」と述べている。

さらに、漁業のこれからの市場対応に関して「岩手が目指す農林水産業は、フェアトレードを志向しています。ひたすら安い価格を競うあり方では消耗戦に陥るだけで、地域は疲弊し、地球環境にもダメージを与えることになり、誰も幸せになりません」と断言している。知事の頭の中には、現在実施している産直活動は、フェアドレードの一形態という認識があり、産直を通して「生産者と消費者が顔の見える形でつながり合って、生産者は正当な所得を得て、消費者は安心できる生産物を得るというあり方です」と付言している。

復興特区に関しては「地方分権の議論と通底するのですが、地元の自由度を高めることが基本です。参入規制の緩和など外から入りやすくするような方向性は考えていません。（中略）国による助成措置のウエイトを高めた復興特区のようなイメージです」として、岩手県水産業に関する特区提案として「地震で沈下した土地を国が買い上げ、水産関連用地として整備し、利用者に無償で貸与することなどです」と述べている。大いに傾聴に値する意見である。

さらに〝二重ローン〟問題についても「岩手県としては、過去債務を買い取って、塩漬けにする再生ファンド方式を提案しています。（中略）ここでも『答えは現場にある』で、全国で単一のファンドを作るのではなく、岩手では岩手のファンドを作って、県と地元金融機関が救済措置をとっていくことが必要です。昨年から県内金融機関と定期的に協議を始めていたのですが、不良債権を抱え込む形にはできないので、融資できない状況にあります」と問題を指摘して、現体制下での復興融資のあり方に一石を投じている。

以上の発言を通して、達増知事の、岩手に地元に被災者に根ざした、人間本位の復興という理念を読み取ることができる。

3　両県知事の復興理念、施策の対比

両知事の復興理念について、項目ごとに簡単に比較したものを以下に示しておく。

■復興理念の比較

(1)震災当初の状況把握

村井：私が最も恐れたのは暴動や略奪でした。（中略）宮城の被災者の皆さんは一つのおにぎりを分け合って力を合わせて乗り切ってくれました。（『復興に命をかける』（ＰＨＰ研究所、２０１２年、以下同様、２１８ページ）

達増：避難先の体育館で毛布にくるまって雑魚寝、食事は三食おにぎりやカップラーメンといった状況が長く続くようでは、とても先進国の災害対策とは言えません。（『世界』２０１１年９月号、以下同様、42ページ）

(2)復興理念

村井：政治理念に沿った復興を目指し（54～59ページ）利益より優先すべき企業理念、「富県共創！ 活力と安らの邦づくり」小さな行政体を目指す。

阪神・淡路大震災では、被害のあった場所にまた新たな街をつくることができました。しかし今回の場合、津波のあった場所にまた同じような街をつくるべきでないと私は判断しました。（42ページ）

達増：大原則は、憲法第13条の幸福追求権の保障と犠牲者のふるさとへの思いの継承、それが復旧・復興の一つの理念と思います。（42ページ）

(3)復興計画

村井：災害に強い安心して暮らせるまちづくり。「復旧」にとどまらない抜本的な「再構築」。復興モデルの構築（69〜72ページ）

達増：人間本位の復興を考えています。まちづくりをどうする産業構造をどうするなどさまざまな視点がありますが、そこでくらす人間のしあわせということが基底に据えられなければ、どんな復興計画も空疎なものになってしまうのではないでしょうか。（43ページ）

(4)復興委員会

村井：県外委員10名、県内委員2名。県内は、多くの対策会議が組織され、地元の皆様のご意見を聞くことができるようになっており、今回は、とくに日本全体を俯瞰《ふかん》しながら作る計画にしたいという思いがあったからです。（68ページ）

達増：「オール岩手」の布陣――県内諸分野を代表する委員構成具体的にどうすればよいかを考えた時、答えは現場にあると思うのです。（43ページ）

(5)復興特区

村井：特区導入で規制緩和により農漁業への民間資本の導入、大規模化、集約化を進める水産特区の実現（80〜96ページ）

達増：地元の自由度を高めることが基本です。参入規制の緩和など外から、入りやすくするような方向性は考えていません。

国の助成措置のウエイトを高めた復興特区のようなイメージを持っています。たとえば、県の提案している特区の具体的内容は、今回の地震津波で地盤沈下した土地を国が買い上げ、水産関連用地として整備し、利用者に無償で貸与することなどです。（48ページ）

以上5項目について、両知事の理念を比較すると、被災者の権利に対する位置づけが、大きく異なっていることは明白である。達増知事は人間本位の復興、その基底としての現場（生活の場）、そこにおける幸福追求権の保障という理念を一貫して打ち出していることが分かる。それに対して村井知事は、震災当初の暴動、略奪を恐れたという上からの目線の極みを露呈している。加えて、残念ながら「国土強靭化、海を渡る」の先導役を果たそうとしているかに見える。

■両県の復興状況についての比較検討

次に、両県の復興状況について検討し、当面の課題について考えてみたい。検討項目は、くらし（健康）、住まい、生業、防災の4点に絞る。

(1)くらし（健康）――医療費窓口負担

２０１１年3月11日~２０１２年2月29日まで、国は被災者医療費窓口負担を10割負担することになり、実質無料とした。宮城では当初歯科の窓口に被災者が殺到する反響があった。２０１２年3月から国の負担は8割となり、2割は被災自治体の負担となった。岩手県は、その2割を県・市町村で折半して負担し、今日まで、窓口負担ゼロは継続されている。新たに「復興・創生期間」に入る２０１６年度の国保負担は不明だが、岩手県は早々に２０１６年度の継続を表明している。

医療費窓口負担ゼロは、高齢化が進む被災者にとっては、くらしの命綱とも言えるものである。これに対して、宮城県は国庫負担8割になってから、２０１３年度は、制度自体を中断した。県には1割負担の義務はない、がその理由であった。加えて、岩手県との比較を問いかけられた村井知事は、「批判を恐れずに言うと、ケアしてもらうのは当たり前ではなく、ありがたいと思っていただきたい。他県がやるから宮城もやるのではなく、宮城の考えで決める。それが自治だし、リーダーシップだと思う」と答えている。県内自治会長の半数に及ぶ署名活動などを通して、制度は２０１４年度には再開されたが、その内容は非課税世帯のみを対象とするものであり、従来の２割しか対象とならないものである。

宮城県知事は、被災者の権利に目を向けず、独善的態度に終始したのである。

(2)住まい（仮設住宅、災害公営住宅）

仮設住宅での大きな違いは、岩手では木造仮設（住田式木造仮設）は、震災前から気仙杉の産地として知られる住田町が提案していたものを早速取り入れたことである。「答えは現場にある」の原点の一つとも言える。２ＤＫの木造仮設は、うるおいのある恒久住宅にも転用できる優れものである。地元建設業者が施工するもので価格もプレハブ並みである。経済の地域循環にも役立つ。これに対して宮城は、オールプレハブ仮設であり、これまで広い居住空間で生活していた農・漁民にとってはまったく不慣れな生活環境に置かれたのであり、居住性も悪く、カビの発生が健康問題になっているほどである。復旧は、英語では rehabilitation と表現されるが、被災者のリハビリ施設とは言えない状況である。

災害公営住宅は、全般的に進捗状況は鈍いものの、両県には大きな違いがある。

岩手県では、県営の公営住宅が市町村営とともに建設され（県営が40％強）、県営が高層住宅を担うため、市町村は独自で木造公営住宅などを建てることができ、被災者には安らぎが期待されている。加えて被災者の居住が多い盛岡市での公営住宅建設も視野に入れて検討している。ともかく被災者本位の復興を目指す姿勢のあらわれと言える。

一方、宮城では、県営住宅は一戸たりとも建てず、すべて市町村負担である。人口流出に悩む市町村にとっては、公営住宅の建設目標が立てにくく、早くも公営住宅に空きが生じ、一般への一部開放も議論され始めている状況である。仙台市では、入居希望者数より、少ない数の建設に固執し、目下市民団体との間で、最後の一人まで市が責任を持って、仮設住宅閉鎖後の行く先確保に向けて、具体的数字を挙げて交渉中である。何とか被災者の権利をしっかりと守りたいとの思いで市民団体は取り組んでいる。

本来は、自主再建の道を拡げることが重要だが、この取り組みに充分力が注がれていない点が、とくに宮城の今後の大きな課題である。

(3) 生業（漁業）

両県とも水産業は主要産業である。

岩手県は、108漁港が被災したが、達増知事は、被災した108の港すべてを復旧すると早ばやと宣言し、漁業者に安心感を与えた。2016年度中に108すべての漁港施設の復旧が予定されている。漁獲では、水揚量で77%、金額でほぼ100%まで回復している（2015年1月13日現在）。岩手県は、漁業復興に力を入れ、第一次グループ補助金申請で、グループ類型――地域に重要な企業集積型で応募し、まず漁港施設の復旧を取り上げ、復興につなげている。

一方、村井知事は、漁港の拠点化、集約化、高台移転、職住分離をかかげ、さらに突如「水産特区」をかかげた。漁業者は不安と怒りに包まれた。宮城県は、グループ補助金は、主にサプライチェーン型に応募し、トヨタの系列被災企業の復興に力を注いだ。漁業は「水産特区」による浜の混乱に悩まされつつも、漁民の頑張りで、漁獲量は、80%程度の回復を示しているが、一部浜の漁港復旧におくれが出ている。たとえば、牡鹿半島先端部に位置する鮎川港（県営）は、金華山観光の基地であり、かつ近隣漁船の避難港に指定されているが、防潮堤建設、まちづくりとの関係で復旧が大幅におくれている。

(4) 防災（広域防災拠点構想）

広域防災拠点の構想が浮上したが、宮城は300億円、岩手は4000万円という桁がちがう構想となった。

宮城の構想は、これまでの実績も裏づけもないハード先行の構想であり、しかも、予算の大半はＪＲの貨物ヤードの買い取り（２７０億円）にあてられ、実質建設費は30億円というものである。しかも、その内容は実効性への疑問が市民団体から指摘されるおざなりの計画と言える。

これに対して、岩手はこれまでの実績をふまえた構想である。拠点の一つと予定される遠野市は今回の大震災に際し、内陸と沿岸部との中間に位置し、沿岸部の被災地への後方支援の拠点として頑張ったが、それは遠野市が独自で拠点となる準備（消防署の建て替え、具体的実践訓練）に取り組んでいた成果である。こうした実績をもとにした広域防災拠点構想であるから、実効性のある、拠点の自主努力もある、予算も少なくてすむ構想が可能だったのである。宮城との差は、歴然としている。宮城の防災意識が問われる問題でもある。

岩手は、リアス式海岸が続く、宮城より津波被災の多いところである。ハード面での対応もあるが、何よりも日常的実践的訓練が実施されている県である。釜石の奇跡とも言われた子どもたちの自主的避難行動等は、大きな経験、財産として受け止めておきたい事例である。

■復興局の独自設置（岩手県）

これまでに触れてこなかった、宮城になくて岩手にある復興促進に力となる取り組みを挙げておく。

①復興全体を進行管理する専担組織として復興局設置。②県・市町村独自の住宅再建支援制度（最大１００万円）、２０１２年12月市町村は独自の住宅支援制度を拡充（１００万～３００万円）。③被災者相談支援センターを２０１１年７月より久慈、宮古、釜石、大船渡に設置し、相談員配置。④２０１１年４月の教員定期異動を凍結、被災児童への一貫した対応。

4 復旧・復興の到達点とこれからの課題

これまで、被災者の権利という視点から、復旧・復興の過程をごく粗いものではあるが、検証してきた。結論として言えることは、今回の復興がまさに「災害便乗型」の、復興土木事業かつ海外進出モデル事業と言えることである。巨額の復興予算を擁した上で被災者の復興が大幅におくれていることが、そのことを物語っている。

文中、集中復興期間は何故5年なのかと自問した。5年間は被災者の最低限の日常の回復の目標であったはずだ。被災地の復興が第一に進められなければならない。「減災の思想」に基づく不要不急の事業はゆっくり時間をかけた取り組みを必要とする。数百年単位での復興を語るのであれば、より被災地に密着した話し合いが必要であり、時間をかけて地域のあり方を共有する必要があることを強調したい。

人間本位の復興を軸にした岩手県知事の発想には学ぶものが多いと同時に、その実現が国の対応、災害法体制の不備に阻まれている点も看過できない。とくに、地盤沈下した水産業用地の国による買い上げ整備、無償貸与という提案、地域金融機関を活用しての二重ローンの塩漬け提案――地方金融機関を国・県でファンドをつくって過去債務を買い取り、塩漬けした過去債務は、再建後の出世払いで返済――なども是非実現したい構想である。また、答えは現場にあるという知事の発想を支えているのは、県内各地の実践があるからであり、あらためて地域をしっかりと見つめる重要性を痛感する。

我々は、被災者の権利をかかげ前に進まなければならない。予想される大震災への備えについて、すでに一部では、自己責任を基本とする自立再建のための保険の充実が喧伝されたりしているが、人間の復興・真の防災大国となりうる法体制の整備も含めた思い切った構想を打ち出したいものである。

20年前、我々は阪神・淡路大震災を経験した。国際都市神戸が大きく被災し、「創造的復興」のスローガンのもと、ハード事業中心の復興が進められ、外見上は復興したかに思えた。しかし、肝心の人間の復興には大きな課題が残った。しかも新長田地区に表徴される人間復興のおくれは今日まで続いている。東日本震災では、阪神・淡路からの経験を学ばず、同じ轍を踏もうとしている。

今、阪神・淡路では20年経過した公営住宅入居者の退去問題が持ち上がっている。公営住宅から出るに出られぬ被災者の状況に配慮しない措置である。東日本では、仮設住宅からの退去問題である。いずれも被災し、自立への道のりが遠のいた被災者の人格権に関わる問題である。人格権は守らなければならない。また、新長田地区では再開発ビルの失敗を、さらなる庁舎新設で乗り切る計画が出されている。東日本では高台移転である。岩手県陸前高田は、高い盛り土による新市街地の造成に取り組んでいる。事前に住民との話し合いも行なったが、工事が進行する中で、中核となる中心商店街の担い手の中に進出を躊躇する動きが出ていることである。5年もの歳月とさらにもう1~2年の時間は、商店の体力を奪ってしまう。住民の定住も見通せない。こうした状況は、残念ながら第二の新長田地区となりかねないのである。

同じく宮城県東松島市野蒜《のびる》地区の高台移転である。東松島市は従来からコミュニティ合意を尊重してきた市であり、大震災後も県内有数の海水浴場であった野蒜地区住民との話し合いは充分行なわれてきた。しかし、JR駅も含めての高台移転であるが、旧住居地から1・5㎞ほど高台には、目下のところ立派な駅舎がポツンと建っているのみで、駅周辺は宅地造成中である。

かつての野蒜海水浴場は7・2mの巨大防潮堤が建設途上であり、海水浴場は見えない。防潮堤と高台の間の広大な空間は被災したままの姿をとどめている。果たして高台の住宅地が実現するのか、懸念される状況である。

防潮堤も同じである。岩手県大槌町では、防潮堤工事と水産加工団地造成が同時進行であるが、肝心の水産加工団地には人手が集まらない。防潮堤工事に人手が回っているのである。守られるべきものが人手不足でおくれ、守る方に人手が集中するという矛盾を来しているのである。

宮城県雄勝町《おがつ》（硯石《すずりいし》、東京駅のスレート屋根で有名）は美しい湾を囲んで町が展開していたが、そこに9・7mの防潮堤計画が出された。かつての中心市街地は災害危険区域に指定され、人は住まない。湾に面した高台の移転地が完成しても、戻る予定は80世帯程度。防潮堤ができたら町を離れると明言している硯職人もいる。雄勝では、町を守るという名目で建設が予定されている防潮堤が、その町を消し去ることになるのである。ちなみに、津波で破損した旧防潮堤は、そのまま放置されている。防潮堤は「創造的復興」と「人間復興」の相克の場となっているのである。復興、それは被災者の日常をいち早く回復することが前提のはずである。事態の根は深い。我々は、心してあらゆる場面での基本的人権を根底に据えての人間の復興の実現に心血を注ぎたい。

あらためて、人格権、社会的共通資本たる公共土木事業に関して、しっかりとした構えで取り組んでいくことが、これからの復興課題であるとともに、現在の日本の状況転換の課題に通ずるものと言えよう。心して取り組みたい。

【参考資料】

岩手県庁ウェブサイト「がんばろう！　岩手」宣言

（とき：2011年4月11日／ところ：県立釜石高等学校）

3月11日の東日本大震災津波から1ヵ月が経ちました。岩手では、大勢の方が犠牲となり、行方不明となっている方も数多くいます。また、多くの方が家を失うなどして、避難生活を強いられています。岩手は、これまで、明治、昭和の三陸大津波や、カスリン、アイオン台風、チリ地震津波、岩手・宮城内陸地震など、何度も大きな自然災害に見舞われてきました。しかし、先人は、決してくじけず、これらの苦難を乗り越えてきました。今回の大災害も、岩手の豊かな自然のもと育まれてきた自立と共生の心があれば、必ずや克服することができます。

宮沢賢治は、「世界がぜんたい幸福にならないうちは個人の幸福はあり得ない」という言葉を残しました。私たち岩手県民は、皆で痛みを分かち合い、心を一つにして、被災された方々が「衣」「食」「住」や「学ぶ機会」「働く機会」を確保し、再び幸せな生活を送ることができるようにしていきます。また、犠牲となられた方々のふるさとへの思いをしっかり受け止め、引き継いでいきます。どんなに長く厳しい冬が続いても、暖かい春は必ず訪れます。全国、そして世界中からいただいたお見舞いや励ましを糧に、県民みんなで力を合わせ、希望に向かって一歩ずつ復興に取り組んでいくことを誓い、「がんばろう！　岩手」をここに宣言します。

平成23年4月11日　岩手県民を代表して　岩手県知事　達増拓也

【参考文献】
1　除本理史（２０１３）「原発事故の被害補償をめぐる課題」『震災復興と自治体』自治体問題研究所
2　遠藤典子（２０１３）『原子力損害賠償制度の研究』岩波書店
3　地球環境経済研究会（１９９１）『環境に配慮しない経済の不経済』合同出版
4　村井嘉浩（２０１２）『復興に命をかける』ＰＨＰ研究所
5　達増拓也（２０１１）「答は現場にある」『世界』２０１１年９月号

第1章

復興災害の構図と住まい・まちづくり

立命館大学教授　塩崎賢明

1 災害大国の安全保障

日本は地球上のわずかな面積しか持たない国であるが、地震や火山、台風など災害の多さでは群を抜く災害大国である。この国では災害は稀な現象ではなく、日常茶飯事といってよい状態であり、災害対策なしに国民生活の安全は保障できない。戦争や外敵の侵略以上に、全国いたるところで国民は災害の脅威にさらされている。国民の安全に責任を持つのであれば、海外における仮想の「危機」に対する軍事活動よりも、まずは目の前の被災者を救い、次なる巨大災害への備えを急ぐべきである。

災害対策は、従来「防災」といわれてきたが、災害そのものを食い止めることはできないので、近年では被害を最小限に減らす「減災」という表現を使う。被害を最小限に食い止めるには、災害のそれぞれの段階で対策を考える必要がある。まずは災害発生の前に、建物の耐震化や堤防の強化、消防設備などの予防対策を行うことがある。次に発災時の避難や消火、救急救命などの緊急対応が重要であることはいうまでもない。

しかし、それだけでなく、災害が一段落してからの復旧・復興の段階でも被害が発生することに目を向け、その被害を抑えることもまた重要である。例えば、阪神・淡路大震災では932人の関連死や1130人もの孤独死が（2015年末時点）も発生している。

こうした被害は、震災そのものによるのではなく、復興過程での災いという意味で、「復興災害」と呼ぶことができる。この復興災害は自然現象ではなく、復興の進め方次第で本来なくせるはずのものである。復興災害には、直接人命に関わるもの以外にも、生活の困窮や不安、まちの衰退などさまざまなものがある。復興過程でのこうした被害を根絶し、生き残った被災者や被災地が速やかにもとの暮らしを回復し、健康で文化的な生活を送ることができるようにすることが、災害対策には強く求められる。

2 さまざまな「復興災害」

①間接死

復興災害として第1に挙げるべきは災害は、災害が一段落してから亡くなる間接死である。これには、関連死や「孤独死」が含まれる。

関連死は、震災が原因でのちに亡くなったことが公的に認定されたもので、阪神・淡路大震災では932人、東日本大震災では3407人に上る。震災がなければ受けられたはずの治療や介護などが絶たれ亡くなるといった直接的なものもあれば、過労や自殺も含まれる。東日本大震災の関連死のうち1979人は福島県のもので、関連死の大半は避難所や仮設住宅での過酷な生活が原因といわれている。いずれにしても、震災後の対応に問題があって犠牲者が出てくるのである。

「孤独死」とは誰にも看取られず、ひとり寂しく世を去ることである。神戸みどり病院の院長だった額田《ぬかだ》勲《いさお》医師(故人)によれば、孤独死とは、①低所得、②慢性疾患、③社会的孤立、④劣悪住環境という4条件のもとに、病死・自死にいたることである。

阪神・淡路大震災の被災者の仮設住宅と災害公営住宅における孤独死は、2015年12月までの21年間で1130人に上る。(表①参照)

孤独死は、今日全国どの地域でも見られるが、額田氏のいう4つの原因のうち、被災者の社会的孤立や劣悪な住環境は、復興施策の中でもたらされたものというべきであろう。

阪神・淡路大震災では、避難所・仮設住宅・復興公営住宅という3段階の施策が中心となり、その他の施策は乏しかったことから、単線型住宅復興といわれた。ピーク時避難者数31万人、住宅被害53万棟という被害に対して、仮設住宅4・8万戸、災害公営住宅3・8万戸であるから、むしろ単線型復興に乗れなかった被災者の方が多い。そうした人々への援助は、一部でローン金利補助や民間家賃補助がなされたものの、乏しかったのである。

避難所の多くは学校の体育館や教室などで、被災者は毛布にくるまってごろ寝の状態で、パンやおにぎりがかろうじて配られるという非人間的な状態に置かれた。

鉄骨プレハブの仮設住宅は夏は暑く、冬は寒いといった代物で、その多くは被災地から遠く離れた山の裏側や埋め立て地に建設され、抽選で入居したため、震災前の人間関係がバラバラになった。

表① 阪神・淡路大震災の孤独死者数

	年	男	女	合計
仮設住宅	1995			46
	1996			72
	1997			70
	1998			39
	1999			6
	小計	162	71	233
災害公営住宅	2000	41	15	56
	2001	32	23	55
	2002	50	27	77
	2003	49	20	69
	2004	52	18	70
	2005	38	31	69
	2006	41	25	66
	2007	36	24	60
	2008	27	19	46
	2009	44	18	62
	2010	26	25	51
	2011	16	20	36
	2012	41	20	61
	2013	20	26	46
	2014	27	13	40
	2015	22	11	33
	小計	562	335	897
合計		**724**	**406**	**1130**

注）仮設住宅での孤独死者数については、236人、238人という数字もある。2000年以前の復興公営住宅での孤独死については数字が公表されておらず、判然としない。

復興公営住宅は3万8600戸計画され、（実績4万2000戸）、真新しい鉄筋コンクリートの集合住宅で耐震性や設備の面では優れ、最も安い家賃は月6000円台であった。しかし、高齢者を優遇したため、高齢の夫婦や一人暮らしの入居者が多数を占めることとなった。復興公営住宅での65歳以上人口は48％、単身高齢世帯率は42％に達した。

復興公営住宅に対する入居者の評価は、「新しくてきれい」「風呂があり、銭湯に行く必要がない」「段差がなく、手すりがついていて安心」「日当たり・風通しがよい」「鉄筋コンクリート造りなので安心」など、満足度が高い。しかし最大の問題は、抽選入居によるコミュニティの崩壊であった。地震前は「いろいろつきあいがあり楽しかった」「あまりつきあいはなかったが近所みんな知り合いで楽しかった」など、7割以上の人が楽しい近所づきあいの中で暮らしていた。しかし、仮設住宅の段階で、「楽しいつきあい」は減少し、「あいさつ程度」のつきあいになり、さらに復興公営住宅に入居してからは、「ほとんどつきあいがない」という状態におちいった。その結果、多くの人びとが外出も減り、住宅内に閉じこもりがちになったのである。こうした住宅環境の変化が、最悪の結果として孤独死を生み出したといえよう。

この点に関連して、阪神・淡路大震災の被災地で、いま最も深刻な問題となっているのが借り上げ公営住宅からの追い立て問題である。復興公営住宅の中には、民間やURから建物を借り上げて公営住宅としたものが約7000戸あったが、家主と県や市との間の契約期間が20年となっており、その入居者に退去を迫っているのである。入居当時にその事情を知らされていなかったり、入居許可証に期限などの記載がない人も多く、入居者の大半は高齢者である。20年にわたる生活で築かれた人間関係を再び破壊することは、新たな孤独死を招くことにつながりかねず、まさに20年後の「復興災害」となっている。

表②　東日本大震災の関連死者数の推移

	全国	岩手県	宮城県	福島県	その他
計	**3,407**	**455**	**918**	**1,979**	**55**
2011.3.18（1 週間以内）	469	96	234	113	26
2011.3.19 ～ 2011.4.11（1 カ月以内）	732	121	335	260	16
2011.4.12 ～ 2011.6.11（3 カ月以内）	675	117	216	336	6
2011.6.12 ～ 2011.9.11（6 カ月以内）	461	59	80	317	5
2011.9.12 ～ 2012.3.10（1 年以内）	429	38	30	360	1
2012.3.11 ～ 2012.9.10（1 年半以内）	220	15	9	195	1
2012.9.11 ～ 2013.3.10（2 年以内）	151	5	5	141	0
2013.3.11 ～ 2013.9.10（2 年半以内）	114	1	1	110	0
2013.9.11 ～ 2014.3.10（3 年以内）	74	3	3	69	0
2014.3.11 ～ 2014.9.10（3 年半以内）	41	0	0	38	0
2014.9.11 ～ 2015.3.10（4 年以内）	30	0	0	29	0
2015.3.11 ～ 2015.9.10（4 年半以内）	11	0	0	11	0
2015.9.11 ～ 2015.9.30（4 年半超）	0	0	0	0	0

（復興庁資料より作成）

②東日本大震災の関連死

東日本大震災による関連死者数は、２０１５年９月末現在３４０７人（全国）と報告されている（表②参照）。被災３県では、岩手県４５５人、宮城県９１８人、福島県１９７９人で計３３５２人（全体の98％）となっている。福島県だけで関連死全体の58％を占めている。

関連死の発生時期を見ると、被災後1年以内に亡くなったものが、累計２７６６人で81％に上る（以上、復興庁、２０１５年12月25日資料による）。

復興庁の「第3回震災関連死に関する検討会」（２０１２年８月21日）の資料によると、１２６３人について関連死の原因を調査した結果、最も多いのが「避難所等における生活の肉体・精神的疲労」（６３８件）、次いで「避難所等への移動中の肉体・精神的疲労」（４０１件）となっており（複数選択）、この２つが、亡くなった１２６３人の死因の51％、32％に該当する（表③参照）。

ただし、１２６３人のうち７３４人は福島県の被災者であるが、これに絞ってみてみると、「避難所等における生

表③　震災関連死の原因（複数選択）

（件数）

	岩手県及び宮城県	福島県	合計
1-1　病院の機能停止による初期治療の遅れ	39	51	90
1-2　病院の機能停止（転院を含む）による既往症の増悪	97	186	283
1-3　交通事情等による初期治療の遅れ	13	4	17
2　避難所等への移動中の肉体・精神的疲労	21	380	401
3　避難所等における生活の肉体・精神的疲労	205	433	638
4-1　地震・津波のストレスによる肉体・精神的負担	112	38	150
4-2　原発事故のストレスによる肉体・精神的負担	1	33	34
5-1　救助・救護活動等の激務	1		1
5-2　多量の塵灰の吸引			
6-1　その他	110	105	215
6-2　不明	65	56	121
合　計	**664**	**1286**	**1950**

（備考）市町村からの提供資料（死亡診断書、災害弔慰金支給審査委員会で活用された経緯書等）を基に、復興庁において情報を整理し、原因と考えられるものを複数選択。
（出典）復興庁「東日本大震災における震災関連死に関する報告 (案)」、2012.8.21

活の肉体・精神的疲労」（433件、59％）、「避難所等への移動中の肉体・精神的疲労」（380件、52％）となっており、大半の人々が避難所やそこへの移動におけるダメージが原因となって亡くなっていることがわかる。

このほか「病院の機能停止（転院を含む）による既往症の増悪」（283件、22％）、「地震・津波のストレスによる肉体・精神的負担」（150件、12％）などが原因として挙げられている。

また、震災関連の自殺に関する内閣府の集計によると、2015年1月から11月までの自殺は19人に上り、2014年の15人を上回った。岩手・宮城・福島県の2011年6月から2015年11月までの自殺者は合計154人である。

福島県の自殺者80人についての遺族への聞き取り調査によると、自殺の動機で最も多いのが健康問題（42人、複数回答）で、経済・生活問題（16人）、家庭問題（14人）であった（『朝日新聞』2015年12月28日）。

③震災障害者やアスベスト被害

第2に震災障害者の問題がある。阪神・淡路大震災の死者は6434人、負傷者は4万3792人とされているが、このうち重傷者は1万683人いる。重傷者の何割かの人々は重い障害を負ったと考えられる。当然、その後の暮らしは大変なものになったであろうが、しかし、この人たちに対するサポートは震災後15年もの間、見過ごされてきた。

両脚の機能を完全に失うなどの最重度の障害で、災害障害見舞金の対象になった人は64人で、それ以外の人たちの状況を含め、全貌はいまだ判然としない。膨大な負傷者がいることは当初からわかっていながら、これまでその実態把握さえ行ってこなかったのである。

行政が震災障害者の実態調査に取り掛かったのは、神戸市が2009年から、兵庫県が2010年度からで、中間集計では328人（うち117人が死亡）とされている（『神戸新聞』2010年9月2日）。

しかし、この調査は「身体障害者手帳を持っている人で、診断書の原因欄に『震災』『1・17』と医師が明確に記載している人のみ」という幅の狭い調査である。震災障害者の相談にのっている「よろず相談室」で相談にのっている13名のうち5名が上記328名に含まれていないという。5名の中には、子どもを亡くし自ら片脚切断した人や、復興住宅に入居し一種一級の身体障害を持つ人がおり、また、知的障害・精神障害となった人たちも328名の中に含まれていない。

「よろず相談室」では、市内9万名の障害者手帳保持者に対する神戸市の調査で、約3％が震災が原因で障害を持ったと答えていること、震災時の重傷者が1万人以上に上ることから、震災障害者は2500名以上はいるだろうとみている。

復興過程での命や健康への脅威として、ほかにアスベストの問題がある。がれき撤去作業などで飛散したアスベストを吸引し、のちに肺気腫などでなくなるケースである。阪神・淡路大震災ではこれまでに5人が認定されているが、アスベストの潜伏期間は20〜40年といわれており、被害拡大の危険性が今後に残されている。

④巨大再開発がもたらす復興災害

復興災害には直接人命に危険が及ばないまでも、地域の疲弊をもたらす復興事業などもあり、阪神・淡路大震災での新長田における巨大再開発事業はその典型である。40棟もの高層ビルを建てる事業は20年を経ても完成せず、できあがったビルにはシャッターだらけの床が広がっている。入居した地元の被災商業者はいまなお苦しい戦いを強いられている。東日本大震災の被災地からの見学もしばしば行われているが、身の丈に合わない巨大公共事業は、被災地の活性化に結びつかないことを知らねばならない。

新長田駅南地区再開発事業（面積20 ha）は震災から20年を経ても事業は完了せず（現時点でのめどは２０１７年とされている）、完成した再開発ビルの中はシャッターだらけで、多くの商店主が日々苦しんでいる。そこでは、巨大再開発という復興施策がもたらした「復興災害」がいまなお進行中である。

新長田地区は、ケミカルシューズの工場や卸売店舗が多く、商店街が縦横にはりついた住宅・商業・工業の混合地域であった。建物の多くは2階建て以下の木造で、無数の路地で構成された神戸の代表的な下町である。震災では市街地大火によって壊滅状態となった。

従前の世帯数は１６００世帯、人口４６００人で、権利者数は２１６２人であった。

新長田の再開発事業は、いわゆる第2種再開発事業で、管理処分方式をとっており、神戸市が地区内のすべての土地を買収し、44棟のビルを建設する計画である（総事業費２７００億円）。２０１４年10月現在、37棟が完成し、

2棟が事業者決定済み、6工区が2015年度以降の予定となっている（神戸市資料）。

一般に、市街地再開発事業では、従前の居住者・権利者が地区に留まることは難しく、大半が転出することが多い。ビルに入居した商業者の営業を確保することは、当事者にとって死活問題であると同時に、地域の活性化にとっても重要な問題である。問題の原因はどこにあるのか。

第1に、従前資産の評価に比べて権利床価格が高いために、入居できないことである。

第2は、共益費・管理費などのランニングコストである。床の買い取り価格に加えて、巨大なビルを維持するための共益費・管理費など、新たな負担がふえる。

第3は、再開発によって生み出される商業床が過大なことである。神戸阪神間ではすでに商業施設が過集積しており、大規模な商業床は競争を激化させ、営業の困難をもたらす。

商業床の大部分を「新長田まちづくり株式会社」に賃貸契約しているため、形式上は契約済みとなっている。しかし、各ビルの1階部分ではにぎわっている店舗もあるが、2階や地下などではシャッターが閉まったままの区画が目立つ。

新長田駅南地区の事業費は2710億円であるが、収入の46％は保留床処分金でまかなわれる。しかし保留床処分は進まず、事業見通しは極めて困難となっている。

2007年末の外部監査報告によれば、先に完了した六甲道地区でも新長田地区でも巨額の赤字となっている（表④参照）。

赤字の問題もさることながら、現状での大きな問題はすでにできあがっているビルの管理運営である。再開発ビル2階の誂《あつら》え婦人服の店では、経営不振から廃業を決意したものの、店舗の処分さえできずに苦しんでいる。同店の震災前の資産評価額は1797万円であったが、再開発ビルの床の購入価格は2240万円であったため、計

表④　再開発事業の収支

（単位：億円）

			新長田	六甲道
事業費(A)			1632	892
事業収入(B)			1540	878
	補助金(C)		844	525
	保留床処分見込み額(D)		696	343
		売却処分金(e)	475	247
		賃貸運用資金(f)	221	96
収支B－A			-92	-14
収支B－f－A			-313	-110

神戸市資料より（2007.12）

１５００万円の借金をしてビルに入居した。しかし事業未完成のままの街は活気がなく、人通りも少なく、採算割れが続き、ついに廃業の決心にいたる。店舗を売却して清算しようと考えたが、再開発ビル全体の不動産価値は極端に下がっており、値がつかない状態となっていた。実際、シャッターの下りた空き床だらけで、テナント確保のため、家賃を大幅ダンピングしたうえ、内装費の肩代わりまで行われていた。地元の劇団の稽古場は１４５㎡で月額１万円という家賃であった。

　結局、行政が自らビルの不動産価値を破壊しているのであり、そのつけを地元商業者が一身に被っているのである。商店主の多くは高齢化しており、後継者がなければいずれ廃業や店舗の処分にいたることが予想されるが、このままでは借金返済もできず破産に追い込まれかねない。

　再開発ビルの管理運営を行っている第３セクター「新長田まちづくり株式会社」のデタラメぶりはこれにとどまらない。

　再開発ビルの３階以上は分譲住宅であり、ビルは商店と住宅の区分所有建物となっているが、商業者は住宅の９倍もの管理費を負担させられていることが明らかとなったのである。まちづくり株式会社は、ビルの管理者であると同時に管理会社であり、管理業務を自分自身に発注するという異常な形になっており、その支出内訳を一切明らかにしない。まちづくり会社に任せっきりでは問題の根源が見えず、何も解決しないことがはっきりしてくる中で、商業者たちは「新長田駅南再開発を考える会」を結成し、マンション管理士や建築家、行政書士などの支援を得て活動を続けている。

まちの身の丈に見合わない、巨大なハコモノ事業に商業者を巻き込んで、この結果を招いたのは、まさに再開発事業のもたらした復興災害というべきであろう。

復興まちづくりによる復興災害には、再開発以外に区画整理事業のもたらした問題がある。区画整理事業は、災害に強い安全なまちづくりを目標に行われ、４ｍ未満の細街路に住宅などが密集していた地域で広い道路や公園・広場などをつくりだした。その限りでは、りっぱな町ができあがったといえるのであるが、実際に事業の行われた町を歩いてみれば、閑散とした風景が広がっている。新しい住宅などが立ちならび、あちこちに公園・広場ができているが、ところどころに金網で囲われた更地が点在し、以前のような活気はない。

復興都市計画の性急な決定は、いくつかの地域では人間関係（コミュニティ）に亀裂や対立を持ち込み、現在でもそのしこりは残っている。被災者、地元住民の合意を得ないまま、行政の論理で公共事業を強行することによって、人々の心の中に負の遺産をつくりだした。これもまた、復興災害の一つというべきであろう。

東日本大震災の被災地でも、津波の危険性を考慮して高台移転や土地の嵩上《かさあ》げなどのまちづくりが行われている。そこでは、被災者の住宅再建がまちづくり事業と密接に絡み合っており、極めて複雑な様相を呈している。神戸の再開発ほどの巨大な事業ではないものの、小さな被災市町村でのまちづくりはそれなりに大きなインパクトを持つものであるから、それが真に街の復興につながるものかどうかの見極めは重要である。

3 住宅復興

現在、東日本大震災で自宅に戻ることができていない避難者は20万人おり、プレハブ仮設住宅には7万人が住んでいる（2015年8月）。福島県の避難者は12・7万人で、このうち県外避難者は4・5万人となっている（復興庁、2014年8月）。

応急仮設住宅は災害救助法に供給される施設であり、国の基準では、①住宅の規模：1戸あたり29・7㎡（9坪）以内、②建設価格：1戸あたり238万7000円、③設置期間：2年以内となっている。しかし、東日本大震災の仮設住宅はすでに5年近く経過し、傷みがひどく、補修を迫られている。

災害救助法では直接建設による応急仮設住宅の他に、民間賃貸住宅の借り上げを行うこともできる。東日本大震災ではこの借り上げ仮設住宅（みなし仮設住宅）が大量に供給され、新たな局面を切り開いた。

建設型の応急仮設住宅は最大で5万3169戸建設され、4万8839戸に11万3956人が入居したが、2014年6月現在では4万2590戸に9万3017人が入居している。借り上げ仮設住宅（みなし仮設住宅）には最高時6万8177戸に16万2056人が入居したが、現在では4万6221戸に11万0339人が入居している。

プレハブ仮設住宅は、建設のスピードが求められ2011年4月中頃から完成しはじめ、10月頃までには完了した。しかし、さまざまな問題があらわれた。

第1に、居住性の問題である。寒冷地仕様でない建物が急ごしらえで建設され、あちこちで施工不良等の問題を引き起こした。加えて、居住性能の低さから、暑さ・寒さ、騒音など被災者の生活に過酷な状況をもたらした。こ

表⑤　応急仮設住宅の建設単価

発災日	災害名	災害救助法に基づく一般基準（円）	実際の単価（特別基準（円））
2004年10月23日	新潟県中越地震	2,433,000	4,725,864
2007年3月25日	能登半島地震	2,342,000	5,027,948
2007年7月16日	新潟県中越沖地震	2,326,000	4,977,998
2008年6月14日	宮城・岩手内陸地震（岩手県）	2,366,000	5,418,549
	宮城・岩手内陸地震（宮城県）		4,510,000
2011年3月11日	東日本大震災（岩手県）	2,387,000	約617万円 ※
	東日本大震災（宮城県）		約730万円 ※
	東日本大震災（福島県）		約689万円 ※

※ 談話室・集会所の建設費、造成費、追加工事費を含む建設コストの戸あたりの平均コスト（2013年1月時点 厚生労働省調べ）。
（資料）内閣府「被災者に対する国の支援の在り方に関する検討会中間とりまとめ（参考資料）」、2014年8月

れらの問題解決のために、窓を２重ガラスにする、水道管の凍結防止、外壁に断熱材を貼り付ける、風呂釜を追い焚き可能なものに取り替えるなどの追加工事が何回にもわたって繰り返された。

第２に、狭さの問題も大きい。多人数で１００平米を超える大きな住宅に住んでいた被災者は、世帯を分けて２戸以上の仮設住宅に別居する家族も多い。

第３に、仮設住宅の立地の問題がある。当初は希望が殺到し、抽選による入居者選考が行われたため、従前居住地から離れた不便な団地に入居し、買い物や通院に難渋するという事態が出現した。

仮設住宅の立地問題は、阪神・淡路大震災のときの重要な教訓である。被災地からはなれた郊外や埋立地につくられ、しかも入居は抽選で決められたため、被災者の多くは見知らぬ土地で見知らぬ人々と暮らすこととなり、コミュニティを失い、孤立した人も少なくなかった。その結果、仮設住宅における孤独死は２３３人に上ったのである。

東日本大震災では、これほどの悲劇は起こっていないように思われるが、被災地域が広く、過疎化の進んでいる地域であるため、街や集落から離れた仮設住宅では、一部に、買い物難民や通

院難民が発生している。これに対して、ＮＰＯなどの活動によって、交通サービスの提供が行われている。

第４に、こうした居住性能であるにもかかわらず、建設費用はかなり高い。東日本大震災の仮設住宅の費用は、当初１戸あたり５２０万〜５５０万円と見積もられていたが、２０１３年１月の時点で６１７万〜７３０万円とみられている（表⑤参照）。

仮設住宅は４年半が経過しているが、災害公営住宅の建設や移転事業の遅れから、最長では８年におよぶといわれている。すでに仮設建築物の老朽化や損傷は深刻で、カビによる喘息《ぜんそく》など健康被害も報告されている。国立医薬品食品衛生研究所が石巻市の仮設住宅で集団検診を行ったところ、１７３人中32人に喘息など呼吸器疾患が見つかった。

①木造仮設住宅

木造仮設住宅が大量に供給されたことは大きな前進である。

木造仮設住宅の供給戸数は１万３３３５戸に達し、建設された仮設住宅５万２０９９戸の４分の１を占める（表⑥参照）。

木造仮設住宅の先鞭をつけたのは岩手県住田町の取り組みである。震災発生の時点で、地元産の木材を使った仮設住宅の設計図ができあがっていた。住田町内にはほとんど被害がなかったが、沿岸部の被災者・避

表⑥　東日本大震災における木造仮設住宅戸数

	建設戸数	木造仮設	木造割合（%）
岩手県	13,954	3,731	26.7
宮城県	22,042	2,874	13.0
福島県	15,788	6,730	42.6
その他	315	—	—
計	52,099	13,335	25.6

（国土交通省調べ、2011.11.16 現在）
NHK 大津 130624 より

難者に向けて、３月18日に町は独自の判断で木造仮設住宅の建設を決定し、22日着工、５月２日には第一陣が入居した（写真①）。

この仮設住宅は、29・８㎡の平屋、１戸建てで、外壁に12㎜、内壁に30㎜の杉板を使いその間に30㎜の断熱材をはめこんだがっしりした造りである。建設費用は１戸あたり２７０万円（上物価格、外構含め３４０万円）である。木造・１戸建てであることから、断熱性や遮音性に優れ、木の香りがただよい、心地よいのみならず、地元産の木材を使い、地元の工務店が施工することで、地域にお金が回り、地域経済の活性化にも寄与している。

最も大量の木造仮設住宅を建設したのは福島県で（６７３０戸）、建設された応急仮設住宅の４割以上を占めている。

写真①　住田町の木造仮設住宅

今回の被害が膨大で仮設住宅の需要も大きかったことから、岩手・宮城・福島の３県では、地元業者等に仮設住宅建設を公募した。福島県は最も早く４月11日から４０００戸の建設を募集し、岩手県・宮城県は18日から公募をはじめている。公募・審査の基準は県によって異なるが、福島、岩手では県産材の使用などを重視していたため、審査で採用されたものの大半が木造住宅になったわけである。

加えて、仮設住宅使用後の活用についてもメリットがある。住田町では、木造仮設住宅を希望する入居者に３万円で払い下げることにした（『河北新報』２０１４年７月16日）。最終的には、解体後の木材をペレットにして燃料にすることも考えられている。

②みなし仮設住宅

借り上げ仮設住宅（みなし仮設住宅）は阪神・淡路大震災の際にも行われたが例外的存在であった。今回、建設型の仮設住宅よりも多く供給されたのは画期的である。

借り上げ仮設住宅は、もともと仮設建築ではなく恒久建築であり、プレハブ仮設住宅より居住性がよいし、自分で居住地を選択できるから、その結果、「みなし仮設に希望殺到、プレハブ辞退相次」ぎ（『朝日新聞』２０１１年４月30日）、建設型の仮設住宅は当初の計画7・2万戸から建設戸数を減らすこととなった。

借り上げ仮設住宅は今後の災害においても重要な役割を担うと思われるが、現状では制度上の問題点も多い。

第1に、民間賃貸住宅の物件が仙台市などの都市圏に集中しているため、被災地離れを促進する。沿岸部の被災地ではどこも人口が流出しているが、仙台市は人口が増加している。結果として、被災地から人口を吸い寄せることにつながる面がある。

第2に、みなし仮設住宅に入居した被災者の所在をオープンにできないために、ボランティアやＮＰＯの被災者支援活動（支援物資や情報など）が届かないといった問題がある。

ネックとなるのが、県の個人情報保護条例である。問題を改善するには、契約時に入居者本人に情報を一定程度公表することの了解を得ておくなどの方法も考えられよう。

第3に、府県によっては、公営住宅の空き住戸活用を優先し、借り上げ仮設住宅の制度を採用していない。借り上げ仮設住宅は、民間賃貸住宅等の家主と県と被災者の3者契約で成り立っているため、県が借り上げの事務をしなければ、被災者には仮設住宅として与えられない。これには、仮設住宅は現物供与で行うという災害救助法の「運用」原則が背景にある。実際問題、この仕組みのため、県の事務量も膨大なものとなり、支障をきたしている。

しかし、災害救助法4条2項では、県知事が認めた場合には現金支給もできるとされているのであり、今後に向けて改善が望まれる。

第4に、いわゆるフリーライド問題がある。災害前に居住していたアパートの1～2階が被害を受けると建物全体が全壊となり、上層階の住戸に被害がなくても、借り上げ仮設住宅に入居することができ、家賃が国費で支給される。こうした場合、従前からの入居者との間にある種の「不公平」が生じることとなる。このような問題に対しては、被害の実態をより正確に把握し、実情に応じた施策をとることが必要である。被災住民と一般居住者のギャップの問題については、一般的施策としての家賃補助制度の導入が必要である。

現在、みなし仮設住宅の打ち切りが問題となっている。入居者の64％が期限切れのあとも住み続けたいとしているが、自己負担で住み続けられるものは9・8％にすぎず、家賃負担なし～4割負担以下でなければ住み続けられないという者が72％である。家賃補助制度があれば、こうした問題が解決できるであろう。

③復興公営住宅

災害公営住宅の建設計画は、集中復興期間の終了する2017年度までに、岩手県5346戸、宮城県1万5094戸、福島県7745戸、計2万8158戸で、2018年度以降の分を含めると2万9573戸となっている。これまでに完成したのは、2015年7月現在、約1万1000戸とされている（復興庁、住まいの工程表、2015年11月17日）。

表⑦は復興庁のウェブサイトに掲載された2015年のもので、下の表⑧は2014年のものである。この2つを比べてみると、2014年7月段階で、2014年度中に完成すると見込まれていた戸数1万763戸は実際には、8939戸しか完成しなかったことが見てとれる。このように、公営住宅の建設は予定から遅れてずれ込んで

表⑦　災害公営住宅の整備状況（工事終了時期・累計）

年度		2012	2013	2014	2015	2016	2017	2018 以降	(調整中)	計
岩手県		118	574	1,525	3,391	5,074	5,346	5,771	0	5,771
宮城県		50	1,343	5,288	9,927	13,909	15,094	15,279	645	15,924
福島県	津波・地震	80	357	1,617	2,644	2,797	2,797	2,797	14	2,811
	原発避難者	0	0	509	1,255	3,406	4,890	4,890	0	4,890
	帰還者	—	—	—	0	8	58	58	119	
3県計		248	2,274	8,939	17,217	25,194	28,185	28,795	778	29,573

（出典）復興庁、住まいの工程表、2015 年 11 月 17 日

表⑧　災害公営住宅の整備状況（工事終了時期・累計）

年度		2012	2013	2014	2015	2016	2017	(調整中)	計
岩手県		118	574	1,722	4,348	5,667	5,946	0	5,946
宮城県		50	1,343	6,695	11,589	14,518	15,326	179	15,505
福島県	津波・地震	80	357	1,638	2,574	2,574	2,574	140	2,714
	原発避難者	0	0	4,708	1,424	1,424	1,424	3,466	4,890
3県計		248	2,274	10,763	19,935	24,183	25,270	3,785	29,055

（出典）復興庁、住まいの工程表、2014 年 7 月 31 日

いるのが現状であり、２０１５年の住まいの工程表で、２０１５年度中に1万７２１７戸が完成するという見込みであるが、２０１５年7月時点での完成戸数は約1万１０００戸であるから、はたして達成できるかどうか予断を許さないといえよう（復興庁のウェブサイトでは、２０１６年3月末までに1万9千戸完成予定とうたっている）。

災害公営住宅の建設が遅れている原因には、用地取得の難航、建設作業員など人材確保の困難、資材・人件費の高騰、結果としての入札不調などがあり、さらにそれらの背景には東京オリンピック開催決定による公共工事の増加などがあるといわれている。

他方、災害公営住宅が完成しても入居希望者が募集定員を下回り、入居決定後に辞退するなどで、空室が出るという事態が起きている。

福島市飯野町団地は２０１４年8月に完成した、飯舘村の原発避難住民を対象にした災害公営住宅であるが、23戸のうち入居が決まったのは15世帯で、完成と同時に8戸が空室となった。

この住宅は、全住民が避難を続けている飯舘村が、9億円余りをかけて建設した。村から移転した幼稚園や小中学校にも近い立地を選び、子育て世代を対象に入居者を募集したが、空室が出てきてしまった（ＮＨＫ ＮＥＷＳ ＷＥＢ、２０１４年9月11日）。

仙台市で２０１４年度入居がはじまった集合住宅は計６６１戸で、１２９７件の応募があった。平均競争率は約2倍である。しかし、６６１戸のうち、1割超の72戸が空室となっており、入居を辞退するケースが81件もある。空室が集中しているのは「ペット帯同」と「車いす専用」を入居条件とする住宅で、若林区の荒井東団地では、空室27戸のうち26戸がペット帯同世帯向け住宅である。また車いす専用の住宅はすべてで空室が生じた（『河北新報』２０１４年7月8日）。

宮城県亘理町の荒浜地区西木倉住宅では10月1日から入居がはじまる。しかし、１００戸に対して入居決定はわずか40世帯で、完成した3棟のうち1棟が丸ごと空室だという（『河北新報』２０１４年9月24日）。

宮古市の高浜災害住宅でも、２棟12戸のうち入居しているのは4戸で、８戸が空いたままである（２０１４年9月1日現在）。1戸あたり約２０００万円をかけて、白と黒を基調にした魅力的なデザインの木造2階建て住宅で、家賃は月額７６００円からという。この場合、住戸規模が大きく、３人家族以上という入居要件が応募を妨げる要因となったようである。

ＮＨＫの各自治体への取材によると、３つの県の19の市町村で合わせておよそ３３０戸が空室になっている（ＮＨＫ、同前）。

なぜ、空室が出てしまうのか。

第1に、災害公営住宅の建設の遅れがある。公営住宅の建設、入居が遅くなればなるほど、被災者の生活は苦しくなり、待てなくなる。

第2に、その遅れに伴って、避難生活が長引くなかで住民の意向が変化し、需要と供給のミスマッチが生じる。飯舘村のケースでは、避難して福島市の借り上げ住宅で暮らす被災者は、当初災害公営住宅への入居を希望していたが、結局、入居の申し込みをしなかった。その理由は、避難を続ける3年半の間に家族を取り巻く状況が変化したことであった。子どもの成長、入学や高齢者の身体条件の変化、介護の必要性などが生じ、避難先で築いた生活基盤を捨てて、別の場所に引っ越すことは難しいのである。

もちろん自治体は公営住宅の需要を把握するために、被災者の意向調査を行っている。しかし、被災者の意向調査を繰り返しても、入居者数と建設戸数を完全に一致させるのは難しい。被災者自身がどういう選択をすれば一番よいのか迷う状態にあるから、把握した需要数もたえず変動するのである。

現状で発生している空家は、過渡的な問題で、追加的な建設や募集要件の見直しなどで、ある程度は解消していくとも考えられる。しかし、むしろ大きな問題は入居後に生じる空家であろう。災害公営住宅に入居する多くの被災者は高齢化しており、いずれ入居者数は減少していく。そこに新たな入居者をむかえることが困難な住宅では慢性的に空家が発生していく。これは、公営住宅の管理を担当する自治体にとって大きな負担になっていく。

4 災害公営住宅の利点と欠点

公営住宅は、公営住宅法第1条にあるとおり、「住宅に困窮する低額所得者に対して低廉な家賃で賃貸する」ものので、被災者がこれを頼りにするのは当然であるが、しかし、必ずしも最善の選択肢であるとは限らない。

第1に公営住宅は、住み手の生活事情に合致するとは限らない。住宅の面積は限られるし、間取りや設備を変えることもできず、庭で野菜や花づくりをすることもできない場合が多い。東日本大震災の被災者には、規模の大きい持ち家に住んでいた人が多く、こうした公営住宅の制約条件は住み手にとって厳しいものになると考えられる。入居する住宅の位置も、多くの場合、抽選で決められる。公営住宅の家賃は一般には安いと考えられるが、現金収入の少ない被災者には結構な負担であるし、共益費や自治会費といった負担もかかってくる。

第2に、公営住宅を供給・管理する行政側にとっても、戸数が増えれば、管理業務の負担が大きくなる。建設時には補助金が入るが、その後の維持管理にはそれだけの費用や人員を必要とし、小さな自治体には大問題である。

第3に、今後の大きな問題は入居後の生活支援である。入居者の多くは高齢者であり、介護や日常的な見守り体制が必要となろう。抽選でさまざまな地域から入居してくるような団地では、コミュニティの形成が困難となり、居住者同士の自然発生的な相互扶助関係も生まれにくい。阪神・淡路大震災で生じたさまざまな問題を防ぐ工夫・取り組みが求められる。

安倍内閣は「復興加速化」をスローガンに、「住まいの復興工程表」を各県に作成させ、公営住宅の建設を急がせている。しかし、手っ取り早く建設戸数の実績を上げようとすると、計画・設計に十分な時間をかけることなく、標準的なプランで大量建設という方向に流れる。居住者や地域の実情をしっかり踏まえ、豊かな暮らしができる住宅をつくることよりも、完成戸数を急ぐ危険性がある。

現在完成している公営住宅の中には、木造のものや小規模で地域密着型のものもあるが、仙台市などでは大規模な高層集合住宅も建設されている。阪神・淡路大震災の経験に照らせば、わずかな時間の短縮よりも、被災者の生活をよく考えた計画・設計に力を注ぐことの重要性を強調すべきである。

5 自力再建

住まいを失った人々の誰もが望むことは、もとの家でもとの暮らしがしたいということだろう。もと住んでいたような家で暮らすことができれば、多くの人は生活を再建できるであろう。東日本大震災の被災者の多くは持ち家であったから、自力再建を望む人は多いと思われる。その意味で、住宅復興の基本は、被災者が自らの意思で住まいを再建する自力再建に置くべきである。

また、自力再建による住宅復興は、行政コストのうえからも、大きなメリットがある。仮設住宅の建設から災害公営住宅の建設・提供までの行政コストは1戸あたり2439万円かかるが、仮設住宅の後、被災者生活再建支援金を得て自ら住宅を建設・購入する場合の行政コストは、1戸あたり743万円であるという。自力再建方式の方が、1696万円も安上がりなのである。

他方、自力再建を推進するには、資金面での支援が欠かせない。現在、自力再建を支援する制度は、被災者生活再建支援法によって行われている。この法律は、阪神・淡路大震災のあと、当時の被災者の粘りづよい運動によって１９９８年に制定されたものである。被災者の生活再建には直接の資金援助（公的支援）が必要という要求運動が震災直後から起こったが、当時はまったくとりあげられず、法律ができるまで3年の歳月を費やした。

その後、被災者生活再建支援法は2度にわたって法改正が行われ、全壊の場合、基礎支援金１００万円、加算支援金２００万円で、最高３００万円が住宅再建に利用できるようになったのである。しかし、３００万円という額は住宅再建にとってまったく不十分であるし、また半壊以下の場合は支援の対象にならない。さらには、自然災害が対象ということで、原発災害で家を失った被災者には適用されないなどの問題を残している。

東日本大震災では、これまでに基礎支援金が19万４７７７世帯（うち被災３県では17万３１７３世帯）に、加算支援金が11万３７８８世帯（３県では10万１９１１世帯）に、あわせて総額２９４５億円（３県で２６３４億円）が支払われている（２０１４年6月末、復興庁ウェブサイト）。

東日本大震災では、岩手県が従来の水準を超える施策を打ち出している。県の上乗せ支援金１００万円、宅地被害の復旧費補助２００万円、ローン利子補給１３５万円のほか県独自の住宅補助１３０万円に義捐《ぎえん》金１５２万円と国の支援金３００万円を加えると全壊の場合、最高１０１７万円に達する。もっとも、宅地復旧は津波被害を受けた場合で、利子補給はローンを借りた場合なので、実際には全部のメニューを満足するケースは少ないであろう。それでも、６００〜７００万円にはなると思われる。

また県下の宮古市や大船渡市では、さらに市独自に最高１００万円の上乗せも行っている。こうした支援策が今後成果を挙げていくことが期待される。

図①　津波浸水想定区域

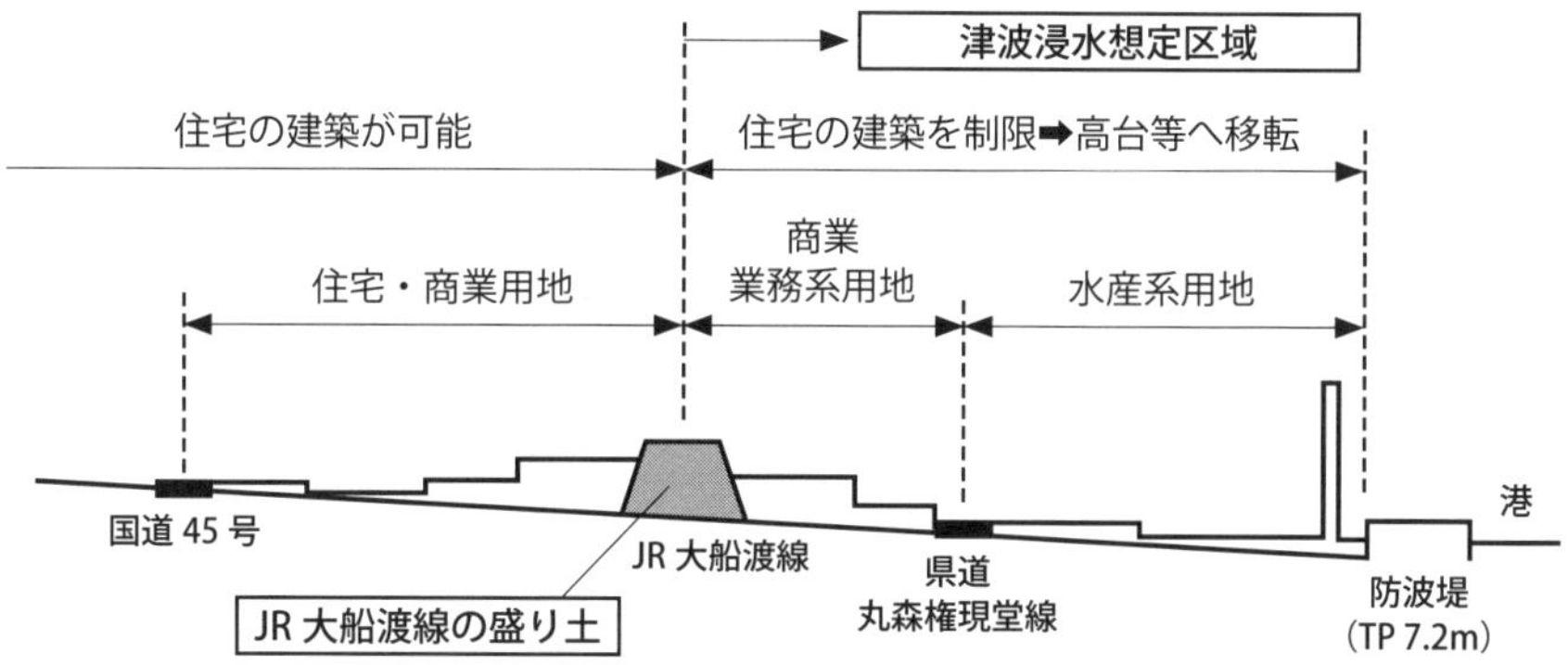

6 復興まちづくり

東日本大震災の被災地における住宅確保の問題は復興まちづくりと複雑に絡み合っている。津波被災地や原発被災地では、従前の土地にそのまま住宅を再建することができないからである。

津波被災地の復興まちづくりは、津波防災地域づくり法によって、県が津波浸水想定を設定し、市町村はそれを踏まえて津波浸水地域等の土地利用計画を策定する。津波に対して、防波堤、防潮堤、2線堤（鉄道や幹線道路の盛り土）の3段構えで防御し、それでも浸水する地域は非住居地域とし、防災集団移転促進事業などによって、高台や内陸に移転するといった内容である（図①参照）。

具体的には、①国土交通大臣が基本指針を策定する、②基本指針にもとづいて都道府県知事が津波浸水想定を設定する、③それらを受けて、市町村が津波防災地域づくりの推進計画を作成する、というフレームである。

市町村の復興まちづくりではこうした国の方針に沿って、津波の危険性が高い地域には住宅の建築禁止、1階部分の居住禁止などの制限を設けた土地利用計画が進められ、津波リスクの高い土地の住宅は安全な場所への移転が求められるのである。

高台や内陸への移転を含む復興まちづくりには防災集団移転促進事業や土地区画整理事業、漁業集落防災機能強化事業、がけ地近接等危険住宅移転事業などさまざまな事業制度が用いられる。

防災集団移転促進事業が適用された場合、津波シミュレーションで浸水危険があると判断された区域は、移転推進区域に指定され、従前の土地が買い上げられ、新たに造成される移転地の土地を購入して住宅を建設することになる。

しかし、このような復興まちづくりは住宅再建を大きく左右し、それが復興の遅れにもつながっている。

第1に、津波浸水危険の評価そのものについて、意見が分かれる。

津波の浸水危険性は地震や津波の大きさだけでなく、防潮堤の高さによって変わってくる。多くの市町村では、震災前よりも高い防潮堤を建設し、道路や鉄道敷を盛り上げて堤防代わり（2線堤）とし浸水を防ぐ計画をつくり、また、市街地を大規模に盛り土する計画も多い。しかし計画に対する疑問も少なくない。高い防潮堤については、景観上の問題や海との関係の断絶、津波避難がかえって遅れるといった点や、海岸の環境破壊なども指摘されている。

また、数百kmにわたって三陸沿岸を巨大防潮堤が覆う事業は、海岸地域の自然を著しく破壊するという指摘もなされている。本来環境アセスメントがなされなくてはならない大事業であるが、十分な検討のないままに、予算が確保され巨大事業が展開され、人々の生活が戻らない街になってしまっては、本当の意味で復興とはいえない。

第2に、移転先の住宅地がよいかどうかという問題である。漁業や水産加工業などの仕事にとって内陸の住宅地が適しているか、通勤・通学、通院、買い物などの生活利便性などである。

震災の直後には、高台を造成して大規模な移転団地をつくる計画が見られたが、用地の確保や費用の問題から、次第に現実的な計画が増えている。山の斜面を切り崩して大規模な住宅地を造成した場合、1宅地あたり、2000万〜4000万円もの費用がかかり、当初は人が入居したとしても、将来的にその住宅地が持続できるかどうかといった心配がある。

第3に、移転先で住宅を建設することができるかどうかという問題である。防災集団移転促進事業では、ローンの金利分に対する補助はあるが、住宅建設資金そのものは補助されない。被災者自身の資金確保が必要であるが、これには自力再建の支援制度が関係してくる。被災者生活再建支援金や県・市町村の独自支援制度によって、住宅再建が左右される。

もとの宅地を買い上げてもらうにしても、仙台平野などでは、移転先の土地の方が地価が高く、宅地の購入もむずかしく、住宅建設に手がとどかないといった問題もある。仙台市では移転先を借地とする場合、被災前後の土地価格の差額などに応じて最大1000万円相当額の借地料を一定期間（最長50年）免除する独自の支援策を打ち出している。

資金だけでなく、移転先の宅地の規模も一つの問題となっている。防災集団移転促進事業では、移転先の宅地規模は平均330㎡（100坪）という制限が設けられている。大都市では100坪の宅地といえば、十分な大きさであるが、この地域ではけっして大きいとはいえない。漁業や農業をしていた人々にとっては、敷地200坪、300坪といった住宅は珍しくない。宅地が小さすぎるという不満もしばしば聞かれる。

第4に、復興まちづくり事業が実現する時期の問題である。

被災者にとって目前の問題は、当面の生活・生業の安定である。まちづくり事業は完成までには、早くて3年、場合によっては5年、7年といった長期の時間を必要とする。その間、健康を維持し、仕事・収入の確保をする必要がある。個々人の生活問題はまちづくり事業の範囲外とされるが、被災者にとってはまさに一体の問題であり、宅地の買い上げ価格がなかなか示されない、移転先の用地確保が進まない、といった状況では、いつまでも待っていられない人々は、集団移転などから外れていかざるを得ない。

いま一つの問題は合意形成への人的支援不足である。地域や集落ごとに議論し合意を形成することが求められているが、納得ずくの住民参加でまちづくりが行われている地区はごく少数である。大抵の場合、被災者はまちづくりや住宅復興に関する十分な知識や経験がなく、また行政職員のマンパワーも著しく不足している。

他方、復興まちづくりについては、事業完成後にも懸念がある。その一つが、事業に伴って買い上げている土地の活用である。集団移転事業などで買い上げている土地は必ずしもまとまった一団の土地ではなく、あちこちに散在している場合が少なくない。こうしたばらばらの公有地を将来どのように管理・活用していくのかが自治体にとって次の難題である。大船渡市ではそれぞれの地域から跡地利用に対する要求が市に寄せられ、検討課題となっている。

7 復興への備え

近い将来、南海トラフ巨大地震や首都直下地震などの発生が確実視されている。それに備えてさまざまな取り組みが必要であるが、その中に、震災後の避難生活を人間的なものとして保障し、従前の生活を速やかに取り戻すための「復興の備え」が欠かせない。命は助かったとしても、その後の復興過程に危険が待ち構えているからである。

日本にはさまざまな技術があり、26兆円もの資金があるにもかかわらず、震災がおさまってから3000人もの人が亡くなり、多くの被災者が将来に希望を持てないということは、何かが間違っているとしかいいようがない。この点で、世界の経験に学ぶことも必要である。

地震直後の避難所は阪神・淡路大震災以降もほとんど改善されず、体育館の床で毛布にくるまって寝るというような光景が毎回繰り返される。２００４年の中越地震の死者は68名であるが、車中泊によるエコノミークラス症候群を含む関連死で52名もの人が亡くなった。こうしたことはやむを得ない宿命であろうか。近年のイタリアの地震災害（２００９年ラクイラ、２０１２年モデナ周辺）では、避難所に巨大な総合病院の機能を備えたテントが設置され、医療チームが常駐し、十分なトイレやシャワーも完備されたという。

東日本大震災で、みなし仮設住宅がとりいれられたものの、プレハブ仮設住宅は30㎡の小さな住宅で、人間的な生活からはほど遠い状態にある。しかし、写真②のようにイタリアの仮設住宅は１戸あたり60㎡が標準で、しかも、家具や調理器具、食器にいたるまでワンセットで備え付けられている。プレハブ長屋形式の仮設住宅もやはり60㎡で、２～３寝室、庭付きで、ペットと一緒に暮らしている。日本の仮設住宅と比べると、まさに雲泥の差で、圧倒される。それでも、被災者はそれに甘んじているわけではなく、早くもとの生活に戻ることを希望している。平時の生活水準の高さと生活に対する要求の強さを見てとることができる。

写真②　イタリアの仮設住宅、2LDK、60㎡（ラクイラ、2015年1月筆者撮影）

インドネシアのジャワ島中部地震（２００６年）では、コアハウスという小さな仮設的住宅を建てて徐々に大きな住宅に増築していくという方式で大量の復興住宅をつくりあげた。２０１０年のメラピ山噴火災害の復興では、さらに進んだ取り組みを展開している。被災当初、竹で仮設住宅を大量につくったが、その仮設団地をそのまま恒久住宅団地に建て替えていく事業があちこちで行われている。仮設住宅でのコミュニティを保全しながら、生活を再建することをめざした取り組みである。

こうした事例は、いずれも日本の現状に比べて、はるかに人間的である。復興には、被災者の人間的な生活の確保、生活・生業の再建、被災地の再興を第一義として、復興災害を招かないような施策体系が準備されなければならない。そのために、過去の災害の経験や世界の事例を系統的に学び、研究すること、それを施策に反映させることが必要であるが、阪神・淡路大震災の経験さえも東日本大震災に必ずしも生かされているとはいえない。

日本は災害大国でありながら、そういう経験を確実に活かし政策化する仕組みが乏しい。戦争に備える防衛省や自衛隊はあるが、巨大災害に備える常設の省庁はないのである。大学や研究機関で系統的に復興学を研究すると同時に、「防災・復興省」といった常設の政府機関を創設し、系統的な政策体系をつくりあげることが急務である。

イタリアには「市民安全省」(Protezione Civile) という組織があり、災害時には、軍や警察、消防を統括して全体の調整を図るという。そして、この市民安全省が避難所や仮設住宅の設置基準をつくっているのである。

現在、東日本大震災の復興のために復興庁が設置されているが、縦割り行政の弊害を乗り越えて復興の強力なエンジンとなっているとはいい難い。加えて復興庁は9年間の時限的な組織で、2021年3月には廃止される。

毎年のように繰り返される風水害や、迫り来る巨大地震への備えを考えるならば、復興を防災対策の中に明確に位置づけ、予防、緊急対応、復興に系統的に取り組む常設の組織をつくることはまさに急務である。

【参考文献】

塩崎賢明(2014)『復興〈災害〉―阪神・淡路大震災と東日本大震災』岩波新書

第2章

「人間の復興」と地域内経済循環の創出

京都大学教授　岡田知弘

はじめに

東日本大震災から5年、阪神・淡路大震災から21年目を迎えた。3・11被災地では、福島第一原発事故被災地をはじめ、三陸海岸地域での住宅、産業の再建が遅れ、2016年2月時点で未だ17万人が仮設住宅等での避難生活を余儀なくされている。過去1年間における避難者の減少は5万人程度にとどまる[1)]。

しかも、2015年9月末日までに、1都9県で、合計3407人の被災者が「震災関連死」を遂げた。このうち66歳以上の高齢者が約9割、また都県別にみると福島県が全体の6割に及ぶ1979人を占めている[2)]。これらの数字は、大震災が、未だに収束しておらず、最も厳しい核災害に襲われた福島、なかでも最も弱い立場の人々の生存を脅かし続けていることを意味している。これは、明らかに人災であり、とりわけ「創造的復興」を前面に立てた復興政策のあり方が問われているといえる。

結論を先取りするならば、東日本大震災の復興構想における、地域的視点、歴史的視点、そして人間的視点の欠如ないし歪曲が、被災者の生活再建、被災地の再生を遅らせたり、阻んだりしている側面が強い。だが、内外の大企業は、復興予算の流用問題に象徴されるように復興事業に便乗して利益を得ようとしている。これに対して、被災者の人間らしい生活の再建を最優先し、被災地における地域循環型復興の取り組みも、着実に広がりつつある。

筆者は、これを関東大震災時に福田徳三が提唱した「人間の復興」の発展形態であると捉えている。筆者は、これまで地域経済学の視点から、昭和三陸津波直後の東北振興事業、阪神・淡路大震災及び中越大震災被災地の調査研究を行ってきた。東日本大震災が発災してからも、現地調査を重ね、「人間の復興」に向けた政策を提言してきた[3)]。

本稿では、それらの成果を基に、最新の動きも捉えたうえで、政府による「創造的復興」の問題点を明らかにするとともに、被災地における「人間の復興」による地域再生の展望と歴史的意義を述べてみたい。それは現代日本の社会が抱える問題を被災地から逆照射することにもなるだろう。

1 「創造的復興」と「被災地＝東北」論

1 「創造的復興」論の再登場

大震災から1カ月経った2011年4月11日、菅直人・民主党内閣は、「東日本大震災復興構想会議の開催について」と題する閣議決定を行った。そこですでに「単なる復旧ではなく、未来に向けた創造的復興を目指していくことが重要である」と述べ、阪神・淡路大震災時の「創造的復興」の踏襲を宣言する。[4] さらに、5月10日には復興構想7原則を決定、その柱のひとつとして「被災地域の復興なくして日本経済の再生はない。日本経済の再生なくして被災地域の真の復興はない」を掲げたのである。[5]

阪神・淡路大震災の「創造的復興」の象徴が、神戸新空港・高速道路・地下鉄の建設事業や新長田駅周辺の大規模再開発事業であった。だが、これらのハード事業は、いまや経営危機に陥っているだけでなく、被災者の住宅再建支援制度が未整備であったために生活再建の遅れ、仮設住宅や震災復興住宅での孤独死が問題となったのである。まさに塩崎賢明氏が指摘する「復興災害」が、20年余経ったいまも、被災者を苦しめ続けている。[6]

しかも、兵庫県の調査によると、震災後の復興需要14・4兆円（うち公共投資3割）の90％が被災地外に流出してしまったという。[7] だが、このような「創造的復興」の検証や、被災地内への復興資金の循環を考慮しない復興論が、2011年6月25日にまとめられた東日本大震災復興構想会議の提言でも強く押し出されたのである[8)]。

同提言は、「創造的復興」の考え方に基づき、成長戦略に沿った復興を強く求めている点が特徴的である。具体的には、農林水産業経営の集約化や漁業権への民間企業の参入、企業誘致を「特区制度」の活用によって推進するとともに、「基幹税」も復興財源として位置付けた。また、「東京は、いかに東北に支えられてきたかを自覚し、今そのつながりをもって東北を支え返さなければならぬ」（前文）、「東北地域の製造業は、国内外の製造業の供給網（サプライチェーン）のなかでも重要な役割を果たしている。今回の震災はわが国経済に大きな影響を及ぼした」といった表現からわかるように、被災地＝「東北」という被害地域把握を行うとともに、東京との関係で「東北」の復興の重要性を説いていた。

そのうえで、「集落の高台への集団移転」「漁業の構造改革」「特区手法の活用」「基幹税」を中心にした財源確保、「自由貿易体制の推進」等の施策が並んだ。同年7月29日に決定された政府の基本方針の骨格は、この提言のなかに盛り込まれていた施策に基づいている。

そもそも、復興政策を検討するためには、被害の構造をあらゆる角度から客観的に解明することが必要不可欠である。しかし、この提言を読む限り、そのような検討の痕跡は見当たらない。そのひとつの証左が、「被災地＝東北」論である。

2 「被災地＝東北」論の誤謬

結論からいうと、「被災地＝東北」論は誤りである。東日本大震災における死者・行方不明者等の人的被害や建物の損壊があった範囲は、北海道から三重県にいたる18都道県に及ぶ。一方、死者・行方不明者は、宮城県の60・1％をはじめ岩手県及び福島県の3県で全体の99・7％を占めている。他方、住宅の全半壊棟数は、この3県のほか茨城県や千葉県にも及んでいる。つまり、被災地は、決して「東北」6県ではなく、宮城、岩手、福島の激甚3県をはじめとする東日本全体に広がっているのである（消防庁、2011年6月16日発表）。

さらに、激甚被害を受けた3県のなかでも、災害の発現の仕方は市町村ごとに異なっている。太平洋岸の津波被害地域だけでなく、内陸部での地震動や液状化、地滑りにともなう被害、そして原発事故による放射能汚染被害地域等が、多様に存在している。これに加え核災害によって避難を余儀なくされた福島県の内陸自治体もある。しかも、同じ基礎自治体内部でも集落ごと、街区ごとで、被害状況には大きな差異がある。つまり、被災地は「東北」で均等に広がり、同じ現象が生じているわけではない。それぞれの地域社会の立地条件、歴史的存在形態に規定されて、多様な災害が、個々の住民の生活領域ごとに生じていたのである[9)]。

では、なぜ「被災地＝東北」という言説が生み出されたのか。そこには、被災地の復興自体よりも、これを機に、グローバル企業や復興ビジネスの「成長」を最優先しようとする中央財界の強い要求があった。例えば、2011年4月6日に発表された経済同友会の『東日本大震災からの復興に向けて』では、「震災からの『復興』は震災前の状況に『復旧』させることではない。まさに、新しい日本を創生するというビジョンの下に、新しい東北を創生していく必要がある」と、「創造的復興」論と同じ立場から、「被災地＝東北」という認識を示している。そのうえで、「東北の復興」にあたっては、「道州制の先行モデル」をめざすべきであり、「規制緩和、特区制度、投資減税、各種企業誘致策などあらゆる手段を講じ、民の力を最大限に活かす」べきだとした。

日本経団連も、同年5月27日に『復興・創生マスタープラン』を発表、そのなかで「日本経済の再生のためには、今回の震災からの復興を踏まえた新成長戦略の加速が求められる。とくに震災前からの懸案である社会保障と税・財政の一体改革の推進やTPP（環太平洋経済連携協定）への参加をはじめ諸外国・地域との経済連携が不可欠であり、震災により後退させることなく推進する必要がある」と指摘した。そして、「東北」復興にあたって、

「震災復興庁」の設置を要求し、「設置期限終了時には」「道州制につなげていく」と、財界の宿願であった道州制の導入を強く求めたのである。[10]

これらの提言の関心は、明らかに東京に拠点を置き北関東から南東北にかけてサプライチェーンを築いてきたグローバル企業や復興ビジネスの経済的利害にある。そのような成長追求と「中央」の視点から自ら推進してきた道州制導入を、広域災害というイメージの活用によって一気に図ろうという意図に基づいているといえる。しかし、その反面で個々の被災地での被災者の生活再建への視点は極めて薄弱である。まさに「ショック・ドクトリン」＝惨事便乗型復興である。[11]

3 「創造的復興」の現実

では、「創造的復興」は、被災者の生活再建と被災地の復興につながっているのか。それを鋭く示したものが、復興予算の使途をめぐる問題である。２０１２年９月９日放送のＮＨＫスペシャルにおいて、塩崎賢明氏が復興予算の４分の１が実質的に被災地の復旧・復興事業以外に流用されていると指摘、その後国会でも重大問題として取り上げられることになった。[12]

その典型が、企業立地補助金である。同事業は、総額約３０００億円であったが、うち６％しか被災地の立地企業に分配されなかったうえ、８割が大企業への補助金であった。しかも、補助金分配を決めたのは、経済産業省の業務を請け負った野村総研であった。[13]

このような復興は、「日本経済の再生なくして被災地域の真の復興はない」という前述の復興原則の具体化であったし、復興庁に経団連等財界団体から20名の人材派遣がなされ、そこで官民協同の復興事業と復興特区指定、さらに復興交付金の箇所付けを行う体制がつくられたことの当然の帰結であったといえる。

問題を深刻化したのは、宮城県の村井知事のように、被災者の生活再建と福祉の向上よりも、政府や財界の「創造的復興」論に基づく、大企業重視型の復興を推進した被災自治体首長の姿勢である[14)]。

村井知事は、震災直後から野村総研の復興計画を丸呑みし、地元関係者をほとんど入れない会議体で復興計画を策定した。とくに水産復興特区制度創設による漁業権の民間企業への開放を推進したほか、農地・漁港の集約化、海岸部での大防潮堤の建設に固執し、復興財源として消費税増税を提唱した点が際立っていた。

中小企業支援策についても、岩手県と比較すると「サプライチェーン」偏重ぶりが目立つ。ここで取り上げるのは、東日本大震災ではじめて実現した中小企業の再建投資に対する国庫補助事業である「中小企業等グループによる施設・設備復旧整備補助事業」である。事業認定の箇所づけは、県が行うことになったが、当初宮城県が最も優先したのは、サプライチェーン型と自ら呼んだ内陸部の自動車・電気機械系産業集積の再建であり、三陸海岸地域は後回しにされた。これに対して、岩手県は被害が最も大きかった三陸海岸各都市の地域産業であった水産加工産業の再建を優先したのである。

また、漁港や水産加工施設の復興についても、宮城県は被災142漁港のうち60漁港を拠点港として優先整備しようというものであり、岩手県が被災108漁港すべての復旧方針をいち早く発表したことと比べると極めて対照的であった。三陸海岸地域では小さな浜でも漁港を中心に一次産業から三次産業までが結合した産業複合体ができており、漁港が再建されなければ生活手段を失う人々が多いにもかかわらず、である。しかも、巨大防潮堤建設や住宅の高台移転にこだわることにより、住民合意や計画づくり、それを前提にした住宅や事業所の再建が大きく立ち遅れてしまったのである。

他方で、宮城県は新産業の誘致に積極的に取り組んだ。農業分野では、仙台平野に復興特区制度を活用して、国内の外食、食品加工、流通資本だけでなく、日本ＩＢＭや日本ＧＥなどの多国籍企業も出資、提携する植物工場を設置し、多額の復興交付金を投じた。仙台平野の海岸部では、居住制限地域が設定され、農家の営農の継続が厳しくなるなかで、土地をこれらの植物工場やメガ・ソーラー用地に提供する事態も広がった。

このように、阪神・淡路大震災では、「創造的復興」の名の下で、国内の大企業の市場創出がなされたが、東日本大震災では外資系多国籍企業にも「開かれた復興」が、TPPを先取りしたような規制緩和と優遇策の重点投入によって推進されている。ここに歴史的段階差がある。

4 「アベノミクス」と震災復興

2012年末の総選挙によって、第二次安倍晋三内閣が発足した。「アベノミクス」が被災地に与える影響を見るとき、民主党政権時代以来の「創造的復興」をより強化し、被災地の内発的な復興の障害をつくりだしているといえる。

第一に、2013年3月に、復興推進委員会の人事の大幅入れ替えを行い、委員長に経済財政諮問会議議員でもある伊藤元重・東京大学大学院教授を任命、さらに委員長代理にボストンコンサルティンググループの秋池玲子氏、委員にアイリスオーヤマ代表取締役の大山健太郎氏、トヨタ自動車東日本社長の白根武史氏らを配置したのである。国の経済成長戦略の一環として震災復興を位置付けるとともに、被災地の一部利害関係者の参画を進めたのである。

第二に、安倍内閣は、国土強靭化計画により、復興特別会計を公共事業中心に19兆円から26兆円に増額した。いわば、「人からコンクリートへ」の逆転である。さらに東京オリンピック招致にともなう建設ラッシュと円安が重なり、被災地での資材不足、人員不足、価格・賃金高騰が顕在化し、さらなる入札事業の不調が相次いだり、復興・住宅再建工事の遅れをもたらしている。

第三に、復興予算の流用として指摘された大企業向け立地補助金を続ける一方で、中小企業・農林漁家の事業・生業復興への支援の弱さが目立つ。さらに、福島第一原発事故の収束や放射能汚染問題、事故検証がなされていないにもかかわらず、原発輸出補助金の積み増しと原発再稼働に向けて積極姿勢を一貫してとっている。

第四に、安倍内閣は、2015年6月24日に、2016年度以降5年間の「復興・創生期間」の計画を決定した。これは、2015年度末をもって終了する「集中復興期間」の後続計画である。新たな復興支援の考え方については、被災地の「自立」を求め、「地方創生」のモデルとする方針を決定する。「地方創生」の一環として位置付け直したのである。ちなみに、これを先取りする形で、2015年度補正予算案（12月18日発表）の「産業・生業の再生」という項目では、インバウンド観光及び輸出拡大水産加工業に5億円の予算を計上している。明らかにTPPや成長戦略に沿った復興へと誘導していることがわかるであろう[15]。

だが、被災地では住み続けた土地に帰れない被災者が多数存在しており、それが国勢調査結果などで明白になりつつある。2015年10月1日国勢調査速報値は、福島県が、2010年調査比で11万5458人（5・7％）減であり、過去最大の減少率を記録した。男女別でみると、女性が7万5743人（7・3％）減に対して、男性は3万9715人（4・0％）減であるうえ、大熊、双葉、富岡、浪江の4町では人口がゼロとなった。明らかに、放射能汚染のために、生業と生活再建の見通しが立たないことが決定的要因となっている。岩手県でも、沿岸12市町村の人口は、5年前と比べ8・3％、2万2761人の減少となっている。とくに減少率が大きいのは、大槌町の23・2％、陸前高田市の15・2％、山田町の15・0％となっている。宮城県でも、減少率が最も大きかったのは女川町の34・0％であり、これに山元町の25・2％が続いている[16]。

津波被災地での住宅・生活再建の遅れが、当該地域での大幅な人口流出を招き、産業復興も遅らせる悪循環が広がりつつある。福島県では、原発事故が収束せず、除染も進まないなかで、生活再建の見通しが立たない被災者が多いといえる。ちなみに、2015年9月末日時点での国直轄除染事業の完了率は、宅地でみると、南相馬市35％、富岡町64％、浪江町21％、双葉町14％となっているが、農地では同じく18％、22％、30％、7％にとどまっている。[17]

また、帝国データバンクによると、2016年2月時点での事業継続企業比率は、岩手81・5％、宮城82・4％、福島39・6％であり、福島県の被災企業の事業継続企業比率が極めて低い。しかも、被災3県共通して、事業継続企業の6割が震災前の売り上げに回復したとしているものの、業種別にみると建設業が突出しており、小売業の売り上げ回復は消費者である住民の減少によって芳しくないと指摘されている。[18]

このうえさらなる消費税増税やTPP正式参加がなされるならば、被災地の事業体・生活再建にとって重大な障害になることは明らかである。

2「東北振興」の歴史から学ぶ

1 凶作・昭和三陸津波と東北振興事業

現代における「東北」の復興を検討する場合、1930年代の東北振興事業の教訓から学ぶべき点が多い。[19] 東北地方は、1931年と1934年の冷害凶作に加え、1933年には昭和三陸津波に襲われた。これを機に、1934年末に岡田啓介首相の諮問機関として、東北振興調査会が設置され、短期的な救済策と併せて、恒久策が「東北6県」全域を対象に策定される。その結果、米国のTVA（Tennessee Valley Authority：テネシー川流域開発公社）の開発方式に倣って、東北興業株式会社（のちの東北開発株式会社、以下東北興業と略）及び東北振興電力株式会社（のちの東北電力株式会社、以下東北振興電力と略）の２つの国策会社が設立（１９３６年）されるとともに、政府によって「東北振興第一期綜合５カ年計画」が樹立（１９３７年度～）された。また、当時は、戦時国土計画の一環として道州制導入も論議されており、「東北庁」設置も検討された。東北庁については、内務省や大蔵省の反発で具体化せず、結局各省庁が東北振興枠を設定して、事業を推進することになる。

ここで留意しなければならないことは、東北振興事業が国策として推進された真因が、東北の農漁民の救済や東北地域と他地域との格差是正にあったわけではなく、国家総動員資源政策の一環として位置付けられたことにあった点である。これは、国家総動員機関である内閣資源局の長官と東北振興事務局（のち東北局）長を兼ねた松井春生が、率直に語っているところである。すなわち、東北振興の根本方針は、「東北地方の疲弊を改善」することにあるのではなく、「国運進展の重大時機に於て」「国が要求する各種重要資源の給源」としての東北の「域内に包蔵する人的・物的資源の利用開発を企図」したものであった[20]。

2　東北振興事業の実際

東北振興事業の実績を簡単に見てみよう。東北振興電力が５年間に発電所11カ所と８００㎞にわたる送電線網を十和田湖から福島にいたるまで建設し、すべて動力用電力として、東北興業の合弁会社や直営事業に供給した。東北興業は投資会社であり、王子製紙との合弁による東北振興パルプ、東北振興アルミニウム、東北振興化学等を次々に設立したほか、多分野の事業に参入する。ここで注目したい点は、東北興業の投資先の多くが三井系の重工業資本だったことであり、東北興業の株主や役職ポストにも、三井財閥が進出し、東北振興事業を通してその資本蓄積を図ったことである。

そのうえ東北振興電力が福島県で発電した電力の３分の２は、東京方面に送電された。振興両社の事業活動が東北の振興につながっていないことに対する批判、反発が産業組合や商工会議所でもなされるようになるが、東北振興電力は結局、国策会社である日本発送電に統合されて、東北振興事業は国策遂行に吸収されてしまうことになる。しかも、事業の結果、製造品出荷額ベースでは重化学工業化が進行するものの、雇用効果は少なく、むしろ大量の労働力、物的資源及び電力が、京浜工業地帯に向かって流出する構造の形成に帰結した。

しかも、人的資源として注目された「東北の人口」に対する保健政策は、1941年以降、頑健な軍人や「銃後」の部隊をつくる「人口国策」の一環として位置付けられることになる。[21]

3 東北振興事業の教訓

東日本大震災後、とくに第二次安倍政権が誕生して以来、「日本経済の成長」と憲法9条の改憲に力点を置いた「富国強兵」国家づくりが推進されている。戦時下の東北振興事業の歴史を振り返るとき、惨事に便乗した大企業の東北進出、道州制導入、そして日本創成会議「増田レポート」による国策としての人口政策の提起と「地方創生戦略」による推進等、実に共通している点が多いことに慄然とせざるをえない。[22]

さらに、目を被災地に転じるならば、福島第一原発事故が明らかにした電源県＝福島と東京圏との地域関係は、戦時期に形成された構造であることが確認できる。もちろん、東北振興事業の時代と現代と比べると、被災地をめぐる政治、経済、社会環境は大きく異なっている。しかし、災害復興を目的に企業を誘致したとしても、それが直ちに被災者の生活再建や被災地の持続的な再生に結びつくことにはならない点は共通している。また、現代においても、東京に本社をもつ巨大資本にとって、「東北」はいまも「サプライチェーン」言説に代表される資本財、エネルギー、食料・水、そして労働力の給源として捉えられているといえる。そのような構造からの脱却こそが求められているのである。

3 地域内経済循環の再構築と「人間の復興」へ

1 復興と地域内再投資力、地域内経済循環の再構築

福島第一原発事故とそれによる東京圏の大混乱を例に引くまでもなく、戦時期に形成された東北と東京との地域間関係は、戦後から現代にいたるまで貫通する地域構造となる。戦時期の東北振興事業と現代の「創造的復興」を比べると、「国策」の目的が国家総動員から成長戦略という言葉に置き換えられてはいるものの、政府が「国益」を強調し、そのなかで非被災地の復興ビジネスとその本社立地地域が潤い、被災者の生活再建や被災地域の再生は困難を来すという同様の構図がグローバルな規模で再現しつつある。

現代のグローバル経済下において、震災復興を目的に被災地外に本社を置く内外のグローバル企業を誘致したとしても、それが直ちに被災者の雇用や生活再建、被災地の持続的な復興・復旧に結びつく可能性は少ない。むしろ、災害復興をビジネスチャンスにしたグローバル企業とその本社集積地に復興利得が還流し、被災者や被災地での生活、地域社会の再建は遠のくことになってしまうのである。

逆にいえば、災害からの復旧・復興にあたっては、被災地において被災者の生活を支える地域産業と雇用、生業を再建すること、即ち被災者が主体として直接関わる地域内再投資力の再建こそが必要だということである。というのも、一般的に地域が形成・再生産される条件は、その地域の経済主体（企業、農家、協同組合、NPO、自治体等）が毎年投資を繰り返すことである。そうなれば、所得と雇用が毎年生み出され、生活や景観が再生産される。とくに、農林漁業への再投資は国土の保全効果も高める。筆者は、これを「地域内再投資力」と概念化してい

る[23]。

現に被災地では中小企業者、農家、協同組合、NPOによって、そのような自律的な取り組みが数多く見られる。その際に復興資金や義捐《ぎえん》金等が地域内に経済循環するようにすること、そして被災地外からの資本参入を管理し、被災地の地域内再投資力と地域内経済循環に寄与する仕組みをいかに形成するかが、政策論的には問われているといえる。また、その際に、自治体や国が公共調達を工夫することで、地元中小企業への発注額を増やし、地域経済と住民の生活再建に資することも意識化されなければならない。さらに、貨幣的側面だけでなく、森林資源を活用して仮設住宅や住宅用部材として使ったり、エネルギーを地域で循環させるといった、素材の循環を組織することにより、自然と人間社会の安定的関係を再構築することも重要な課題となる。

2 「人間の復興」理念と具体化の歴史

注目すべきことは、以上のような地域内経済循環を再構築して、被災者の生存権を最優先する「人間の復興」の取り組みが、被災地で地方自治体を中心に現に広がっている点である。

もともと「人間の復興」概念は、関東大震災の折に、後藤新平の帝都復興構想を批判し、福田徳三・東京商大教授が提起した復興理念である。福田は、その著書のなかで「私は復興事業の第一は、人間の復興でなければならぬと主張する。人間の復興とは、大災によって破壊せられた生存の機会の復興を意味する。(中略) 道路や建物は、この営生の機会を維持し擁護する道具立てに過ぎない。それらを復興しても、本体たり実質たる営生の機会が復興せられなければ何にもならないのである[24]」と喝破していた。道路や建物を優先するのではなく、人間の生存の機会の復興こそ重要であると鋭く指摘したのである。この理念は、現代の災害復興問題にも通じる普遍性を有していたが故に、阪神・淡路大震災の折に、「創造的復興」に対する被災者運動における対抗概念として注目された。

阪神・淡路大震災以後、日本列島は、ほぼ毎年のように人命に関わる地震災害だけでなく風水害に襲われている。その度に、被災者運動が展開され、日本ではじめて全壊世帯に住宅再建のための補助を行う被災者生活再建支援法が１９９８年に制定される。さらに２００４年の中越大震災時には住宅再建支援制度の拡充の要求が高まり、２００７年の同法の抜本改正につながる。これにより、申請手続きの簡便化、支援金増額が実現する。阪神・淡路大震災の際には住宅再建に公費を投入することは違憲であるという政府の姿勢であったが、頻繁に起きる災害と被災者の叫びのなかで、その転換を迫られたのである。それは、憲法25条が定める生存権を保障するために、その基本条件である住宅再建への公的支援が開始されたことを意味した[25]。

さらに、県及び市町村が造成した復興基金の活用により、国の制度に乗らない分野横断的な政策提案活動と、それに基づく生業・生活再建支援の独自制度が実現した。例えば、山古志村等では、集落ごとに仮設住宅で生活し、そこで住民自治を基本にしながら地域内経済循環を標榜した生活・生産基盤一体の復興策が、集落、旧村単位に作成された。その結果、生業の再建によって、３年後には7割の村民が帰村することに成功した[26]。

3　3・11被災地での「人間の復興」

阪神・淡路大震災や中越大震災と同様、東日本大震災に際しても、被災地において、発災直後に人々の命を救い、避難所での運営に力を発揮したのは集落等のコミュニティであり、そこで生業を営む商工業者や重機をもった建設業者であった。

仮設住宅建設にあたっても新たな工夫が始まった。宮城県のように大手プレハブメーカーに丸投げするのではなく、岩手県住田町では、町と第三セクターが主導して、地元産材を生かした木造戸建て仮設住宅を、廉価に、被災者を雇用しながら建設した。同様の地場産材を活用した木造仮設住宅建設は福島県で大規模に行われた。これらは、地方自治体が地域内経済循環を組織化している実例である。
また、三陸海岸のいたるところで、自治体が湾内の瓦礫処理を漁業協同組合に発注し、船や筏を無くした漁師の仕事づくりと、漁場の再建をすすめる重要な手段とした。さらに、多くの被災した漁村で、協同の養殖筏を組んだり、数少ない漁船を協同で活用したりする方法で、水産業の復興に向けた取り組みが広がった。
加えて、生活・事業再開のための地方自治体による公的助成制度が拡大しつつある。これは、国の生活再建支援金制度の限界（全壊世帯のみ300万円まで）を補完するためであり、岩手県では、県と市町村が各100万円まで補助する制度をつくり、バリアフリー化や県産材を活用した場合には加算する仕組みとなっている。陸前高田市のようにさらに助成金を積み増す制度を多くの基礎自治体がつくっている。
中小企業経営の事業再開への助成も広がっている。気仙沼市では中小企業等グループ補助金制度の指定枠を、被災者の運動によって、水産加工業、建築分野等に拡大することに成功しているし、石巻市では国・県の助成対象外となった企業に対し、市独自事業で支援する制度を創設している。
また、核災害で深刻な被害を受けた福島県内でも注目すべき動きがある。二本松市では、放射能除染事業が大手ゼネコンに発注されることに危機感をもった市内の建設、造園関係の中小企業が、二本松市復興支援事業協同組合を結成し、市の除染事業を共同受注する取り組みを、2012年春から開始している。そこでは、地域経済循環の視点による復旧・復興が明確に位置付けられている。[27]
さらに、福島県では、地元中小企業や農家が出資して会津電力等の再生可能エネルギー発電会社をつくり、エネルギーと所得を地域内に循環させる動きが着実に広がっている。[28]
このような自律的な取り組みは、東京圏への資源・エネルギー供給地としての「東北」からの大きな転換を意味する。被災者である農民や市民が自ら発電することにより、電気エネルギーも所得も、地域内に循環させていくという方向である。

4 「人間性の復興」へ

ここまで、惨事便乗型の「創造的復興」に対抗して、被災者の生存権を優先する「人間の復興」の取り組みが、3・11被災地でも広がってきていることを示してきた。そこでは「コンクリートから人へ」という限りでの「人間の復興」論のみでは、被災者が主体となった地域再生にはつながらないという課題も浮かび上がってきている[29)]。

被災者は、毎日配給される弁当を食べることで生命体として生き続けたとしても、「人間として」生きたことにはならない。例えば、気仙沼市で水産加工業を営みすべての工場を津波に流された清水敏也さんは、地盤沈下等によって自社の再建が長引くなかで、従業員や社長仲間と共同で「気仙沼の種を植え、育てる」会社として「GANBAARE」を設立する。「何もしないことほど人間にとってつらいことはない」という気持ちと、気仙沼で再生することに確かな価値と目標、生きがいを見いだしたことが、大きなエネルギー源であった。しかも、同社の女性社員たちが、震災前までの現場労働者としての顧客の見えない生産から脱して、気仙沼帆布製品にとどまらず、顧客との交流のなかで次々と新商品を発案して生き生きと働き、しかも働く仲間を増やしている事実を見ると、そこに「ディーセント・ワーク」の典型を見いだすことができる。その意味で、生命の危機からの脱出、再生過程における「人間性の復興」を中核にした「人間の復興」概念の再定義が求められているといえよう。

いわば「生存権保障」といった政策サイドからの外的な理念にとどまらず、被災者が地域住民主権（地域のことは自治体の主権者である住民自身が考え、決め、行動するという意味）を発揮し、人間らしい暮らしと生きがいを主体的に再建することを通した「人間性の復興」が必要不可欠であることを示している。「人間性の復興」は、「人間の復興」を内発的に進める原動力といえるものであり、「人間の復興」はこれによってはじめて十全なものとなる。そこに、人間らしい暮らしや仕事、さらにそれを支える地域社会を喪失しつつある日本列島全体の再生方向への明確な示唆も、見いだすことができよう。

おわりに

3・11災害を経験するなかで、足元から住民の命を守り、人間らしい暮らしを再生・維持する持続可能な地域づくりが被災地はもとより非被災地でも求められる時代になっている。その際、馬場有《たもつ》・福島県浪江町長が鋭く指摘するように国民の生存権、幸福追求権、さらに主権者の基本的人権を保障する国と地方自治体の責任が根本的に問われてきている[30]。

いま、そして将来の日本にとって必要なことは、この平和的生存権を核とする憲法を、暮らしの隅々で具体化することであろう。となれば、被災地の暮らしと産業を破壊するTPPへの参加やさらなる消費税増税、惨事便乗型復興はただちにやめるべきである。その意味で、2015年5月21日の福井地裁による大飯原発3・4号機運転差し止め訴訟判決は歴史的な意義を有している。同判決は、憲法に基づく人格権を最高の価値と宣言したうえで、「豊かな国土とそこに国民が根を下ろして生活していることが国富であり、これを取り戻すことができなくなることが国富の喪失である」と言い切った。これは、圧倒的多くの人々の共通の認識を代弁した、普遍性を有する思想である。

そのひとつの現れとして、被災地では地元中小企業や地域経済の振興を図るために、中小企業振興基本条例を制定する動きが2015年に入って相次いでいる。岩手県、宮城県、仙台市、そして福島市で同条例が制定されたほか、岩手県では「県が締結する契約に関する条例」（公契約条例の一種）も同年に制定された。地方自治体が、地域住民の圧倒的多数が関わる中小企業や農家、協同組合と連携をとりながら、一人ひとりの住民の生活の向上と地域経済社会の持続的発展を、自らの行財政手段を活用して図ろうという動きとして評価できる。[31]

一人ひとりの国民にとって真に「豊かな国」を実現する流れは大河となりつつある。それを確かなものにするために、私たちは被災地から学び、足元の地域から、この国を創り直す時機に来ているといえよう。

【注】

1 復興庁「復興の現状」2016年3月4日。
2 復興庁「東日本大震災における震災関連死の死者数（平成27年9月30日現在）」2015年12月25日。
3 岡田知弘『震災からの地域再生』新日本出版社、2012年、岡田知弘・自治体問題研究所編『震災復興と自治体』自治体研究社、2013年、岡田知弘・秋山いつき『災害の時代に立ち向かう』自治体研究社、2016年などを参照。
4 「東日本大震災復興構想会議の開催について」（2011年4月11日閣議決定）。
5 東日本大震災復興構想会議決定「復興構想7原則」（2011年5月10日）。
6 塩崎賢明『復興〈災害〉—阪神・淡路大震災と東日本大震災』岩波新書、2014年。
7 兵庫県復興10年委員会『阪神・淡路大震災　復興10年総括検証・提言報告』2005年。
8 東日本大震災復興構想会議「復興への提言～悲惨のなかの希望～」2011年6月25日。
9 被害の地域構造分析の詳細については、前掲『震災からの地域再生』第1章を参照。
10 日本経団連の道州制論とその批判については、岡田知弘『増補版　道州制で日本の未来はひらけるか』自治体研究社、2010年参照。
11 ショック・ドクトリンについては、ナオミ・クライン『ショック・ドクトリン—惨事便乗型資本主義の正体を暴く』上下巻、岩波書店、2011年、参照。
12 塩崎賢明「復興予算は被災地のために」『世界』2012年12月号。
13 『しんぶん赤旗』2012年10月28日。
14 以下の叙述については、前掲『震災からの地域再生』参照。
15 地方創生政策については、岡田知弘『「自治体消滅」論を超えて』自治体研究社、2014年、岡田知弘・榊原秀訓・永山利和編『地方消滅論・地方創生政策を問う　地域と自治体第37集』自治体研究社、2015年、参照。
16 データは、各県統計課ウェブサイトによる。

17　注1と同じ。
18　帝国データバンク「第五回：東北3県・沿岸部『被害甚大地域』5000社の追跡調査」（2016年3月）による。
19　東北振興事業については、岡田知弘『日本資本主義と農村開発』法律文化社、1989年、参照。
20　松井春生『日本資源政策』千倉書房、1938年。
21　東北地方が、東京への電力・資源・労働力供給地として構造化していった点については、大門正克・岡田知弘・川内淳史・河西英通・高岡裕之編『「生存」の東北史』大月書店、2013年、参照。
22　岡田知弘「『地方創生』・TPPは地域・住民に何をもたらすか」『月刊全労連』2016年2月号、参照。
23　地域内再投資力と地域内経済循環が地域経済形成の決定的要素であることについては、岡田知弘『地域づくりの経済学入門』自治体研究社、2005年、参照。
24　福田徳三『復興経済の原理及若干問題』同文館、1924年（関西学院大学出版会、復刻版2012年）。
25　被災者運動の展開については、岡田知弘「グローバル経済下の震災復興をめぐる対立構図と位相」『歴史学研究』911号、2013年、参照。
26　岡田知弘ほか『山村集落再生の可能性』自治体研究社、2007年、参照。
27　各地の取り組みについては、前掲『震災復興と自治体』参照。
28　『東京新聞』2016年5月1日付、社説。
29　前掲『「生存」の東北史』、第1章（岡田知弘）及び補論1（清水敏也）を参照。
30　前掲『震災復興と自治体』、第12章（馬場有）を参照。
31　同条例については、秋元和夫・西尾栄一・川西洋史・岡田知弘・高野祐次・渡辺純夫『増補版　中小企業振興条例で地域をつくる』自治体研究社、2013年、前掲『災害の時代に立ち向かう』参照。

第3章

大震災における復興行財政の検証と課題

愛知大学名誉教授　宮入興一

はじめに

阪神・淡路大震災から21年、東日本大震災の発生から5年の節目を迎え、「集中復興期間」（２０１１～15年度）が終わろうとしている。本章の課題は、この間の東日本大震災の復興行財政の制度と運用の実態を検証し、その到達点とともに残された問題と課題を明らかにすることである。本章では、東日本大震災の復興において、阪神・淡路大震災の復興の教訓が行財政の制度や運用面でどのように活かされ、また、逆に活かされずに課題を抱えているか、比較災害論的な視点から考察する。これによって、東日本大震災の復興行財政の成果やその問題点、さらには「集中復興期間」後の課題が、一層鮮明になると考えられるからである。これらの考察を踏まえて、政府による「復興・創生期間」（２０１６～20年度）の新たな復興政策と、国—地方間財政負担のあり方についても検証を深めることにしたい[1)]。

1 東日本大震災の構造的特質と問題点

今あらためて、東日本大震災の構造的、本質的特徴を、阪神・淡路大震災との対比において検証してみよう。それは、東日本大震災の復興行財政の課題と深く関わるからである。

以下に東日本大震災の５つの構造的特質を指摘したい。

第1の特質は、阪神・淡路大震災をはるかに上回る巨大化・広域化・長期化した多重災害となったことである。

東日本の死者・行方不明者は、避難が原因の災害関連死３４０７人を含め約2・2万人と、阪神・淡路の3倍以上に達する。特に福島県の災害関連死1979人は全国のそれの58・1％を占め、同県の直接死1613人をさえ上まわる。うち66歳以上の高齢者の割合は90％を超える（2015・9・30）。建物被害は全半壊約40万戸と、都市型災害であった阪神・淡路の約37・8万戸をさえ凌ぐ。直接経済被害額は16～26兆円と、阪神・淡路大震災の9・9兆円を凌駕し、これに最低11兆円とされ、今なお拡大し続けている原発被害が加わる。地震災害の上に、阪神・淡路ではなかった津波災害と未曾有の原発災害まで多重化し、復興対策の失敗にともなう「復興災害」[2]も加わって、長期化、複合化した深刻な巨大災害となっている。

第2の特質は、東京一極集中型の日本経済社会の弱点を突いた地方都市・農漁村型災害となったことである。阪神・淡路大震災は、経済成長優先型の日本経済と、その流れに乗って「神戸株式会社」方式の都市経営を主導してきた神戸市を中心に発生した大都市型災害であった。これに対して、東日本大震災は、高度成長期以来、東京圏への労働力、食料、資源、エネルギー等の供給基地とされ、反面、国の自由化政策の下で軒並み苦境に立たされてきた主力農林水産業の停滞、若年労働力の流出、少子高齢化、過疎化の急進、地域産業の衰退、地域社会の疲弊（医療過疎、買い物難民、コミュニティ機能の弱体化等）を余儀なくされた東北地方の太平洋沿岸部を中心に襲った地方都市・農漁村型災害となった[3]。

第3の特質は、国の構造改革路線による90年代からの市町村合併、職員削減、自治体リストラなどによって自治機能の弱体化や地域防災力の空洞化に拍車がかかり、これが、東日本大震災の震災対応や災害復興の大きな障害となって第2次被害を拡大させた[4]。

第4の特質は、被害の地域的不均等性と地域構造の脆《もろ》さを露呈した広域化・多様化災害となったことである。神戸市と阪神間を中心とした大都市型の阪神・淡路大震災と比べ、東日本大震災は、面積で8倍以上、東北・関東の太平洋岸を中心に10都道県241市区町村に及ぶ広域化災害となり、被害は多様化し、地盤災害、液状化災害、津波災害等は広域化した。特に、大槌町や陸前高田市に代表される東北のリアス式海岸の大規模津波被災地では、自治体職員の約1／4が犠牲となるなど著しい職員不足が生じ、全国的な広域支援が不可欠となっている[5)]。

第5の特質は、原発災害の深刻さとエネルギー政策の失敗を内包した戦後最大・最悪の複合災害となったことである。福島第一原発は事故収束の目途さえつかず、高濃度汚染地域では住民は長期避難により家族離散、コミュニティ解体を強いられ、基本的人権を侵害されている。政府は住民の帰還方針に舵を切ったが、除染作業は容易には進まず長期にわたる。住民の生活環境は不可逆的に奪われ、人格権は侵害され、被災者は棄民化されようとしている。この惨状の根底には、原発依存の戦後エネルギー政策の失敗がある[6)]。

2 東日本大震災の復興行財政制度の特徴と問題点

(1) 復興理念と復興政策の特徴──「創造的復興」か「人間の復興」か

では、東日本大震災からの復興は何を目指し、復興理念はどうあるべきだったであろうか。

従来、政府や官僚により主張されてきた災害復興の理念は、大規模公共事業をテコとする「開発・成長優先型復興」であった。その典型は、阪神・淡路大震災時の「創造的復興」である。しかし、神戸など被災地の復興後遺症は長引き、兵庫県・復興10年委員会の検証によれば、阪神・淡路大震災の14兆円を超す復興需要も、約9割は域外に流出した[7)]。

一方、これに対置して、「人間復興」の理念が提起されている。「人間復興」の理念は、関東大震災時に福田徳三により提唱された。それは、被災者の「生存機会の復興」「生活、営業及労働機会（総称して「営生の機会」）の復興」を意味する。道路や建物の復興は、「営生の機会」の復興にとって、必要ではあっても手段に過ぎず、目的ではないとしている[8)]。

福田の「人間復興」論は、その後の15年戦争への突入と戦後の経済成長優先の国策の下では閑却されてきた。しかしながら、福田の「人間復興」論は、戦後の日本国憲法の下でこそ蘇生されるべきものであったといえよう。なぜなら、「人間復興」論は、日本国憲法の基本的人権の各条項（第13条 人間の尊厳と幸福追求権、22条 居住権、職業選択権、25条 生存権、26条 教育権、27条 労働権、29条 財産権等）と深く通底しており、その内実がより豊かにされるべきものだったからである。

福田の「人間復興」論が再び脚光を浴びたのは、戦後最大の災害となった阪神・淡路大震災においてであった。この大震災は、都市型大災害として、多数の被災者の生活・生業の困難、特に住宅難・住宅再建と生業再建の困難を一挙かつ大量に生み出したからである。しかも、人間は一人だけでは生きられないから、「人間復興」には、これを支える「地域コミュニティと住民自治の復興」が不可欠となる。基礎自治体を土台に、住民自治によりコミュニティを蘇らせ、日本国憲法の理念を積極的に活かして、被災者の生活・生業・雇用の再建によって被災地の維持可能な発展を図っていくことこそが、復興の王道であり、大義なのである[9)]。

しかし、東日本大震災の復興理念と枠組みはこれとは大きくかけ離れていた。東日本大震災復興基本法や復興基本方針が目指す復興の理念と枠組みには、重大な問題点が含まれていたからである。

第1に、国の復興理念は、「人間復興」ではなく、「創造的復興」を真正面に掲げ、強く押し出していた。東日本大震災の復興の基本理念と枠組みを構築する特別法として制定されたのが「東日本大震災復興基本法」である（2011年6月24日公布）。同法に基づき「復興基本方針」が立てられ、その下で復興諸制度の新設、復興予算の立案がなされてきた。しかし、同法の「基本理念」（第2条）には、被災地の復興に最も枢要な、被災者の生活・

生業・労働機会・コミュニティ等の復興、すなわち「人間復興」の理念が非常に希薄であった。それに代わって、「単なる災害復旧にとどまらない活力ある日本の再生を視野に入れた抜本的な対策」や、「21世紀半ばにおける日本のあるべき姿を目指して行われるべきこと」が、復興理念の冒頭に掲げられた。これは、今回の大震災の復興理念と方針を検討すべき「東日本大震災復興構想会議」への政府の諮問自体が、阪神・淡路大震災で失敗済みの「創造的復興」を反対に成功モデルとして採用し、「単なる復旧ではなく、未来に向けた『創造的復興』を目指していくことが重要である」として、その答申を求めたことの必然的な結果でもあった。[10)]

しかも、第2に、20年前のバブル崩壊後の構造不況からの脱却を目指した阪神・淡路大震災の「創造的復興」とは異なり、東日本大震災では、90年代後半から始まるグローバル時代の「創造的復興」を目指していた。すなわち、TPPや規制緩和、復興特区や民間資本導入、農業や漁業の集約化など、日本経団連や経済同友会など財界主流による一連のグローバル下の惨事便乗型で新自由主義的な提言を土台として提起されており、それが復興財政の方向をも大きく規定してきたのである。[11)] その一方、財界主流、政府による上からの「創造的復興」を許さず、逆に、「人間復興」を目指す世論と運動が、被災者と自治体を巻き込んで全国的に展開され、「創造的復興」との対抗軸が鮮明となってきた。[12)] 現実の復興基本法や復興基本方針、復興政策は、この両者の復興理念の厳しいせめぎ合いの産物といってよい。東日本大震災をめぐる復興理念や復興政策のこうした特徴は、復興行財政と復興事業へと必然的に反映されざるを得ない。

(2) 東日本大震災の復興行財政の特徴と基本的な問題点

東日本大震災の復興行財政における基本的な特徴と問題点は、結論からいえば、大きく次の2点に集約できよう。第1は、復興行財政における「創造的復興」の優先と「人間復興」の劣後である。

第2は、「集権・官僚型復興」への傾斜と「分権・自治型復興」に対する軽視である。以下、大きくこの2点について検証していこう。

①成長・開発優先型の「創造的復興」の優先と「災害資本主義」の深まり

「集中復興期間」（2011〜15年度）の復興予算額は26兆円程度とされている。しかし、この復興予算には、直接被災者や被災地の復興に寄与しない経費や、ムダな浪費的経費、「予算の流用」、寄生的な大企業向け経費など、成長・開発優先型の「創造的復興」関係経費が多数混入されている。例えば、表①のように、復興予算の多くが、この間ハードな公共事業に重点投資された。すなわち、公共事業等関係に4・3兆円（17・3％）、その財源保障である震災復興交付金に2・7兆円（10・9％）、震災復興特別交付税等に4・6兆円（18・4％）、合計約11・5兆円と、復興事業総額の少なくとも45％以上が、大手企業中心の公共事業に投入された。

また、「流用問題」が批判された「全国防災対策費」は、1・5兆円（6・2％）が、問題発覚後も継続して被災地外へと支出され続けた。ちなみに、表②のように、会計検査院は、2011年度補正予算と2012年度予算現額を分析して、被災者・被災地に関わる「復興直結事業」が件数で912件（65％）であるのに対して、「全国的復興関連事業」は353件（25％）、「混在事業」は136件（10％）になると推計している。さらに、2011年度3次補正では円高対策費約2兆円が盛られ、また復興特別法人税では、3年間課税の予定が2年で打ち切られて0・8兆円の企業減税が生じた。その上、「国内立地補助金等」0・78兆円は、当初の0・3兆円の約8割がトヨタ、三菱電機、東芝などの大企業に流用され、94％が被災地以外に流出した。かつ、その応募・選考事務は業界大手の野村総研に委託され、しかも、これらの補助金受領企業の37社から、2012・2013年度に合計約3・4億円もの不当な企業献金が自民党に流出していたことも発覚した。[13)]

要するに、復興財政の多くが「災害復興」の美名のもとに、実際には被災地や被災地以外の大企業を中心とする

表① 東日本大震災関係経費の内訳（2010 ～ 15 年度）

年度		2011	2012	2013	2014	2015		
区分		決算	決算	決算	当初、補正	当初	合計	(%)
災害救助等関係		6,059	1,539	651	739	646	10,025	4.1
内	災害救助費	4,555	1,090	446	440	382	7,304	3.0
	災害援護資金貸付等	481	239	24	30	20	794	0.3
災害廃棄物処理事業		3,186	3,488	3,749	236	105	10,764	4.4
公共事業等関係		5,070	9,138	9,291	9,256	9,872	42,627	17.3
東日本大震災復興交付金		2,506	13,194	4,502	3,638	3,173	27,013	10.9
震災復興特別交付税等		21,408	6,704	5,771	5,723	5,898	45,504	18.4
災害関連融資関係		14,739	1,953	1,252	221	307	18,472	7.5
その他の大震災関係		27,744	7,425	5,434	1,994	2,546	45,192	18.3
内	被災者生活再建支援金	1,682	435	201	96	190	2,604	1.1
	医療保険・介護・福祉	2,230	627	204	254	354	3,669	1.5
	教育支援等	390	189	117	152	57	905	0.4
	雇用関係	4,270	520	457	5	230	5,482	2.2
	（小計）	8,572	1,771	979	507	831	12,660	5.1
	農林水産業	3,687	999	341	228	159	5,414	2.2
	中小企業グループ補助金	624	1,128	624	221	400	2,997	1.2
	国内立地補助金等	5,000	682	1,430	300	360	7,772	3.1
	資源・エネルギー関係	4,105	411	180	88	56	4,840	2.0
原子力災害復興関係		7,371	2,520	5,531	9,023	7,717	32,162	13.0
内	原子力損害賠償補償	2,380	―	―	―	―	2,380	1.0
	除染関係	2,762	1,954	4,449	2,582	4,174	15,921	6.4
	放射性汚染廃棄物処理	13	93	235	1,330	1,337	3,008	1.2
	中間貯蔵施設	5	2	224	3,512	758	4,501	1.8
全国防災対策費		1,376	6,911	3,735	1,310	2,005	15,337	6.2
合　計		**89,459**	**52,872**	**39,916**	**32,140**	**32,269**	**247,096**	**100.0**
（外）復興債償還費等		54	10,259	8,650	8,168	818	27,949	―

注）（1）2010 ～ 13 年度は決算額、2014 年度は当初予算・補正予算の合計額、2015 年度は当初予算額。

ただし、2010 年度については、予備費から災害救助費に 391 億円、その他に 49 億円が支出されたが、本表では、合計欄に含めて計上している。

注）（2）「全国防災対策費」は、2012 年度補正以降は、予算の流用批判を受けたため、復興推進会議の決定に基づき、学校等の耐震化事業及び津波被害対応の公共事業に限定された。

（資料）財務省「決算の説明」（参考：東日本大震災復旧・復興関係経費）、2011 ～ 13 年度、同「予算の説明」「補正予算の説明」（東日本大震災復興特別会計）、2014 － 15 年度、より作成。

表② 復興予算の被災者・被災地との関連性に基づく分類

区分	①復興直結事業	②全国的復興関連事業		③混在事業	合計
		津波対策・学校耐震化事業	その他事業		
件数	912	27	326	136	1,401
(%)	(65.0)	(1.9)	(23.2)	(9.7)	(100.0)
歳出予算額	87,377	3,552	13,608	20,641	125,182
(%)	(69.8)	(2.8)	(10.9)	(16.5)	(100.0)

注)(1)2011年度第1～3次補正予算の支出済み額と、12年度復興特別会計の予算現額の合計。
(2)①の「復興直結事業」は、被災地の復旧・復興及び被災者の生活再建に関する事業。
(3)②の「全国的復興関連事業」は、「津波対策・学校耐震化事業」と「その他事業」とに区分集計。
(4)③の「混在事業」は、①及び②が混在している事業。
(資料)会計検査院(2013)「東日本大震災からの復興等に関する事業の実施状況等に関する会計検査の結果について」第2-2(2)より作成。

成長・開発型財政に転用されたのである。これは、ナオミ・クラインのいう「惨事便乗型資本主義[14]」と同根の日本版「災害資本主義」に他ならない。以上のことは、大災害を奇貨として、災害復興事業を自らの利益獲得の絶好の機会と捉える、グローバル時代の政・官・財「災害復興利益共同体」の巨大な存在を端的に実証しているといえよう。

②-1 被災者・被災地への「人間復興」の劣後と被災自治体によるその補填策

成長・開発型復興が優先される反面、被災者や被災地の生活・生業再建、雇用やコミュニティ再生などの「人間復興」は、劣後に置かれた。

第1に、肝心の被災者の生活再建支援制度には部分的な改善はあったものの、抜本的な改革は見られなかった。もちろん、大震災は戦後最大の大規模災害であり、災害救助法にしても、全項目に特別基準が適用され、激甚災害の指定、特別措置による適用拡大など、阪神・淡路大震災より広い予算補助が設けられた。これにより、国保・高齢者医療・介護保険料の自己負担の減免、雇用保険の給付期間の延長、災害弔慰金の支給対象の拡大等が実施された。しかしながら、災害が長期化するもとで、保険負担免除等の特別措置は次々と縮小・停止させられた。しかも、肝心の被災者生活再建支援法の改正も、本来の2011年度見直しが見送られ、生活再建支援金(最高300万円支給)の増額や支給対象の半壊・一部損壊への拡張等の抜本的な改革は置き去りにされた。その結果、前掲表①にも見られたように、災害救助等関係費は1・0兆円（4・1%）、また生活再建支援金・医療・介護・福祉・教育・雇用等、「人間復興」に関わる経費は1・3兆円（5・1%）に過ぎない。

これらの穴を埋めるべく、被災市町村や県レベルで、被災者団体を中心とする要求や運動が高まり、復興特別交付税、復興基金等を活用した被災者支援策が新設・拡大される事例が多数生じた。例えば、岩手県では、国保、後期高齢者医療、障害者福祉の自己負担分の免除措置を全市町村で継続している（財源区分は、国：県：市町村＝8／10：1／10：1／10）。また、住宅再建支援については、県・市町村で100万円の独自補助に加え、バリアフリー、県産材、宅地復旧でさらに加算、その他市町村単独で100万〜300万円の補助制度が新設され効果を挙げている[15]。

②―2　被災中小企業の生業再建支援における一定の改善と限界

第2に、被災した中小企業の生業再建支援には一定の改善がみられた。その反面、歪みや不充足も生じている。例えば、被災地の中小企業再建を支援するために新設された「中小企業等グループ補助金」は、被災した中小企業等がグループを組んで復興する場合に施設・設備の復旧を支援（国2分の1、県4分の1補助）するという、従来なかった画期的な補助金支援制度である。しかし、運用面では、当初、全国的なサプライチェーン企業や地元大手企業が優先され、グループを組めない小規模事業者は排除された。また、交付手続きの煩雑さやタイミングの遅れなども生じた。さらに、国費予算が前掲表①のように0・3兆円（1・2%）と過少で、申請グループの件数で31%（583グループ）、金額で38%（国・県合わせ4232億円）の企業しか採用されていない[16]（2013・11）。その後、復興の深刻さと地元業者らの強い要請を受けて補助要件がやや緩和され、地元商店街などの被災業者の再建に寄与するケースも生まれ出した[17]。

他方、被災中小企業の生業再建の前提となる「二重債務」への対応は、制度こそ新設されたものの、必ずしも有効に機能してはいない。例えば、「産業復興機構」は、中小企業基盤整備機構の余剰金2000億円により被災5県に創設された（2011・11）。しかし、救済対象が再建可能な優良企業に限られた。そのため、議員立法で「事業者再生支援機構」が最大5000億円の買い取りを目途に新設された（2012・2）。しかし、前者は相談件数4897件に対し買い取り決定数は320件（6・5％）、後者でさえ、相談件数2397件に対して支援決定数は643件（26・8％）に過ぎない（2015・12・25現在）[18]。

確かに、中小企業の生業再建については、阪神・淡路大震災の時のようにほぼ融資のみといった状況からは一定の前進がみられた。しかし、中小企業の生業再建支援への壁は依然厚く、それが被災地の経済復興を遅らせる重大な要因の1つとなっている。なお、事業者・自治体からの強い要望を受け、国が自治体に仮設店舗・工場等を無償貸与、その後1年以内に自治体に無償譲渡後、事業者に対し無償貸与する仕組みも今回新設された。整備箇所数は約580件に上るが、仮設施設である以上その期限が迫り、本設への移行課題を抱え、業者は身の振り方に悩んでいる[19]。

これに対して、県・市町村レベルでも、中小企業再建対策は広まっている。例えば、岩手県・宮古市では、県内随一の漁業都市であることから水産施設、漁港施設の復旧に、市単独事業のほか、国・県補助金に市予算を上乗せして補助率を9分の8に引き上げた。また、被災した店舗・工場等の修繕費に2分の1補助制度を新設、これが大きな力となって商工業者の8割が営業再開に踏み出した。この制度は、岩手県の補助制度と組んで、大船渡市や久慈市、陸前高田市など同県内の多数の被災自治体へも拡大した。なお、この制度は2012年度から、被災事業者の新規施設や設備購入に対しても、店舗で最大300万円、工場・ホテル等で最大2000万円まで適用可能な新規制度へと引き継がれた[20]。被災者、被災地の要望を基に、国の施策待ちにならず、国に先駆けて中小企業や漁業等に支援したことが被災地の復興を早めたのである。被災者と自治体が主導して、地域循環型経済の再建を促進した成果に他ならない。

②－3　原子力災害における被災者賠償、避難者支援措置と被災地再生の困難性

第3に、原子力災害予算については、被災者への損害賠償補償金や損害賠償支援機構の創設費のほか、除染、汚染廃棄物処理費などに合計約3・2兆円、うち除染事業費に約1・6兆円が計上された（前掲表①）。しかし、除染事業等は進まず、2014年度末でさえ予算執行率は70・1％に過ぎない。除染事業は表向きは予算化されても、実態は除染対象範囲の限定や作業の手抜き、下請搾取構造、事業進捗の遅れなど見落とせない問題を抱えている。にもかかわらず、政府は東電救済に国費投入を決め、原発の再稼働と原発輸出に血眼になっている。

一方、政府の福島復興方針は、2015年半ばから大きく転換しだした。それまでは被災者の「帰還」か「移住」か、それとも「避難継続」かは、被災者の「選択の自由」とされていた。しかし、政府は、「原子力災害からの福島復興の加速に向けて（改訂版）」（2015・6・12閣議決定）において、「避難指示解除準備区域」と「居住制限区域」は2017年3月をもって解除し（「避難指示の解除」）、両地区住民への月10万円の精神的損害賠償（慰謝料）の支払いも2017年度末で一律に終了する。そのために、被災地の環境整備を加速し、地域の将来像を描かせる、等の方針を打ち出したのである[21]。この福島復興の新たな方針転換の最大のポイントは、「避難指示の解除」を口実に「避難継続」を認めず、避難者に対して、「帰還」か「移住」かの二者択一を迫る点にある。この方針転換は、避難者とりわけ「自主避難者」にとっては、苛酷な選択を迫られることになる。かつ、原発被災市町村にとっても、人口激減の顕在化に拍車がかかり、厳しい自治体運営を強いられざるを得ないのである[22]。

3　「集権・官僚型復興」への傾斜と「分権・自治型復興」の軽視

東日本大震災における復興行財政の基本的特徴と問題点の大きな2つ目は、復興行財政制度が「集権・官僚主導型」に傾斜し、逆に「分権・住民自治型」制度が軽視されている点である。

(1) 復興行財政における国―地方の政府間関係の仕組みと問題点

国の復興行政の仕組みは、地方自治体のそれと密接に関連し、一体となって存在している。一般法である災害対策基本法は、災害対策を第1次的には市町村の担当とし、都道府県はその支援と総合調整に当たると定めている。しかし他の個別法に特定の定めがある場合にはそれに従うとし、かつ、肝心の「災害復興」については、特段の規定が存在しない。そのため、災害復旧だけでなく、復興についても主に個別法の規定によるが、個別法による災害関係の行政事務の多くは、災害救助法にも見られるように、基本的に国の地方に対する「中央集権・官僚主導型」の仕組みとなっている。そのため、この仕組みは、被災者や被災自治体の「地方分権・住民自治型」のそれと鋭く対抗せざるを得ないのである。

一方、復興財政の仕組みは、上述の復興行政の仕組みに対応し、国の直轄事業以外は、通常、自治体事業として国庫支出金、国交付金、地方交付税、地方債など、平時の政府間財政関係の仕組みを、災害時に応用する依存財源中心の仕組みとなっている。したがって、災害対策財政には、平時の「中央集権・官僚主導型」の政府間財政関係の問題点にくわえて、災害時のそれが相乗する形で問題が発生せざるを得ないのである[23)]。

巨大災害となった東日本大震災では、特例的に財源保障する大震災財政支援法や、震災復興特別会計、復興特別税などの諸制度が新設された。しかし、基本的な国‐地方の行財政関係は、従来の「中央集権・官僚主導型」の復興システムを大きく転換するものではなかった。

表③は、2011～13年度の東日本大震災の地方歳入決算額の状況である。15・9兆円の歳入総額のうち、国

表③　東日本大震災分地方歳入決算額の状況（2011 ～ 13 年度 純計）

（単位：億円 ,%）

年度		2011	2012	2013	合計		参考
区分		億円	億円	億円	億円	%	通常分 (%)
一般財源		14,164	9,260	6,231	29,655	18.6	57.3
内	震災復興特別交付税	8,134	7,645	5,071	20,851	13.1	－
国庫支出金		26,848	28,373	19,332	74,553	46.8	14.2
内	普通建設事業費支出金	3,364	2,864	2,019	8,247	5.2	1.4
	災害復旧事業費支出金	2,500	3,749	4,035	10,284	6.5	0.2
	東日本大震災復興交付金	2,501	13,127	4,507	20,135	12.7	－
地方債		2,354	5,991	4,099	12,444	7.8	12.3
その他		6,978	16,465	19,048	42,491	26.7	16.2
内	繰入金	2,468	9,904	10,777	23,149	14.5	2.9
	繰越金	372	3,647	5,722	9,742	6.1	2.6
	貸付金元利収入	2,918	2,675	2,389	7,981	5.0	5.8
合　計		**50,345**	**60,089**	**48,709**	**159,143**	**100.0**	**100.0**
(外) 取り崩し型復興基金		1,960	1,047	－	3,007	1.9	－

注）（1）「取り崩し型復興基金」は、「震災復興特別交付税」に含まれているので、欄外に再掲した。
　（2）参考欄は、歳入決算額（2011 ～ 13 年度合計）から東日本大震災分を引いた通常収支分の構成比（%）。
（資料）総務省「地方財政白書」（2013、2014、2015 年版）、復興庁資料より作成。

庫支出金7・5兆円（46・8％）が最大で、うち約半分が災害復旧・復興関連の建設事業費支出金で、特に東日本大震災復興交付金は2・0兆円（12・7％）に達する。なお、一般財源の中でも、主に建設事業費補助金の裏財源でもある震災復興特別交付税は2・1兆円（13・1％）にも達し、一時的な基金積立てからの繰入金も2・3兆円（14・5％）と多い。震災復興交付金を基軸とする国庫支出金と復興特別交付税がハードな復興工事の財源の主柱となっているのである。

なお、表④は、東日本大震災分の地方目的別決算（2011～13年度）の状況であるが、総務費3・4兆円（24・5％）が最大で、構成比は通常分の9・3％と比べても特段に大きい。中身は、主として震災復興交付金や復興特別交付税等の次年度以降の支出予定分を、一時的に積立金や基金として留保した分で、将来的には建設事業等への支出が予定されている。また、災害復旧費1・7兆円（12・1％）も通常と比べ突出し、災害救助費2・6兆円も異常に大きい。

一方、表⑤は、東日本大震災分の性質別決算（2011～13年度）の状況であるが、投資的経費4・8兆円（34・

表④　東日本大震災分地方目的別歳出決算額の状況（2011 ～ 13 年度 純計）
（単位：億円、%）

年度		2011	2012	2013	合　計		参　考
区分		億円	億円	億円	億円	%	通常分 (%)
総務費		11,075	17,058	6,295	34,428	24.5	9.3
民生費		10,371	7,106	10,160	27,637	19.7	24.2
内	災害救助費	9,402	6,793	9,913	26,108	18.6	0.0
衛生費		6,259	2,560	948	9,767	6.9	6.4
労働費		2,541	1,696	1,145	5,382	3.8	0.7
農林水産業費		1,534	2,357	2,064	5,955	4.2	3.4
商工費		4,595	4,862	4,386	13,843	9.8	6.2
土木費		1,620	4,967	6,655	13,242	9.4	12.0
消防費		241	1,092	564	1,897	1.3	2.0
警察費		112	143	68	323	0.2	3.4
教育費		1,398	5,277	4,226	10,901	7.8	17.1
災害復旧費		5,105	6,078	5,892	17,075	12.1	0.3
公債費		57	1	50	108	0.1	14.1
その他		2	1	2	5	0.0	0.7
合　計		**44,910**	**53,198**	**42,455**	**140,563**	**100.0**	**100.0**
都道府県（単純合計）		36,329	29,791	25,984	92,104	−	−
市町村（単純合計）		12,772	30,446	23,467	66,685	−	−

注）参考欄は、目的別歳出決算額（2011 ～ 13 年度合計）から東日本大震災分を引いた通常収支分の構成比（%）。

（資料）総務省「地方財政白書」（2013、2014、2015 年版）資料編より作成。

表⑤　東日本大震災分地方性質別歳出決算額の状況（2011 ～ 13 年度 純計）
（単位：億円、%）

年度		2011	2012	2013	合計		参考
区分		億円	億円	億円	億円	%	通常分 (%)
義務的経費		1,474	905	513	2,892	2.1	51.9
内	人件費	389	467	387	1,244	0.9	24.8
	うち 職員給	251	304	275	830	0.6	17.0
	扶助費	1,029	437	76	1,542	1.1	13.0
	公債費	56	1	50	107	0.1	14.1
投資的経費		10,354	18,800	19,278	48,432	34.5	13.3
内	普通建設事業費	5,249	12,723	13,388	31,360	22.3	13.0
	うち 補助事業費	3,988	8,901	10,252	23,141	16.5	6.4
	単独事業費	479	3,104	2,498	6,081	4.3	5.8
	国直轄事業負担金	782	717	638	2,137	1.5	0.8
	災害復旧事業費	5,105	6,077	5,890	17,072	12.1	0.3
	うち 補助事業費	3,792	5,132	5,246	14,170	10.1	0.2
	単独事業費	1,248	851	620	2,719	1.9	0.1
その他の経費		33,081	33,493	22,665	89,239	63.5	34.8
内	物件費	5,119	7,031	7,521	19,671	14.0	8.8
	補助費等	1,701	2,431	1,560	5,692	4.0	9.8
	積立金	20,563	19,670	9,525	49,758	35.4	3.1
合　計		**44,910**	**53,198**	**42,455**	**140,563**	**100.0**	**100.0**

注）参考欄は、性質別歳出決算額（2011 ～ 13 年度合計）から東日本大震災分を引いた通常収支分の構成比（%）。

（資料）総務省「地方財政白書」（2013、2014、2015 年版）資料編より作成。

5％）と、復興交付金等の一時的な積立金4・98兆円（35・4％）が歳出の最大の特徴となっている。

（2）復興財政をめぐる国―地方の政府間関係の新たな仕組みの特徴と問題点

今回、東日本大震災では、政府間復興財政に3つの新たな仕組みが創設された（102ページ表③参照）。しかし、そこでも、一定の改善面とともに、「集権・官僚型への傾斜と分権・自治型の軽視」という、従来からの復興財政の特徴と問題点が依然根強く残されている。以下、検証しよう。

①「東日本大震災復興交付金」の前進面と問題点

第1は、最大の目玉とされる「東日本大震災復興交付金」の創設である。これは、道路や堤防、災害公営住宅など5省40事業からなるハードな「基幹事業」を促進させるために、主管官庁である復興庁がワンストップで取りまとめる一括交付金である。[24] その一部は、基幹事業と関連するハード・ソフトの「効果促進事業」にも充当できる（基幹事業の35％上限、補助率80％）。「震災復興交付金」は、自治体のニーズに応じて、ハードで大規模な基幹事業以外に、一定限度内ではあるが効果促進事業にも充当でき、復興交付金で充足できない分は「復興特別交付税」で補塡し、事業費の自治体負担は原則ゼロという建前になっている。また、復興交付金による基金の造成、年度間調整、事業間一部流用など、使途と運用の両面でもかつてない柔軟性がみられる。このように、復興交付金は、被災自治体の財源保障と財政自主権の一部拡張という点では、一定の前進面を有している。

一方、問題点も小さくはない。

第1に、復興庁の「使い勝手のよい一括交付金」との謳い文句にもかかわらず、それは形式上であって、5省40事業はすべて各省の補助事業として会計や報告も各省単位で実施される。復興庁は、単なるまとめ役・調整役に過ぎず、本質は「特定補助金のメニュー化」といってよい。

表⑥　「復興交付金」の所管別交付可能額（東北３県合計）

（単位：億円、％）

所管省	事業数	交付可能額	%	うち基幹事業	効果促進事業
1. 文部科学省	4	83	0.4	53	30
2. 厚生労働省	3	7	0.03	1	6
3. 農林水産省	9	2,833	14.0	2,683	149
4. 国土交通省	23	17,248	85.4	15,550	1,698
5. 環境省	1	21	0.1	21	−
合　計	40	20,192	100.0	18,308(100)	1,883(10.3)

注）（1）東北3県（岩手県、宮城県、福島県）における5省40事業の復興交付金交付可能額。
（2）第1回（2012・3・2）～第9回（2014・6・24）の交付金配分合計額。
（3）合計欄の（　）内は、「基幹事業」を100とした「効果促進事業」への配分額。
（資料）会計検査院（2015）「東日本大震災からの復興等に対する事業の実施状況等に関する会計検査の結果について」57 - 72ページより作成。

第2に、そのため5省40事業については、被災地からの追加要求があっても、各省のガードは固く、効果促進事業も基幹事業とのリンクを厳しく求められている。

しかも、第3に、基幹事業の所管別では、表⑥のように、防災集団移転や復興まちづくりなど国土交通省のハードな建設事業が85・4％とシェアが圧倒的に高く、農林水産省の14・0％と合わせ、この典型的な公共事業の2省で実に合計99・4％と、ほぼ完全に独占しているのである。一方、効果促進事業の基幹事業に対する比率は、上限の35％をはるかに下回り、10・3％に過ぎない。

以上、「復興交付金」は部分的には前進が見られるものの、本質は国交省（一部は農水省）のハードな大規模公共事業促進補助金であって、肝心の被災者の生活・生業再建、雇用対策、マンパワー育成などの「人間の復興」は軽視され、財政自主権は大きく制約されている。

②「震災復興特別交付税」の創設の意義と限界性

第2は、「震災復興特別交付税」（以下、「震災特交」）の新設である。震災特交は、復興事業の一般財源を別枠で交付し、復興交付金等に伴う復興事業の地方負担や地方税減収分の全額を補填措置するものとされた。これらの地方負担分は、従来は地方債の増発で財源措置をしていた。これは、阪神・淡路大震災時にはなかった特例措置で、阪神・淡路の被災自治体のように、地方債の大増発を余儀なくされて、被災自治体が財政危機に陥るという事態は、今のところは回避されている。その点、震災特交の創設が、阪神・淡路大震災の復興財政の失敗の教訓を活かした意義は評価されてよい。

一方、震災特交の限界性や課題も軽視されてはならない。第1に、震災特交は、地方交付税である以上、財源としては本来一般財源であって、使途は限定されていないはずである。しかし実際は、主として復興交付金事業等に対する補助裏財源として機能させられている。これは、いわば「一般財源の特定財源化」といってよく、地方交付税制度の乱用に他ならない。第2に、震災特交は、被災地の地方税の減収を直接補塡するものではない。そのため、東日本大震災のように復興の遅れによって地方税の減収が長引くほど、被災自治体は今後厳しい財政運営に直面することが予想される。第3に、自治体の復興計画は概ね10年間を目途に立案されている。しかし、震災特交は前半5年間の「集中復興期間」に限定されている。その結果、期間の延長がないと、後半の復興計画が実施できないか、実施しようとすれば、将来、地方債の増発によって被災自治体の財政が危機に陥る危険性を避けられない。最近、この集中復興期間後の地方負担問題が顕在化し、国——地方間で重大な課題となった。この点は、次節でさらに考察しよう。

③「取り崩し型復興基金」の創設の効果と問題点

第3は、「取り崩し型復興基金」の創設である。被災者の生活・生業を再建し、地域の復興を果たすためには、被災の実情に合わせて、現行制度の隙間を埋めるきめ細かい、機動的な対策が必要となる。そのために従来は、被災県が起債により「復興基金」を創設し、財団法人方式で基金の運用益を財源として基金事業を実施してきた[25)]。しかし、今回、運用型基金では現在の低金利の下では財源が確保できないとして、表⑦のように、「取り崩し型復興基金」が、被災9県に合計1960億円で創設された。復興基金の使途や、「直営方式」か「財団方式」かなどの

表⑦　「取り崩し型復興基金」の各県ごとの活用状況

（単位：億円、%）

県名	基金規模	特別交付税措置額		復興基金活用額	
		億円	%	億円	うち市町村への交付額
青森県	80	80	4.1	55.20	40.00
岩手県	426	420	21.4	304.84	210.00
宮城県	660	660	33.7	529.62	348.52
福島県	570	570	29.1	408.34	285.00
茨城県	157.33	140	7.1	116.52	70.00
栃木県	40	40	2.0	35.67	20.00
千葉県	30	30	1.5	30.00	30.00
新潟県	10	10	0.5	10.00	5.00
長野県	10	10	0.5	5.92	5.92
合　計	**1,983.33**	**1,960**	**100.0**	**1,496.11**	**1,014.44**

注）(1) 岩手県及び茨城県の「基金規模」には、寄付金からの繰入分を含む。
(2) 新潟県のみ、以前からの「中越大震災復興基金」に特別会計を設置。長野県は、全額を栄村に交付予定。
(3)「復興基金活用額」は、2011～2013年度実績に2014年度当初予算を加算したもの。
（資料）復興庁（2015）「復興の取組と関連諸制度」（20015・6・24）78ページより作成。

運用方式は、それぞれの県の判断に委ねられた。各県は、きめ細かな事業を実施するという復興基金の趣旨から、県配分額の約半分を被災市町村に再交付し、各市町村はそれをもとに自治体復興基金を創設している。[26] 被災した全市町村を対象とする復興基金の創設は今回が初めてであり、前進面であると評価されてよい。

その一方、新設された「取り崩し型復興基金」には、大きな問題点が含まれていた。

1つの問題は、復興基金の「直営方式」と関連した問題である。一般に「復興基金」は、被災者の生活復興・住宅再建、コミュニティ再生、生業・雇用の再建など、既存制度の隙間を埋める事業に積極的に活用が可能であり、またそれが求められている。そのためには、被災者のニーズ調査や住民参加のあり方が工夫される必要がある。しかし被災3県の自治体はすべて「直営方式」を採用した。そのこともあって、復興基金は自治体行政の内部予算に取り込まれ、トップダウンの行政基金のようになり、被災者の住民参加や民意の反映が弱く、かつ情報公開も大きく遅れている。この点では、従来型の復興基金の長所からかなり後退している。[27]

もう1つの問題は、基金の自由度は一見すると高いが、市町村に交付される復興基金は、必ずしも市町村の意思で何にでも使えるわけではないことである。中でも、岩手県が「交付契約」によって市町村に基金の裁量の余地を大きく許しているのに対して、宮城県は、県が定める「交付要綱」とそれに基づく「実施計画」によって、県からの縛りはかなりきつい。例えば、従来は、国の復興交付金に上乗せして住宅再建支援を行なうことは許されず、自治体の財政自主権の行使という点では問題点を残していた[28]。この点については、被災住民と自治体の強い要求をバックに、2012年度補正予算で1047億円が措置され、「津波住宅被害再建支援」が、部分的にではあれ可能になるという前進があった。しかし、「取り崩し型復興基金」は両者の合計でも3007億円（1・9％）に過ぎず、その増額が求められている。また、津波基金は津波被害以外の地震被害には使えず、不公平だとの批判も生んでいる。

以上、東日本大震災において創設された政府間財政関係の新たな仕組みは、ハード事業を中心とする財源保障の点では一定の前進面を持ちながらも、「人間の復興」を基本的に支える被災自治体の「地方分権・住民自治型復興」の面では、なおいずれも大きな限界と課題を抱えており、今後は、「中央集権・官僚型復興」からの抜本的な転換が不可欠となっている。

4「集中復興期間」後の課題と財政問題

(1) 復興財源の被災自治体への追加負担問題

表⑧のように、政府は、「集中復興期間」の2015年度終了を前提に、2016〜20年度を「復興・創生期間」と位置づけ、復興事業費6・5兆円程度を見込んでいる。これまでの復興事業費25・5兆円程度と合わせて、復興

表⑧　復興期間（2011 ～ 20 年度）に見込まれる復興事業費及び復興財源フレーム

（単位：兆円）

区分		集中復興期間（2011 ～ 15 年度）	復興・創生期間（2016 ～ 20 年度）	内訳
復興事業費		25.5 兆円	6.5 兆円	合計 32.0 兆円（以下、金額はすべて「兆円程度」。）
復興財源	計上済財源（1）	26.3	―	(1) 復興増税：所得税 (25 年)7.3、法人税 (3 年 → 2 年)1.6、個人住民税 (10 年)0.8、小計 9.7、郵政株売却収入 4.0、歳出削減・税外収入 12.6
	不用額	△ 0.8	―	
	（合　計）	25.5	―	
	新規財源（2）	―	3.2	(2) 一般会計繰入収入 2.4、税外収入 0.8 (3) 復興特別所得税 1.2、復興特別法人税 0.7、税外収入 0.6
	計上財源のうち税収等上振れ分（3）	―	2.5	
	不用額見合い財源	―	0.8	
	（合　計）	―	6.5	

注）復興事業費をまかなうため、つなぎ資金として「復興債」の発行を可能とする。「復興債」については、復興増税当を財源として、2037 年度（復興特別所得税の課税期限）までに償還する。
（資料）復興推進会議（2015）「平成 28 年度以降の復旧・復興事業について」（2015・6・24 決定）、7 - 8 ページ、宮入（2013）「東日本大震災をめぐる復興予算・復興事業と税財政問題」『年報・中部地方の経済と社会（2012 年版）』64 - 67 ページより作成。

期間10年間の合計で約32兆円程度とし、被災自治体にも総額220億円程度の自己負担を求めるとした[29]。

「集中復興期間」の復興事業25・5兆円に対応する財源は、計上済み財源26・3兆円から2014年度の不用額0・8兆円を引いた差額である。計上済み財源の詳細は公表されていない。しかし、従来の復興予算等からみて、概ね、復興増税分9・7兆円、日本郵政の株式売却収入見込み4兆円、歳出削減・税外収入等12・6兆円、合計26・3兆円と推定される。

問題は、復興増税分である。その内訳は、「復興特別所得税」（2013・1～25年間、年2・1％の付加税）7・3兆円、「復興特別法人税」（2012・4～2年間）1・6兆円、「個人住民税均等割引き上げ分」（2014・6～10年間）0・6兆円、「個人住民税退職所得10％税額控除廃止」（2013・1～10年間）0・2兆円、合計9・7兆円である。このうち、特別法人税は、当初3年間の付加税の予定が、財界等からの強い要求を背景に安倍政権下で2年間に短縮された。復興増税が、企業とりわけ大手企業に対する法人課税ではなく、主に個人所得税や個人住民税などの大衆課税に転嫁された[30]。しかも、復興特別所得税は、「復興・創生期間」の財源6・5兆円の中でも、「税収等の上振れ分」として、当初見積もりを1・2兆円も上まわって追加徴収されている。こうした状態が2037年まで25年間続き、かつ、つなぎ資金として発行される「復興債」の最終的な償還保障財源としても位置づけられているのである。

こうした大衆負担依存型の復興財源をそのままに、政府は、今後5年間の「復興・創生期間」については、「被災自治体にも自己負担を求める」とした。その前提として、政府は、2016年度以降の復興支援については、これまでの復興政策によって、「復興は新たなステージへと移りつつある」との認識のもとに、①「被災地の『自立』につながる」こと、②「日本の再生と成長を牽引し、地方創生のモデルとなることを目指す」とする、基本方針を打ち出したのである[31]。

このために、復興特別会計で実施してきた事業を整理し、①基幹的事業や原発災害由来の事業の地方負担は原則ゼロとし、②地域振興策や将来の災害対策といった全国共通課題は一般会計へ移行させ、③復興事業であっても全国共通課題の性格を持つ事業は、自治体に自己負担を求めるとした。自己負担は地方負担分の5％（各事業費の1～3％）程度とし、復興交付金のうち「効果促進事業」、社会資本整備総合交付金事業（復興枠）等が対象となる。

（2）被災自治体の自己負担化の問題点と課題

被災自治体に自己負担を求めるこの政府の政策転換の問題点は何か。

第1に、現在のように、避難と「復興災害」が長期化し、被災者と被災地の「復興格差」が拡大しているもとでは、被災自治体への新たな自己負担増は、被災地の窮状をかえって悪化させかねない。被災によるマイナスからの立ち上がりのために「自立」の条件がない被災地や被災者に「自立」を強制し、一律に網をかけることは、「自立」

の美辞麗句でかえって「自立」を阻害し、被災者と被災地域の再建を遅らせることにならざるを得ないからである。

第2に、自己負担化により、復興の見通しが立ちつつある自治体と比べて、特に被害が甚大なため復旧・復興が著しく遅れている自治体ほど過重な負担を強いられる。それは、復興再建を妨げ、被災地間の復興格差と不公正を拡大しかねない。例えば、岩手県の場合、県北地域と比べ被害が甚大な釜石、大船渡、陸前高田、山田、大槌等ほど、負担が大きい。

第3に、復興が遅れている事業、例えば、土地区画整理・嵩上《かさ》げ・防災集団移転・漁業集落防災強化等の面的整備事業や、それに伴う効果促進事業、医療、介護、健康、コミュニティ維持などのソフト事業ほど負担が大きく、被災者の生活・生業の復興は一層遅れがちとなる。

地域的、階層的な「復興格差」が拡大しているもとでは、本来、復興財政の課題は、自治体の使い勝手がよい、かつ被災者や被災地のニーズに合った財源確保こそが肝要である。

そのための課題としては、①「復興交付金」の5省40事業「基幹事業」方式から、使途制限のない「復興一般交付金」への組み替えや新設、②「取り崩し型復興基金」の大幅増額と基金に関する情報公開、住民参加、住民ニーズ汲上げの徹底、③「復興特別交付税」スキームの継承と、被災者の生活・生業・コミュニティの一体的な復興への重点シフト、④被災者生活再建支援法の改正、例えば、現行の支援金限度額300万円の増額や支援対象の半壊・一部損壊世帯への拡大等、⑤巨大防災拠点の建設や過大な防潮堤の見直しなどが不可欠となる。ましてや、新型交付金をエサに国の「地方創生」のモデルへと誘導したり、TPPや規制緩和、原発中心のエネルギー政策に追随させることは、完全に逆方向であるといわなければならない。

おわりに

東日本大震災の被災地は、阪神・淡路大震災と比べても、復興過程が遅れ、かつ復興格差の顕著な拡大や復興災害が目立っている。今後の復興政策と復興財政は、こうした経過と現状から出発し、被災者と被災地の復興について、「創造的復興」と「集権・官僚型復興」から、「人間復興」と「分権・自治型復興」へと、政策方向を大きく転換すべきである。また、近未来の南海トラフや首都直下などの巨大地震や火山災害、風水害などの大規模災害に備えるためにも、東日本大震災の教訓を踏まえて、災害対策と災害行財政を、予防原則の観点から、「事前復興」による防災・減災へと、その優先順位を根本的に変革することが焦眉の急となっている。

【注】

1 本稿は、宮入（2015b）をもとに、これに大幅な補筆修正を加えて書き直したものである。
2 塩崎（2014）、3—156ページ。
3 佐々木（2015）、8—13ページ。
4 室崎・幸田（2013）、3—240ページ。
5 桒田（2015）、20—25ページ。
6 清水（2015）、14-19ページ。淡路・吉村・除本（2015）、1-306ページ。
7 兵庫県（2006）、372-445ページ。
8 福田（1924）、241-279ページ。
9 宮入（2013b）、44-54ページ。
10 内閣府（2011）「東日本大震災復興構想会議の開催について」（2011・4・11閣議決定）。
11 宮入（2011）、43-54ページ。宮入（2014）、143-144、153-154ページ。
12 例えば、阪神・淡路大震災と、その後の「被災者生活再建支援法」などの法制度の不備を契機に1999年に設立された「災害被災者支援と災害対策改善を求める全国連絡会」（全国災対連）は、その後の災害でも、被災者・被災地における「人間復興」の全国的な運動センターとして、現在も積極的に活動を続けている。また、東日本大震災では、県レベルの被災者復興運動の中軸として、岩手県、宮城県、福島県でもそれぞれ復興県民会議、復興支援県民センター、救援復興共同センターなどの組織が立ち上がり活動している。

13 宮入（2013a）、61、69ページ。
14 ナオミ・クライン（2011）、1–28ページ。
15 岩手県（2015）、17–20ページ。
16 中小企業庁（2013）「中小企業にたいするグループ補助金の採択状況」（2013・11・30現在）。
17 千葉（2014）、61–68ページ。
18 復興庁（2016）、23ページ。
19 井上（2015）、32–37ページ。
20 岩手県復興局（2013）、43ページ。
21 内閣府（2015）、1–20ページ。
22 清水（2015）、17–19ページ。
23 宮入（2013c）、126–138ページ。
24 復興庁（2016）、68–70ページ。
25 青田（2011）、87–107ページ。
26 復興庁（2016）、78–81ページ。
27 従来の「積立型復興基金」の活用の到達点は、2004年の新潟県中越大震災の際に、基本財産50億円、運用財産3000億円で設立された、公益財団法人・中越大震災復興基金である。この復興基金の活用事例の考察については、宮入（2015a）を参照されたい。
28 宮城県（2011）の「復興基金交付金交付要綱」について、県内自治体の聴き取りによる。
29 復興庁（2015）、1–5ページ。
30 宮入（2013a）、64–67ページ。
31 復興推進会議（2015）、1–2ページ。

【参考文献】

青田良介（2011）「被災者支援にかかる災害復興基金と義援金の役割に関する考察」『災害復興研究』3

淡路剛久・吉村良一・除本理史編（2015）『福島原発事故賠償の研究』日本評論社

井上博夫（2015）「商業とまちの再生―仮設店舗から本設に向けた課題」『環境と公害』45・2

岩手県復興局（2015）「東日本大震災津波からの復興の取組状況について」
岩手県復興局（2013）「点検・整理後の復興実施計画（第1期）の各事業一覧」
粟田但馬（2015）「震災復興と自治体職員―マンパワー不足の対策と政策課題」『環境と公害』45・2
佐々木伯郎（2015）「震災復興財政と東北地方の経済構造」『環境と公害』45・2
塩崎賢明（2014）『復興〈災害〉―阪神・淡路大震災と東日本大震災』岩波新書
清水修二（2015）「福島の避難自治体における復興の現局面と困難」『環境と公害』45・2
内閣府（2011）「東日本大震災復興構想会議の開催について」（2011・4・1閣議決定）
内閣府原子力災害対策本部（2015）「原子力災害からの福島復興の加速に向けて（改訂）」
ナオミ・クライン（2011）『ショック・ドクトリン―惨事便乗型資本主義の正体を暴く』（幾島幸子・村上由見子訳）岩波書店
千葉哲美（2014）「気仙沼の産業再生―これまでとこれから」（中小商工業研究所編『循環型地域経済政策と中小企業振興基本条例の役割』同研究所）
復興推進会議（2015）「平成28年度以降の復旧・復興事業について」（2016・1・19閣議決定）
復興庁（2015）「平成28年度以降5年間（復興・創生期間）の復興事業について」
復興庁（2016）『復興の取組と関連諸制度』（2016・1・19）
兵庫県編（2006）『復興10年総括・検証・提言データベース』同県
福田徳三（1924）『復興経済の原理及若干問題』同文館
宮入興一（2011）「東日本大震災と復興のかたち―成長開発型復興から人間と絆の復興へ」『世界』820
宮入興一（2013a）「東日本大震災をめぐる復興予算・復興事業と税財政問題」『年報・中部の経済と社会2012』
宮入興一（2013b）「復興の大義と構図」（日本住宅会議編『東日本大震災―住まいと生活の復興』ドメス出版）
宮入興一（2013c）「災害と地方財政」（重森曉・植田和弘編『Basic地方財政論』有斐閣）
宮入興一（2014）「東日本大震災の復興とアベノミクス」『年報・中部の経済と社会2013』
宮入興一（2015a）「中山間地災害の復興の検証と課題―新潟県中越大震災からの教訓」『議会と自治体』205
宮入興一（2015b）「復興行財政の実態と課題―いま、東日本大震災の復興行財政に問われているもの」『環境と公害』45・2
宮城県（2011）「東日本大震災復興基金交付金交付要綱」（2011年度交付金から適用）
室崎益輝・幸田雅治編（2013）『市町村合併による防災力空洞化―東日本大震災で露呈した弊害』ミネルヴァ書房

第4章

大震災後の復興交付金事業と復興格差をめぐる諸問題

――宮城県石巻市の事例を中心に

静岡大学教授　川瀬憲子

はじめに

２０１１年3月11日に発生した東日本大震災（以下、大震災と略称）から5年になる。政府の計画では「集中復興期間」（２０１１～２０１５年度）が終了し、第2ステージ「復興・創生期間」（２０１６～２０２０年度）に入ることとなるが、被災地では今なお多くの課題が残されている。その1つが復興をめぐる格差の問題である。本章の目的は、国と地方の財政関係や自治体行財政や政策展開に着目しながら、主に復興格差をめぐる問題に焦点を当て、以下の３つの課題について論じていくことにある。

まず第1に、防潮堤や幹線道路などの大規模なインフラ整備などが進められる一方、住まいや生業など被災地域の再生や被災者の生活面での復興すなわち「人間復興」[1]が遅々として進まないことから生ずる格差の問題がある。「人間復興」とは震災によって失われた生存機会の復興を指すが、２０１１年3月から２０１５年3月までのいわゆる「集中復興期間」には、約26兆円もの政府復興予算がつぎ込まれてきたにもかかわらず、5年経った現在でもなお、多くの被災者が仮設住宅の生活を余儀なくされており、社会的弱者の多くが復興過程で取り残されるといった現状がある。[2] 第2ステージでの政府復興予算は約6兆円であり、4分の1以下の規模に縮小されることとなる。

第2に、トップダウン型の復興計画と復興交付金事業を含む復興関連事業についてである。[3] 大震災後、復興庁が創設され、5省40事業による復興交付金事業として多額の財政を投入して災害公営住宅、防災集団移転促進事業などが進められているが、２０１５年1月末現在、被災３県の42市町村で完成した災害公営住宅は４７００戸と、計画の1割にも満たない状況であり、福島第一原発周辺自治体では復興の兆しすら見えない状況が続いている。

ところで復興交付金とは、東日本大震災の復興特別区域法（２０１１年法律第１２２号）に基づいて創設されたものである。復興交付金制度要綱には、事業計画は、単独もしくは道府県が共同で作成することが明記され、計画期間は2011年度から2015年度までの5年間とされた。対象地域は、東日本大震災により、相当数の住宅、公共施設その他の施設の滅失または損壊等の著しい被害を受けた地域とされ、内閣総理大臣に提出された計画は各交付担当大臣に回付されて、調整の上、配分額が決定されるというものである。復興交付金のメリットは、従来の補助事業が所轄省庁ごとに分かれていたのに対して、復興庁に窓口が一本化された点にある。しかし、窓口が一本化されたとはいえ、所轄省庁の枠組みは残されており、自治体は本申請前に何度も本庁との折衝を余儀なくされ、その復興交付金の配分をめぐっても国側と自治体側との対立が続いた。復興交付金は、被災自治体が計画する復旧復興の事業費を国が全額負担する制度である点も特徴的である。その意味では、復興交付金事業と被災自治体での復興計画の関係はきわめて重要な論点であるといえる。

第3に、復興過程における地域格差の問題が挙げられる。被災地のなかには宮城県石巻市のように[4]、「平成の大合併」期に広域的な合併[5]を行った自治体も含まれており、選択と集中やコンパクトシティ化政策の展開過程で中心部と周辺部との復興格差が際立ってきている。こうした問題は広域的な合併を行った自治体で顕著に表れており、そのメカニズムを検証しておく必要があろう。地域防災力の低下はその典型的な問題である[6]。地域内の復興格差の実態やコミュニティレベルでの再生の課題を明らかにすることは、今後の住民主体の復興のあり方を考える上でも重要な論点であるといえる。

そこで本章では、トップダウン型の復興計画と宮城県被災地の現状を概括した上で、石巻市の事例を中心に、復興交付金事業として実施されている災害公営住宅、防災集団移転事業に焦点を当てながら、復興格差の現状と課題についてみていくことにしたい。

1 トップダウン型の復興計画と被災地の現状

政府の復興政策は、2011年4月に東日本大震災復興構想会議による「復興の方針」のなかに「単なる復興ではなく、創造的復興を期す」という文言が入っていることからも窺えるように、「創造的復興」を全面的に押し出す形で進められてきた。「東日本大震災復興基本法」では、復興の基本理念や復興資金、特区制度、復興庁の設置などに関する基本事項が定められ、「東日本大震災からの復興の円滑かつ迅速な推進と活力ある日本の再生を図る」ことを目的として、①「被災地域の復旧・復興及びくらしの再生のための施策」、②「被災地域と密接に関連する地域において、被災地域の復旧・復興のための一体不可分なものとして緊急に実施すべき施策」、③「全国的に緊急に実施する必要性が高く、即効性のある防災、減災のための施策」に対して、復興予算を計上することが決定された。[7] 特に③については、被災地以外にも復興予算の適用範囲を広げたものであり、流用問題として問題視された施策なども含まれている。[8]

さらに、「東日本大震災復興特別区域法」（2011年12月施行）では、復興交付金事業計画（著しい被害を受けた地域の復興に必要な交付金事業に関する計画）、復興推進計画（個別の規制、手続きの特例や税制上の特例等を受けるための計画）、復興整備計画（土地利用の再編等による復興整備事業を迅速に行うための特例許可や手続きのワンストップ化等の特例を受けるための計画）が定められた。

こうした政府の計画を受けた形で、被災3県の復興委員会が設けられたが、岩手県の委員がオール岩手で構成され、地元市町村の意向を尊重するといった立場であり、福島県でも地元研究者などが座長を務めるなど地元が中心となってボトムアップ型の復興政策を進める方針を打ち出していた。これに対して宮城県では議長である三菱総合研究所理事長や野村総合研究所などのメンバーが名を連ねており、地元の参加がなく、効率性を重視した構造改革路線からのトップダウン型の「創造的復興」を掲げるといった特徴を持つ。その意味では、宮城県のケースは創造的復興に伴う復興格差の問題を象徴的に示す事例であるといってよい。

ところで、大震災による宮城県内の死者・行方不明者は、合わせて約1万1000名、全壊家屋約8万3000棟、非住家被害約2万7000棟、浸水面積は6県62市町村の浸水面積の約6割にも相当する甚大な被害であり、被害額は9兆1891億円（2013年2月12日現在）にのぼった[9]。大震災から2年後（2013年3月）には、家屋等流出地域を除いてライフラインはほぼ復旧し、主要港湾の被災埠頭55岸壁（仙台港区、塩釜港区、石巻港区）では仮復旧率98％、仙台空港利用者数は国際線では66％程度まで回復し、宮城県管理分の幹線道路の復旧率約99％、宮城県内の鉄道在来線の復旧率約79％と、幹線道路、空港、主要港湾の復旧は早い段階で進められた。

また、防潮堤や防災林の予算は膨張を続けている。気仙沼市小泉地区では2015年度予算において226億円から336億円にまで1・6倍、仙台地区では88億円から213億円と2・4倍にまで跳ね上がっている。このように、空港や幹線道路などは比較的早い段階で復旧し、防潮堤などの計画が急ピッチで進められる現状がある。

しかし、大震災から2年経った2013年3月時点では、まだプレハブ仮設住宅に約5万人（2万戸余り）、みなし仮設住宅（民間賃貸借り上げによる応急仮設住宅）に約5万5000人（2万戸余り）、合わせて10万人以上（4万戸余り）もの被災者が入居する状況が続いた。4年半経った2015年7月現在でも、約6万人（2・6万戸）が仮設住宅での生活を余儀なくされる状況にある。

仮設住宅は、災害救助法では原則2年と定められているが、2015年3月時点で転居先が決まらない被災者が全体の15％にのぼっている。岩沼市などのように5年で仮設住宅を終了させるところもあれば、石巻市、気仙沼市、南三陸町、女川町などのように一律6年に延長するところもある。阪神・淡路大震災では5年ですべての住民が災害公営住宅などへ移住したのと比較すると、かなり長期にわたって仮設住宅での生活を余儀なくされる住民が多いことがわかる。

しかも、震災後の沿岸部自治体では人口流出が著しく、大震災から2015年3月までの4年間に女川町では32％減、山元町では27％減、南三陸町では21％減、気仙沼市では10％減、石巻市では8％減となっている。復興交付金事業として多額の予算をつぎ込んで災害公営住宅の建設、防災集団移転促進事業などが進められているが、なぜこのように遅々として進まず、むしろ復興格差が生じているのか、以下、石巻市の事例をみることにしよう。

2 石巻市復興財政と復興交付金事業

(1) 石巻市の被災状況

石巻市は、2005年4月1日に石巻市、河北町、雄勝《おがつ》町、河南町、桃生《ものう》町、北上町、牡鹿町（1市6町）が広域的に合併した人口約14万6000人（2015年3月末現在）の自治体である。大震災では死者・行方不明者を合わせて約4000名にも達し、住民の約8割、61集落が被災した。住宅の被害では全壊約2万棟、大規模半壊、半壊、一部損壊などを含めると5万棟にのぼる。被災前の全家屋数が7万4000棟であることから、7割近い住宅が被災したことが窺える。特に旧牡鹿町や旧雄勝町は半島部にあり、中心市街地を含めて9割以上の住民が被災している。

2015年6月末現在でも、仮設住宅5197世帯、みなし仮設住宅3683世帯、合わせて8880世帯（約2万人）が入居している。仮設住宅入居者の基準は、全壊、大規模半壊、半壊で解体を余儀なくされた世帯が対象だが、災害公営住宅の入居基準は「全壊」とされている。このため、約4500世帯が公営住宅、約2000世帯が集団移転の対象となっているのに対して、実に約1600世帯が移転先未定といった状況にある[10)]。

ところで、震災直後の状況を顧みると、沿岸地域の大半は、津波等によってことごとく破壊された。地形的に平野部が少なく、牡鹿地域（旧牡鹿町）や雄勝地域（旧雄勝町）などの半島部のように、ライフラインの寸断などにより、本庁から連絡が入ったのは大震災から数日経ってからという地区もあった。雄勝地区では食料の供給が始まったのは3日後であったという[11)]。石巻市は、震災から2年の間に延べ11万6000人を超えるボランティアを受け入れ、NPOやNGOの受け入れを含めると約16万人を超える支援があったが、旧石巻市に拠点をおくものが多かった。合併の弊害が顕著にみられたのは、災害発生時などの初期対応においてである。

他の三陸沿岸地域同様、復旧作業も進まず、筆者らが震災から1カ月半ほど経った2011年4月下旬に現地調査に訪れた時には、まだ倒壊家屋や自動車などが至るところで大震災発生時のままの状態で放置され、地盤沈下によって浸水した道路なども数多く存在した。さらにそれから1年後の2012年5月に再び訪れた時には、旧石巻市のがれきなどは撤去されていたものの、旧雄勝町や旧牡鹿町などの復旧は放置されたままであった。2013年9月に訪れた時に、旧雄勝地区の中学校解体工事が進められるといった状況であった。中心部と周辺部の格差は各総合支所の職員数の変化とも関係がある。

表は、石巻市における職員数の変化を示したものである。これをみると、2005年4月1日に合併した当初の職員総数は約2000人であり、そのうち総合支所は532人であった。総合支所全体では、2005年から2013年現在までに205人減少して、327人となっている。減少率は4割近い。

総合支所ごとの内訳では、河北総合支所（旧河北町）で110人から65人、雄勝総合支所（旧雄勝町）で62人から43人、河南総合支所（旧河南町）で116人から87人、桃生総合支所（旧桃生町）で59人から41人、北上総合支

■石巻市における職員数の変化

	2005.4.1（人）	2013.4.1（人）	減少数（人）	減少率（%）
総合支所	532	327	△205	38.53
河北総合支所	110	65	△45	40.91
雄勝総合支所	62	43	△19	30.65
河南総合支所	116	87	△29	25.00
桃生総合支所	59	41	△18	30.51
北上総合支所	79	48	△31	39.24
牡鹿総合支所	106	43	△63	59.43
本　庁	1,493	1,308		

（資料）石巻市資料より作成

所（旧北上町）で79人から48人、牡鹿総合支所（旧牡鹿町）で１０６人から43人となっており、減少率が6割減と最も高いのが、最南端の半島部に位置する牡鹿地域である。これに対して、本庁は１４９３人から１３０８人と1割強の減少にとどまり、市職員全体では２０２５人から１６３５人にまで2割近く減少している。面積の広さからみて、編入合併となった地域での職員数の激減は、大震災直後の対応にも大きな影響を及ぼし、被害状況すら正確に掴めない事態を生み出したのである。市町村合併によって大幅に職員がリストラされ、それがマンパワー不足となって、震災初期の対応から復旧・復興に至る過程で多くの課題が生み出されることとなる。

（2）石巻市復興計画と復興財政

石巻市では、大震災から1カ月後の２０１１年4月11日に復興対策室が設置、15日に震災復興推進本部が設置され、同推進本部において「石巻市震災復興基本方針」が策定された[12)]。そこでは３つの基本理念、すなわち①災害に強いまちづくり、②産業・経済の再生、③絆と協働による共鳴社会の構築、が打ち出された。同年8月に策定された「都市基盤復興基本計画図（案）―災害に強いまちづくり」では、①安全で安心できる住・職環境づくり、②安全な避難所の確保と避難路の整備、③災害に強い幹線道路網・緊急輸送ネットワークの確保、の3つが掲げられ、津波や高潮対策としての防潮堤や河川堤防、堤防機能を有する幹線道路（都市計画道路）、高台への避難路など「多重防御」が強調され、半島部などの集落では、津波や高潮の被害を受けていない高台への移転を基本とする点が盛り込まれた。被災市街地復興推進地域（現建築制限地域）では、土地用途が厳しく制限され、許可がなければ事業所や住宅などを建設することができないことになっている[13]。離半島部や沿岸部の集落については、北上・雄勝・牡鹿地区では防災集団移転促進事業により、高台への移転を図り、河北地区の沿岸部集落は高台への移転や大谷《おおや》地《ち》地区などの内陸部への集団移転を検討することなどが明記された。また、土地区画整理事業や市街地再開発事業により、道路・公園等の公共施設の整備を進めていく点や三陸縦貫自動車道と国道398号（石巻北部バイパス）の接続及び4車線化、河川、橋梁等の新設、内海橋や石巻大橋の架け替え、新たな都市計画道路の整備等、自然体の道路交通ネットワークの構築を図ることが謳われた。

こうした復興基本方針が掲げられる一方で、放射性物質を含む災害廃棄物の処理は遅々として進まなかった。阪神・淡路大震災では1年後にはほぼがれき処理が終了していたが、石巻市では3年の歳月を要した。建物倒壊数は岩手県で約2万棟（全壊）、宮城県で8万3000棟（全壊）、福島県で1万5000棟（全壊）にのぼり、宮城県だけでも推定1600万トンのがれきが発生した。がれきなどの災害廃棄物については、石巻市が1次処理（1次仮置き場までの収集運搬）、宮城県が2次処理（2次置き場で分別、粉砕、焼却、最終処分）を担当することになっていた。石巻市のがれき処理にかかる費用は、震災発生から2014年3月までの3カ年で約2500億円である。2013年度末には、石巻市が担当する1次処理は市内21カ所（最終的には26カ所）の仮置き場に約半分を搬入し終え、宮城県が担当する2次処理についてもようやく半分弱程度終了したが、逆にいえば、2年経ってもまだ半分のがれき処理が残されていたということになる。災害廃棄物処理が完了したのは2014年3月のことである。

次に、震災復旧・復興過程を財政面からみておきたい。基本的に「公共土木施設災害復旧事業費国庫負担法」に基づいて、被災前の原形復旧のために実施される公共土木事業が、災害復旧事業である。災害復旧事業については、事業ごとに補助率が異なっており、産業基盤整備等に対する補助率は高いのに対して、生活関連整備に対する補助率は低いのが特徴である。ただ、国庫補助金に対する自治体の裏負担に対しては、今回の大震災では震災復興特別交付税による措置がなされるため、補助率の違いによる市財政への影響はそれほど大きくはない。こうした災害復旧事業以外、あるいはその上乗せの事業に対して設けられているのが、復興交付金事業である。その対象事業は、5省40事業であり、そのうち約8割が国土交通省関連事業である。個々の事業ごとに交付要綱が異なるためきわめて複雑な制度となっている。

復興交付金事業についてみると、石巻市では1次から4次までの復興交付金事業計画（2013年度）は、交付金ベースで997億円（事業費ベースで1223億円）となっており、その内訳は、防災集団移転促進事業が交付金ベースで約238億円（事業費ベースで約278億円）、災害公営住宅建設事業が交付金ベースで約397億円（事業費ベースで約454億円）、土地区画整理事業が交付金ベースで約61億円（事業費ベースで約81億円）、街路整備事業が交付金ベースで約24億円（事業費ベースで約31億円）であった[14]。

さらに、1次から10次までの事業計画の合計額をみると、2769億円（2014年度現在）と1年間に2倍以上の事業規模となっている。石巻市における主な復旧・復興事業全体では、2011年度から2020年度までの10年間で約1兆円規模となっており、復旧に約3965億円、復興に約5322億円、その他968億円の内訳となっている。これら復興交付金事業には、災害公営住宅、防災集団移転促進事業、公園整備事業、区画整理事業などが列挙されている。

石巻市目的別歳出予算と決算の推移（通常分と震災関係）についてみると、震災後の２０１１年度当初予算では、決算では下方修正を余儀なくされているといった状況が浮かび上がってくる。２０１１年度決算は約１８００億円（そのうち震災分は１２５８億円）であり、民生費は４４１億円（そのうち震災分は２７２億円）、衛生費は６８０億円（震災分は６１９億円）などとなっていた。２０１２年度には当初予算規模が２６３２億円であるのに対して、決算額では３２２０億円にまで上方修正されていることが窺える。その内訳をみると、総務費と民生費が大幅に上方修正されているのに対して、土木費や災害復旧費が下方修正となっていることに注目すべきである。復興交付金事業がハード面中心に計画されているのに対して、実際には執行面で処理しきれない状況となっているのである。

一方、歳入面では、２０１１年度の市税収入は当初予算の１７１億円から決算では92億円程度にまで半減した。２０１２年度には１２３億円にまで税収が回復しているが、依然として低い状況にあった。地方交付税は、２０１０年度には２１４億円であったのが、２０１１年度には５２０億円、２０１２年度には５５０億円と２倍以上になっている。震災復興特別交付税は、３４１億円と普通交付税の１・５倍である。また、国庫支出金も２０１１年度決算額が７７０億円であったのに対して、２０１２年度には２０００億円近くにまで増額されている。さらに県支出金も２０１２年度には４５００億円にもなり、県支出金の影響も大きいことが窺える。このように災害復旧事業費補助金と復興交付金が大きな割合を占める一方で、処理しきれない状況が続いてきた。

（3）復興交付金事業の現状――防災集団移転と災害公営住宅

そこで、震災復興交付金事業のなかで、最も金額的にみて大きい事業である防災集団移転促進事業（１２１１億円）、災害公営住宅（１００１億円）の２つに焦点を当ててみていくことにしよう。金額的にはこの２つの事業で

２２００億円を超える規模になる。ここで問題となるのが、なぜこれほどまでに多額の財源が投入されているにもかかわらず、「人間復興」といえる状況にならないのかといった点である。

個人住宅については、被災地域のなかで移転促進区域に居住しているケースと、区画整理事業によって整備した後に現地で自力再建するケースとに大きく分けることができる。いずれのケースも認められるのが災害公営住宅である。災害公営住宅とは、住宅が全壊または大規模半壊・半壊で解体を余儀なくされ、自力での住宅再建が難しい住民に対する公的な賃貸住宅である。移転促進区域の住民は、公営住宅への移転か、防災集団移転団地への移転による自力再建かのいずれかを選択しなければならないこととなる。

復興交付金事業では、比較的優先的に充当されている災害公営住宅の整備計画と防災集団移転事業を中心に進められている。予算規模はいずれも１０００億円を超えるものであり復興事業費全体の3分の1を占めている[15]。当初の計画では、旧石巻市を中心とした市街地に災害公営住宅を３３００戸、半島部に７００戸の合計４０００戸を建設する予定であった。2年後に宮城県が代行して設計に着手したのは１５１０戸、工事に着手したのは１４９戸にとどまり、２０１３年2月にようやく2地区で40戸の入居募集を開始するに至った。２０１５年1月現在では３８５０戸のうち8割以上の用地が取得され、半分程度の約２０００戸で工事が着手されているが、入居開始済みはわずかに６％である。

災害公営住宅と並んで優先的に復興交付金が充当されている事業が、防災集団移転促進事業である。この事業費は約１３００億円にのぼる。防災集団移転事業は「災害危険区域のうち、住民の居住に適当でないと認められる区域内にある居住の集団移転を促進する」ために、自治体が浸水区域の土地を住民から買い上げ、居住に適しない区域に建築制限をかけて、移転先の高台や内陸部の宅地造成や道路工事などを行うといった事業である。防災集団移転事業予定地区は50地区となっていたが、２０１３年8月現在で国土交通大臣に同意を得た地区数は47地区である。防災集団移転事業の対象となるのは、この「危険区域」に指定されている住民である。東日本大震災では、補助対象となる移転規模は原則10戸以上であったが5戸以上に緩和され、現在ではこの規制も緩和されている。さらには、復興交付金による国庫負担の限度額も撤廃され、復興特別交付税による交付税措置などで実質的には地方負担はゼロになる仕組みがとられている。住民は、移転先で住宅を自費で建てるか、災害公営住宅のどちらかを選択することとされ、自力再建の場合には住宅再建支援金制度と利子補給（最大で708万円）が適用されることとなっている。2015年5月末現在、宮城県全体では195地区すべてで工事が着手され、石巻市では56地区すべてで着手されているが、住宅など建築工事に着手されているのは3割にすぎない。

防災集団移転促進事業で最大の問題は、住宅建設にかかる経費の個人負担である。二重ローンになるケースもあり、最初の希望区画数が9964区画であったのが、2014年7月には7309区画と3割減となるなど、工事開始後にキャンセルが出るケースもある。移転の対象は危険区域内の世帯に限定されているが、国は一定の条件を満たせば危険区域外の住民も認める方針を検討している。また、造成地が完成するまでに3年から4年もかかるケースもあり、長期にわたる仮設住宅生活を余儀なくされるケースも出始めている。例えば、二子《ふたご》地区では2017年度に造成地が完成予定であり、その後に住宅を建築し始めることとなれば、完成するのは2018年以降になる。

災害公営住宅の建設についてみておくと、自力再建が不可能な場合など、災害公営住宅を希望する住民も多い。石巻市では、4500戸の計画に対して、2015年5月末現在で3308戸に着手しており、完成戸数は全体の2割にあたる929戸である。当初は4000戸の計画であったが、希望者が多いため、4500戸に上方修正された。事前登録者は4500名を超えたという。復興公営住宅供給計画における4500戸の内訳をみると、市街地（主に旧石巻市）は3850戸、半島部650戸となっている。[16] 旧石巻市の大街道地区や蛇田地区などで上方修正されているのに対して、半島部の供給計画は下方修正されている。2015年6月現在、3867戸は用地取得済みだが、約600戸は用地取得も含めて未定となっている。

また、災害公営住宅の家賃については、公営住宅法に基づき、市営住宅と同様、最初の5年間は家賃の低廉化措置が実施されるが、6年目以降は徐々に引き上げられることとなり、住宅の広さや所得に応じて最大9万程度までとなる。さらに3年以上入居し、政令月収が15万8000円を超える世帯（標準世帯）は、収入超過者として市営住宅を明け渡す義務が生じることとなる。低価格で公営住宅を払い下げる方法なども検討する必要があるだろう。いずれにしても生活再建に向けた公的補助の充実が求められる。

3 石巻市半島部における防災集団移転促進事業――取り残される半島部

次に、石巻市半島部に位置する雄勝地区（旧雄勝町）の現状をみてみよう。旧雄勝町は1950年代から1960年代にかけて人口が増加し、最盛期には人口1万人を超えた自治体である。雄勝総合支所の資料によれば、人口は1975年には9341人であったが、震災前の2011年には4300人（1637世帯）となっている。[17] 大震災による被害者は死者・行方不明者合わせて236人、り災世帯数は1467世帯（約9割）、そのうち住宅の全壊は8割にのぼっている。震災当初は、最大23カ所の避難所に分かれて避難し、雄勝地区内には2116人、河北地区の避難所（3カ所）には432人、合計2548人が避難した。

大震災によって、雄勝地域のまちの中心部は壊滅的な打撃を受けた。震災前に居住していた618世帯のうち96％の住宅が全壊し、総合支所等の行政機関、学校（小学校2校、中学校1校）、病院、金融機関などがすべて失われることとなった。小学校と中学校は近隣の飯野川地区に間借りで開設し、医療は仮設の診療所（2011年10

月から)、郵便局は(同年11月から)仮設で操業された。2015年6月末現在の雄勝地区の居住者は481人であり、職員数は、2009年には職員43名、教育委員6名、病院35~36名の合計84~85名であったが、2015年現在では、職員数29名、病院(診療所)7名、臨時職員4名の合計40名になっている。雄勝総合支所職員によると、旧雄勝町役場に保管されていた資料の大半が震災によって喪失したが、別の場所に保管されていた資料などを収集しているところであるという。わずかな職員での対応がいかに大変な状況であったか窺い知ることができる。

雄勝地域の復旧・復興事業についてみると、以前の雄勝の中心市街地が「災害危険区域」に指定されているため、少し離れた場所に、新拠点地域を建設する計画になっている。2015年6月現在では、まだ基本設計段階にあり、インフラ整備すら始まっていない状況にあった。防災集団移転促進事業に関しては、16カ所の宅地造成地への移転事業が進められている。戸数でいえば、一戸建ての公営住宅96戸、自力再建95戸が計画されており、自力再建では生活再建支援金と利子補給制度を活用する仕組みになっている。宅地造成地で自力再建するにあたっては、土地を借りた場合には30年間無料でその後有料となるが、購入する場合には、1区画100坪で200万円から300万円が自己負担となる。そのため、住民にとっては厳しい選択を迫られることとなる。

雄勝総合支所の計画によれば、こうした防災集団移転促進事業と災害公営住宅の建設によって、雄勝地域では、震災前の約35パーセントにあたる1542人が居住予定になると見込まれている。徐々に、高台や内陸部の造成工事が進められているが、船越、伍勢畑、唐桑地区のようにまだ時間を要する地区もある。新しい造成地で生活するためには、生活基盤が不可欠だが、地区によっては、基本的な生活基盤さえほとんど未整備のままである。現在、市立雄勝病院は入院機能はなく外来のみの雄勝診療所となっており、保育所については仮設の子育て支援センターで対応している状況にある。子育て支援センターは2017年完成予定である。しかし事業が長期化すればするほど、人口がさらに減少する可能性が高い。実際、高台への移転希望者は2011年10月には約350世帯であったが、２０１４年12月には１９０世帯にまで減少している。

このように復旧・復興計画が遅々として進まないなかで、半島部の集落存続の危機が続いている。例えば、雄勝地域の船戸地区では、大震災前には68世帯が居住していたが、集団移転促進事業による計画では２０１５年６月現在で６世帯にすぎない。高齢化率は、震災前の40％から５年間に５ポイント上昇し45％となっている。雄勝総合支所によれば、さらに５年後には50％、10年後には60％超になると予測されており、震災前に２３７人いた小中学生は現在64人に、３年後には27人にまで減少する見込みである。[18] 高台や内陸部への移転希望者は、時間が経つほど減少傾向にあるという。

石巻市防災集団移転促進事業（２０１５年２月）では、雄勝地域を含む半島部の48地区において１２６１戸の整備計画が進められている。当初は61地区の１７８５戸が参加予定であった。このうち小規模な移転事業も目立っており、泊浜６戸など１６９地区が10戸未満であり、うち４地区は５戸であった。桃浦地区では、２０１２年の計画では移転を希望していたのが24戸だったのに対し、２０１５年には５戸にまで減少している。[19] すでに造成段階から限界集落化しているといった状況にある。東北工大稲村研究室での試算によれば、石巻市の半島部は平野部に比べると平均１・４倍の単価がかかるとされる。例えば、石巻市鹿立浜《すだちはま》では１区画当たりの単価は約３６００万円になるとされており、岩沼市などと比べても単価は高くなっている。桃浦の場合には、24区画に対する単価は約２５００万円だが、総事業費は５億９３２０億円（約６億円）であることから、入居は５戸であるため、単純計算で１戸当たりの単価は１億１８６４万円となる。

いま、ほとんど住民が戻ってこない雄勝地域の中心部に、１３０億円をかけた高さ９・７ｍ、延長３・５㎞にわたる巨大な防潮堤の建設計画が立てられている。[20] 被災前のまちの中心部は「災害危険区域」に指定されているため、基本的に人が住めない地域である。中心部では被災前の６２００世帯から約80世帯にまで減少している。こうしたなかで、「持続可能な雄勝をつくる住民の会」では、市民サイドからの生活者の視点に立ったまちづくり提案がなされている。住民の意見が十分に反映されないまま、巨額の予算を投入して造成を進めても、住みやすいまちは戻らないどころか、ますます衰退の一途をたどっていく可能性もある。国や県が推し進める9・7mの防潮堤建設計画にも反対しつつ、住民の手によるまちづくりへの模索が始まっている。

最後に、石巻市と隣接する東松島市のケースをみておこう。市は2005年に矢本町と鳴瀬町が対等合併して成立した人口約4万人の自治体である。震災後には約3000人の人口が減少した。震災後、仮設住宅917戸（2114人）とみなし仮設858戸（2168人）での生活を余儀なくされていたが、災害公営住宅や集団防災移転促進事業については、地区ごとで話し合いの場が設けられて、住民協議会が立ち上げられた[21]。

東松島市での防災集団移転促進事業の特徴は、コミュニティを中心に住民主体で進められていることである。市の説明によれば、第1に移転者が決めた安全な移転地であること、第2に100年後も持続的・安定的に生活できる地域であること、第3にコミュニティごとに移転できる規模であること、第4に地域の「絆」を重視すること、といった点にある。市では、7団地（津波による被災エリアの世帯を市内7カ所（内陸部・高台）へ集団移転する計画として始まった。2014年6月10日には、5団地で引き渡しがなされ、166戸ですでに住宅の建設が開始されている。2015年度中には全717区画の造成が終了予定である。

防災集団移転促進事業と同時並行して進められている災害公営住宅については、16団地（うち7団地は防災集団移転促進事業）321戸であり、これらは2014年度には終了している。特に注目されているのが、あおい地区での住民主体のまちづくりの取り組みである。協議会が市の土地利用計画案に対して、防災・地域コミュニティ再生の観点から修正案を提示し、いくつかの提案が受け入れられている。全体としてコミュニティを中心に「日本一暮らしやすいまち」をめざす取り組みが行われている。

このように比較的小規模な合併にとどまった東松島市では、住民主体の復興が進められつつあるが、これまで検証してきたとおり、大規模合併を実施した石巻市では地域内の格差が大きく、住民主体の復興が遅々として進まないといった状況にある。住民主体のコミュニティをいかに再生していくのかが課題であるといえよう。

おわりに

２０１５年度で集中復興期間５年間が終了し、２０１６年度からは復興・創生期間５年間へと向かうこととなる。26兆円もの財源を投入して「創造的復興」という名の下に進められている復興関連事業だが、「人間復興」という点では先が見えない状況が続いている。

本章で論じてきたとおり、石巻市では中心部と周辺部、とくに半島部との復興格差が拡大しつつある。全体的に大規模なインフラ整備に比べて暮らしの復興は遅れる傾向にあるが、石巻市ではその特徴が顕著であり、周辺部での過疎化が加速化している。その一方で、東松島市のように、住民主体でコミュニティ重視の復興が進んでいる地域もある。

被災３県全体では３３１地区の防災集団移転促進事業が計画され、９５３４戸の宅地が造成される予定であり、事業費は約５８００億円にのぼる。石巻市の事例で検証されたように、復興交付金事業を中心としたトップダウン型の復興事業により巨額の財政を投入しても、地域が再生できない最大の要因は、コミュニティにおける住民主体のきめ細やかな復興計画とそれに見合った復興事業が展開できない点にある。ハード面のみならずソフト面や生活者の視点に立った復興のあり方が求められているといえよう。

【注】

1　「人間の復興」とは大震災によって破壊された生存機会の復興を指す。「人間の復興」について詳しくは、岡田知弘・自治体問題研究所編（2013）『震災復興と自治体—「人間の復興」へのみち』自治体研究社などを参照。

2　阪神・淡路大震災における自治体財政や市民の視点からの検証については、大震災と地方自治研究会編（1996）『大震災と地方自治—復興への提言』自治体研究社、震災10年市民検証研究会編（2005）『阪神・淡路大震災10年—市民社会への発信』文理閣、宮本憲一（1995）「都市経営から都市政策へ—震災の教訓と街づくり」『世界』1995年4月、岩波書店、宮入興一（1996）「大震災と財政改革」『経営と経済』、長崎大学経済学会、75巻3・4号などを参照されたい。宮本憲一らは、阪神・淡路大震災の教訓として、都市経営との関係で大震災の被害が社会的・生物的弱者に集中した点を鋭く指摘している。

3　復興交付金は被災自治体が計画する復旧復興の事業費を国が全額負担する制度であり、集団移転など40事業が対象となっている。各自治体は事業計画を復興庁に提出し認可を得る必要がある。1回目の交付金は7県59市町村に約2509億円が配分され、自治体側の要望総額約3899億円からみれば、約4割が削減された。19市町は配分がまったくなかった。岩手県が94%とほぼ満額認可されたのに対し、宮城県、福島県がそれぞれ58%と低い（復興庁関係資料による）。

4　市町村合併と大震災による石巻市財政への影響については、拙稿（2013）「被災者・被災地支援と市町村合併」岡田知弘・自治体問題研究所編『震災復興と自治体』自治体研究社、65-86ページを参照。

5　市町村合併による自治体財政への影響については、拙著（2001）『市町村合併と自治体の財政—住民自治の視点から』自治体研究社、同（2011）『「分権改革」と地方財政—住民自治と福祉社会の展望』自治体研究社などを参照。

6　市町村合併による防災力空洞化については、室崎益輝・幸田雅治編著（2013）『市町村合併による防災力空洞化—東日本大震災で露呈した弊害』ミネルヴァ書房が詳しい。

7　政府復興予算と震災復興や地方財政の関係については、日本地方財政学会編（2013）『大都市制度・震災復興と地方財政』勁草書房、日本地方財政学会編（2014）『政令指定都市・震災復興都市財政の現状と課題』勁草書房のシンポジウム（宮入興一・清水修二・川瀬憲子・井上博夫・武田公子（2014）「東日本大震災・原発災害と市町村財政」）でも詳しく論じている。

8　例えば2012年度の復興予算17兆円のうち1・2兆円が流用可能とされた。具体的には、被災地以外でも使用可能な基金として、森林整備・加速化・林業再生基金（農水省）1399億円、定置用リチウムイオン蓄電池導入支援事業（経産省）210億円、重点分野雇用創造事業（厚労省）2000億円、住宅用太陽光発電高度普及促進復興対策基金（経産省）323億円などがある（復興庁資料）。

9 宮城県庁ヒアリング調査による提供資料（２０１３年）。
10 石巻市役所でのヒアリング調査による（２０１５年７月９日実施）。
11 石巻市役所と旧雄勝地区住民ヒアリング調査による（２０１３年８月30日〜31日実施）。
12 石巻市「石巻市震災復興基本方針」２０１１年４月27日。
13 被災市街地復興推進地域は、被災市街地復興特別措置法（１９９５年２月26日法律第14号）第５条の規定により定められた地域であり、大規模な火災、震災その他災害を受けた市街地について、その緊急かつ健全な復興を図るため、土地区画整理事業、市街地再開発事業その他の市街地開発事業の施行、道路、公園等の公共の用に供する施設の整備、市街地の復興に必要な住宅の供給のための措置等を講じる地域とされる。
14 石巻市財政については財政課資料による。
15 石巻市震災復興基本計画（２０１３年12月）に基づく事業費。
16 石巻市では、復興公営住宅という表記になっているが、ここでは災害公営住宅という表記に統一した。
17 雄勝総合支所によれば２０１６年度末には６２０世帯（１４００人）になると予測されている（石巻市雄勝総合支所の資料による）。
18 『毎日新聞』２０１４年９月７日付。
19 『河北新報』２０１５年５月25日付。
20 「巨大防潮堤　何守る」『朝日新聞』２０１６年１月31日付朝刊。
21 東松島市役所ヒアリング調査提供資料による（２０１５年７月）。

【参考文献】
井上博夫（２０１４）「大震災と「分権型・参加型福祉国家」」持田信樹・今井勝人編著『ソブリン危機と福祉国家財政』東京大学出版会、１７９－１９８ページ
岡田知弘（２０１２）『震災からの地域再生―人間の復興か惨事便乗型「構造改革」か』新日本出版社
岡田知弘・自治体問題研究所編（２０１３）『震災復興と自治体―「人間の復興」へのみち』自治体研究社
片桐正俊（２０１４）「東日本大震災復興財政の特徴と問題点・課題」中央大学政策文化総合研究所・佐藤元英・滝田賢治編著『３・11複合災害と日本の課題』中央大学出版部、３－51ページ
川瀬憲子（２００１）『市町村合併と自治体の財政－住民自治の視点から』自治体研究社
川瀬憲子（２０１１）『「分権改革」と地方財政－住民自治と福祉社会の展望』自治体研究社
川瀬憲子（２０１２）「東日本大震災後の復旧・復興と自治体財政－宮城県内自治体の事例を中心に」『経済研究』静岡大学、16巻４号、２０１２年２月

川瀬憲子（2012）「東日本大震災の復旧・復興と自治体財政―産業基盤重点投資と進まぬ生活再建」『経済科学通信』基礎経済科学研究所、2012年1月、78-84ページ。

川瀬憲子（2012）『アメリカの補助金と州・地方財政―ジョンソン政権からオバマ政権へ』勁草書房

川瀬憲子（2013）「被災者・被災地支援と市町村合併」前掲『震災復興と自治体』

川瀬憲子（2014）「震災復興財政の現状と課題―石巻市の事例を中心に」『経済研究』静岡大学、20巻1号、37-57ページ

川瀬憲子（2015）「市町村合併と復興格差をめぐる現状と課題―宮城県下市町の事例を中心に」『環境と公害』第45巻第2号、26-31ページ、岩波書店

桒田但馬（2014）「大震災復旧・復興における自治体行財政運営と職員不足問題」『地方財政』第53巻7号、95-116ページ

佐々木伯郎（2014）「震災復興と地方自治―2000年代以降の政策との関連で」小西砂千夫編『日本財政の現代史Ⅲ』有斐閣、287-311ページ

震災10年市民検証研究会編（2005）『阪神・淡路大震災10年―市民社会への発信』文理閣

塩崎賢明他編（2009）『住宅復興とコミュニティ』日本経済評論社

塩崎賢明・西川榮一・出口俊一他編（2010）『大震災15年と復興の備え』クリエイツかもがわ

塩崎賢明（2014）『復興〈災害〉』岩波新書

清水修二（2011）『原発になお地域の未来を託せるか』自治体研究社

大震災と地方自治研究会編（1996）『大震災と地方自治―復興への提言』自治体研究社

武田公子（2009）「震災と自治体財政―輪島市の事例を中心に」『金沢大学経済論集』第30巻第1号

武田公子（2013）「復興予算と自治体財政―陸前高田市の事例を中心に」『日本災害復興学会誌』第4巻第2号、29―30ページ

日本地方財政学会編（2012）『地方分権の10年と沖縄、震災復興』勁草書房

日本地方財政学会編（2013）『大都市制度・震災復興と地方財政』勁草書房

日本地方財政学会編（2014）『政令指定都市・震災復興都市財政の現状と課題』勁草書房

平岡和久（2011）「大震災と復興政策・財政の課題」『地方自治職員研修』2011年6月

平岡和久（2011）「東日本大震災と復興の基本方向をめぐって」『経済科学通信』第126号、2011年9月、基礎経済科学研究所

宮入興一（1996）「大震災と財政改革」『経営と経済』長崎大学経済学会、75巻3・4号

宮入興一（2006）「災害と地方財政」『セミナー現代地方財政Ⅰ』勁草書房

宮入興一（２０１１）「東日本大震災と復興のかたち―成長・開発型復興から人間の絆の復興へ」『世界』２０１１年8月、岩波書店
宮入興一（２０１３）「東日本大震災をめぐる復興・予算事業と税財政問題」『年報・中部の経済と社会（２０１2年度版）』
宮入興一・清水修二・川瀬憲子・井上博夫・武田公子（２０１４）「東日本大震災・原発災害と市町村財政」前掲『政令指定都市・震災復興都市財政の現状と課題』19―36ページ
宮本憲一（１９９５）「都市経営から都市政策へ―震災の教訓と街づくり」『世界』１９９5年4月、岩波書店
宮本憲一（２０１４）『戦後日本公害史論』岩波書店
室崎益輝他編（２０１１）『震災復興の論点』新日本出版社
室崎益輝・幸田雅治編著（２０１３）『市町村合併による防災力空洞化―東日本大震災で露呈した弊害』ミネルヴァ書房
山崎丈夫編著（２０１１）『大震災とコミュニティ』自治体研究社
横山純一（２０１４）「石巻市における東日本大震災からの復旧・復興と財政」『自治総研』１月号、通巻４２３号

第5章

被災自治体の震災対応の実態と課題

立命館大学教授　平岡和久

はじめに

東日本大震災においては、救助・復旧・復興に関わる問題が多岐にわたって発生した。その重要な要因の一つが公共部門の脆弱性であり、そのため被災自治体の震災対応においても多くの問題が発生している。また、被災自治体の規模・様態・職員体制や合併の有無などの被災前の状態、あるいは被害状況の違いなどとともに、被災自治体の災害対応のあり方にも異なる面がみられた。

震災対応において公共部門の脆弱性を擁護する論理が「自己責任論にもとづく公平論」であった。それは、個人資産の形成に対して税金を使ってはならないという考え方につながり、憲法理念にもとづく被災者の生活と生業の再建へのブレーキとなり、「人間の復興」への阻害要因となったのである。

東日本大震災では、憲法理念と内発的発展にもとづく「人間の復興」と、市場原理主義と外来型開発にもとづく「創造的復興」との相克が鮮明になった。「創造的復興」への傾斜は「人間の復興」を後回しにする要因になるとともに、「自己責任論にもとづく公平論」がそれを正当化する論理として影響した[1)]。

同時に、東日本大震災からの復興過程では、被災地・被災者をはじめとする現場からの声や運動を反映して、「自己責任論にもとづく公平論」を克服するうえでの前進面もみられた[2)]。

本章では、主として宮城県の津波被災自治体に焦点を当てて、自治体の状態および震災対応の実態を明らかにするとともに、課題を整理することとする。

1 被災自治体と被害の状況

東日本大震災の被害状況について宮城県に絞ってみると、死者は1万530人（うち直接死9621人、震災関連死909人）、行方不明1255人、住家被害は、全壊8万2993棟、半壊15万5126棟、一部損壊22万4176棟、床下浸水7796棟、非住家被害は2万8164棟となっている。[3)] 被害額は9・2兆円と見積もられている。

東日本大震災は地震・津波・原発災害による複合的被害をもたらしており、被害状況は地域・自治体によって異なっている。また、宮城県の津波被災自治体に絞ってみても、被災以前の自治体の状況も異なり、そのことが復興過程にも影響している。表①で発災前約10年間の人口動向をみると、主に県内東北部地域（石巻市、女川町、南三陸町、気仙沼市）と南部の山元町の人口減が著しい。国勢調査人口をみると、2000年から2010年の10年間で人口減少率は女川町14・9％減、南三陸町12・2％減、気仙沼市10・7％減、石巻市8・1％減、山元町9・9％減となっている。これら5市町は発災以降も人口減少率が高い傾向が続いている。住民基本台帳人口の推移をみると、2010年3月末から2015年3月末にかけて、女川町32・4％減、山元町24・8％減、南三陸町21・7％減、気仙沼市10・6％減、石巻市9・3％減となっている（表②参照）。

一方、2000年から2010年にかけて国勢調査人口が増加していたのが仙台市およびその周辺である。仙台市3・7％増、名取市8・8％増、多賀城市2・4％増、利府町13・9％増、岩沼市6・7％増となっている。ただし、人口減の自治体もあり、七ヶ浜町3・4％減、塩竈市8・2％減となっている。仙台市および周辺市町は発災以降も人口が増えているか、あるいは減少率が比較的低い。2010年3月末から2015年3月末にかけて住民

表① 宮城県内における津波被災自治体の状況

	2000年国調人口	2010年国調人口	人口変化率（00-10）	65歳以上人口比率（2010年）	直接死・行方不明者	震災関連死（人）	住家全壊数	住家半壊数（床上浸水含む）	住家一部損壊	2001年度一般職員数	2010年度一般職員数	職員数変化率	2009年度財政力指数	第一次産業就業比率（05年国勢調査）	漁港数（2011年3月時点）	1999年3月末時点の市町村数
気仙沼市	82,394	73,559	-10.7%	30.1%	1,330	107	8,483	2,571	4,761	762	643	-15.6%	0.43	12.4%	38	3
南三陸町	19,860	17,431	-12.2%	29.3%	814	20	3,143	178	1,204	225	174	-22.7%	0.31	26.0%	23	2
女川町	11,814	10,052	-14.9%	33.7%	851	22	2,924	349	661	162	138	-14.8%	1.41	15.8%	15	1
石巻市	174,778	160,692	-8.1%	26.8%	3,705	267	20,036	13,045	19,948	1,620	1,244	-23.2%	0.51	10.1%	42	7
東松島市	43,180	42,915	-0.6%	22.6%	1,087	86	5,515	5,559	3,506	342	305	-10.8%	0.45	10.4%	7	2
松島町	17,059	15,089	-11.5%	30.1%	2	5	221	1,785	1,561	148	125	-15.5%	0.53	7.2%	5	1
利府町	29,848	34,000	13.9%	15.4%	1	1	56	901	3,564	222	217	-2.3%	0.85	2.7%	2	1
塩竈市	61,547	56,518	-8.2%	26.7%	66	18	672	3,278	6,993	518	386	-25.5%	0.54	1.4%	4	1
七ヶ浜町	21,131	20,419	-3.4%	21.4%	78	3	674	649	2,601	157	138	-12.1%	0.61	4.4%	2	1
多賀城市	61,457	62,913	2.4%	18.1%	188	32	1,746	3,730	6,145	437	381	-12.8%	0.74	1.4%	0	1
仙台市	1,008,130	1,045,902	3.7%	18.6%	685	260	30,034	109,609	116,046	6,817	6,256	-8.2%	0.86	1.1%	1	1
名取市	67,216	73,138	8.8%	19.0%	950	41	2,801	1,129	10,061	483	548	13.5%	0.75	6.3%	1	1
岩沼市	41,407	44,170	6.7%	19.4%	181	6	736	1,608	3,086	322	324	0.6%	0.80	3.8%	0	1
亘理町	34,770	34,812	0.1%	22.8%	270	18	2,389	1,150	2,048	285	243	-14.7%	0.59	11.0%	1	1
山元町	18,537	16,708	-9.9%	30.8%	698	19	2,217	1,085	1,138	186	148	-20.4%	0.41	14.3%	1	1

＊死者・行方不明者、住宅全・半壊数については 2014 年 2 月 10 日宮城県公表資料による。
＊各市町村の職員数・財政指標値は各市町村決算カードのデータを利用した。
＊ 65 歳以上人口比率は 2010 年 3 月末現在の住民基本台帳による。

（出所）各市町村決算カード、国勢調査、宮城県発表資料等より作成

表② 宮城県内津波被災自治体における住民基本台帳人口の推移

団体名	2010.3.31（人）	2015.3.31（人）	増減率
宮城県	2,329,344	2,305,444	-1.0%
仙台市	1,010,256	1,040,246	3.0%
石巻市	163,594	148,446	-9.3%
塩竈市	57,837	55,406	-4.2%
気仙沼市	74,926	66,955	-10.6%
名取市	72,150	75,968	5.3%
多賀城市	62,658	62,156	-0.8%
岩沼市	44,308	43,800	-1.1%
東松島市	43,337	40,045	-7.6%
亘理町	35,648	34,022	-4.6%
山元町	16,892	12,704	-24.8%
松島町	15,540	14,877	-4.3%
七ヶ浜町	20,991	19,288	-8.1%
利府町	34,171	36,209	6.0%
女川町	10,232	6,919	-32.4%
南三陸町	17,815	13,954	-21.7%

（出所）宮城県統計課資料より作成

基本台帳人口は、仙台市3・0％増、名取市5・3％増、多賀城市0・8％減、利府町6・0％増、岩沼市1・1％減となっている。ただし、七ヶ浜町は8・1％減、塩竈市は4・2％減とやや減少率が高い。

県内東北部地域（石巻市、女川町、南三陸町、気仙沼市）と南部の山元町は高齢化率が比較的高く、第一次産業就業比率も高い。２０１０年の高齢化率をみると、30％を超えているのが女川町33・7％、気仙沼市30・1％、山元町30・8％であり、南三陸町29・3％、石巻市26・8％とすべて25％を超えている。第一次産業就業比率（２００５年国勢調査）をみると、石巻市10・1％、女川町15・8％、南三陸町26・0％、気仙沼市15・6％、山元町14・3％とすべて1割を超えている。

これらの自治体は職員数減少率も高い。２００１年度から２００９年度にかけての一般職員減少率をみると、石巻市、女川町、南三陸町、気仙沼市、山元町と高い減少率となっている。一方、仙台市および周辺自治体は、比較的高齢化率が低く、第一次産業就業比率も低い。また、職員減少率も東北部や山元町と比べると相対的には低い減少率にとどまっている。

東日本大震災は、公共部門の脆弱性を露呈させた。被災自治体の被害が拡大するとともに機能が十分に発揮できない状況が生じた背景には、公共部門の弱体化があったと考えられる。国・地方を通じた「行革」や民間化の推進は、公共部門を弱体化させ、発災時の救助・復旧を遅らせ、二次災害をもたらした。特に、平成に入ってから合併した被災自治体の震災対応には組織再編・人員削減が大きく影響した。津波被災自治体では、石巻市が7市町合併、気仙沼市が3市町合併、南三陸町が2町合併、東松島市が2町合併と平成の合併を経験した。先にみたように、合併自治体である石巻市、気仙沼市、南三陸町は職員削減率が高い。ただし、東松島市については10・8％減にとどまっている。

以上から、宮城県内津波被災自治体間における条件不利性や行政キャパシティに格差が存在していたと考えることができよう。津波被害の甚大性における差異とともに、こうした地域条件の相違や行政キャパシティの格差が、復興格差につながっていると考えられる。復興格差の端的な現れが人口動態であり、先にみたように、大幅に減少する自治体と増加ないし微減にとどまる自治体との格差が生じている。

2 応急対応・復旧

災害に対する公共部門の対応過程は、応急対応、復旧、復興といった段階がある。ただし、これらら必ずしも単線的に段階を追うとは限らないのであり、現実には応急対応、復旧・復興が同時進行的に行われる。東日本大震災は被害が甚大であったこともあり、公共部門の対応過程は長期に及ぶとともに、様々な問題を引き起こした。まず応急対応においては、災害救助法に関わる問題とともに、震災廃棄物処理においても問題が生じた。

①災害救助法

災害救助法による応急対応においては、現場の実情にあわない問題が起こった。

第一に、避難所においては、食事提供の量的・質的問題、衛生面での問題、プライヴァシーの問題、福祉避難所の不足の問題などが生じた。なかでも、県に主な権限があるなかで厚労省の現物給付主義とあまりに細かな基準が被災市町村の現場の実情にあわなかった[4]。

第二に、生業への支援、現金給付が行われていない問題である。この点については改善がみられないままである。

第三に、仮設住宅については、断熱やカビ対策の欠如など多くの問題が起こり、被災者が声をあげることによって対症療法的な改善がされてきた。仮設住宅の不足に対して、みなし（借り上げ）仮設住宅を認めたり、サポートセンターによる見守りを行ったりするなど一定の柔軟な対応があったものの、基本的には従来型を基本としており、避難の長期化に対応するには限界がある。特に、高齢者の生活機能の低下が指摘されている[5]。また、避難者にとっては、1年ごとの延長措置では先行きの不透明さへの不安が継続しているという問題も深刻である。

第四に、災害救助法では、市町村や都道府県を超えた広域避難の長期化が想定されておらず、期間限定や現物給付原則等の制約が受け入れ自治体の対応を制約するとともに、避難者の不安感や状態悪化につながった。

②震災廃棄物処理

東日本大震災では地震にともなう倒壊建物だけでなく、津波によるがれきや倒壊建物、さらには津波堆積物が大量に生じた。震災廃棄物処理については、市町村のがれき処理費用に対するこれまで平均86・5％であった国庫補助率を平均95％まで引き上げ、市町村負担分については起債でまかない、償還費を後年度１００％交付税措置するという財政措置の拡充が行われた。

がれき処理は被災市町村の事務とされたが、産業廃棄物行政を行わない市町村が災害廃棄物処理を行うことによる問題が起こった。市町村が行う災害廃棄物の収集・運搬において、市町村にはアスベストをはじめとした特定有害化学物質等に対する対策を求められるが、もともと一般廃棄物に限って担当していた市町村は有害化学物質等の対策のノウハウを持っていない。特にがれき扱いとなる被災建築物の解体も市町村が行うことになっており、解体業者に対してアスベスト対策等の徹底が担保されるような事業委託や監督・指導が行うことは難しい[6]。

東日本大震災では、阪神・淡路大震災の教訓にかかわらず、震災アスベスト問題が起こり、被災地の解体工事におけるアスベスト被災事例が報告されている。震災時のアスベスト対策が不十分な背景には、平常時における民間建築物におけるアスベスト使用の実態についての情報がないこと、アスベスト飛散対策に対する法規制が不十分であること、解体時における事前調査や技術上・管理上の問題、さらには自治体による監視・指導上の問題などがある。

東日本大震災における震災廃棄物処理のあり方に関して、一次仮置場と二次仮置場を分ける方法がとられたが、運搬コストがかかることによる非効率が生じるだけでなく、一次仮置場における粗い分別のまま災害廃棄物が一定期間放置されることとなり、災害廃棄物の本格的な分別に移る際の技術的困難が増大した。また、災害廃棄物処理の県への委託と広域処理はコスト増要因となった。自区内処理の原則に則れば、県が市町村の事務を代行する場合、県が直接、県内の産廃業者等を束ねて調整することを含めて事業委託することが可能であったとおもわれる。

③復旧

公共インフラの復旧については、基本的には従来の制度を改良して適用されており、対象の拡大、補助率の引き上げなどが行われた。また、復旧事業において巨額の起債を予定していた部分を特別交付税で手当てすることにより財政負担が大幅に軽減された。

被災事業所等の復旧に関しては、中小企業等グループ施設等復旧整備補助事業が再開を希望する事業所には大きな効果を発揮した。さらにグループ化になじまない事業所等の復旧には宮城県の単独事業が補完した。ただし、嵩《かさ》上げ等による復旧の遅れ、二重ローン・運転資金問題、ブランク期間に失った取引先の回復の困難さなどの問題などが残っている。

3 復興

復興に関しては、①住宅再建が遅れるなかで、仮設住宅における健康悪化、要介護度の上昇、「貧困化」等の問題、②避難所から仮設住宅、さらには住宅再建への過程におけるコミュニティの分断、崩壊と孤立化の問題、③復興まちづくりにおける合意形成の問題、④復興まちづくりにおける環境・景観問題、⑤今後の地域と財政の持続可能性の問題、などが生じた。

①復興交付金事業

復興交付金は国交省など5省40事業からなり、高台移転・区画整理などの復興まちづくり、災害公営住宅などの住宅復興、農林漁業の復興、学校施設整備などを進める。各自治体は40事業から事業を選択し、それぞれハード整備を行う基幹事業とソフト事業に充てることができる効果促進事業を組み合わせることが可能である。国庫補助率は概ね75%以上となり、さらに追加的国庫補助があり、事業費のうち地方負担分については特別交付税が充てられる[7]。

被災者の生活と生業の再建やコミュニティの維持・再生の視点からみれば、集団移転先の場所の問題、住宅再建資金の問題、高台移転や区画整理に長い期間がかかる問題、従前のコミュニティがバラバラになる問題、環境や景観の問題など、多くの問題が指摘された。

その背景には、復興交付金事業がソフト事業に充てることができるというものの、ハード事業中心であり、縦割行政の枠組みが残るなかで進められたため、実際上は公共土木事業中心の復興になっていることがある。また、復興財源に期限があるため、事業主義になりやすく、住民合意が十分に行われるかについての懸念が生じた。

また、復興交付金によるまちづくりにおいて、各地でコンパクトシティの観点からの計画が進められているが、農村・漁村コミュニティを集約化するようなケースでは、地域経済社会のあり方を大きく変える問題でもある。

災害公営住宅については財政問題があり、一つは整備費の8分の1は被災自治体が負担しなければならないことから（家賃に反映させるという整理）、その分、起債しなければならないことがある。もう一つは、大規模な災害公営住宅整備が維持管理費の増大をもたらすことが想定され、将来的に空室が増加した場合、被災自治体の財政負担増につながることである。特に、女川町、南三陸町では人口の3割が公営住宅に居住する状況になっており、その影響は大きい。

維持管理費増の問題は災害公営住宅以外にも防災公園や防災集団移転の跡地の維持管理費なども存在する。また、資材費や人件費の高騰による入札不調等の問題も生じた。総じて、復興のまちづくりの持続可能性が問われているといえよう。

②取り崩し型復興基金

2011年度2次補正予算による特別交付税増額分や寄付金を原資として創設された。復興基金は被災自治体の裁量が働くメリットがあるものの、十分な金額とはいえない。住宅再建への自治体独自の支援に一定の効果があるが、量的には不十分であった。２０１２年度補正で津波住宅被害再建支援に対する震災復興特別交付税の措置が打ち出され、嵩上げなど住宅再建への支援に活用されることになったのは一歩前進といえよう。

国の復興予算を含む国家財政・地方財政運営の先行きへの不安や自治体の地方行革・財政健全化路線の継続を背景として、復興交付金等の国の財源措置が得られる範囲に事業をとどめざるを得ない状況があり、被災者の生活と生業の再建に対する支援を行うに足る財源がきわめて不足している。

また、集中復興期間以降の財源の不十分性と偏りの問題がある。宮城県は集中復興期間終了後の２０１６年度以降に県・市町村合わせて約2兆5千億円の事業費が必要と見込み、集中復興期間の延長を政府に要望した。震災復興において基本的には被災者と被災地の実情を踏まえた長期的な政府の支援が求められるところであるが、財源問題は政府の復興方針や復興財政の枠組みに関わる問題でもある。特に復興交付金に関してはハード整備が基本であり、市街地等の新たな復興のまちづくりを志向する自治体においては、防潮堤の整備や市街地等の嵩上げを前提に土地区画整理事業等を進めるケースでは計画期間が長期にならざるを得ない。このような大規模ハード事業に多くの財源が充てられるとともに、集中復興期間以降にハード事業がずれ込む場合の財源問題が生じている。その一方、「自己責任論にもとづく公平論」への拘泥から個人住宅再建への国の支援が拡充されないなど、「人間の復興」への財源確保は不十分なままである。

③復興の諸問題

住宅再建に対しては、被災者生活再建支援金があるが、現在まで拡充が行われていない。被災県・市町村独自の支援策が一定程度補完しているものの、不十分なままである。

被災者の生活再建に関わっては、仮設住宅から住宅再建にいたる過程での「貧困化」の進行という問題が深刻である。所得の問題の他に、仮設住宅における健康悪化、要介護度の上昇の問題やコミュニティの崩壊、分断による孤立化の問題がある。

また、復興のまちづくりにおいては、コミュニティづくりと合意形成の重要性があらためて明らかになった。東松島市や岩沼市など、コミュニティへの配慮と合意形成が丁寧に行われることによって、結果として住民のニーズにあった住宅再建がスムーズに進められている事例が知られるようになった。

一方、仙台市のケースでは、早いうちから条例で災害危険区域が指定され、住民合意を重視しながらも行政主導の面が強いため、一部の地区では復興のあり方に対する住民側からの異論・対案が出ている。また、仮設住宅に残っている高齢者や社会的弱者への支援は喫緊の課題となっている。他方で、仙台市は移転先借地料の免除や単独移転への補助など、住宅再建への比較的手厚い独自支援策を打ち出している点が評価されている。

より基本的な問題としては、阿部重憲（2015）のいう「創造的復興」による三点セット「高台移転・職住分離・多重防御」が地域の持続可能性にとって深刻な影響をもたらすおそれがある。特に職住一体型の農漁村コミュニティにとってみれば、高台移転・職住分離が地域の持続可能性を掘り崩すおそれが強い。また、復興まちづくりにおけるコンパクトシティ構想は集団移転をともない、農漁村集落から拠点地域への居住集約化を進めるものであり、農漁村コミュニティを壊す方向に作用する可能性が高い。

④津波被災自治体の職員体制

先に述べたように津波被災自治体は被災以前に行革により職員削減を進めてきたため、人的体制に余裕がなく、災害への対応に大きく影響した。普通会計職員数であらためて確認すれば、2005年4月1日の職員数が2010

表③　宮城県内津波被災自治体における普通会計職員数

（人）

	2005年 4月1日	2010年 4月1日	2011年 4月1日	2015年 4月1日	05-10 増減率	11-15 増減率	10-15 増減率
気仙沼市	769	689	682	685	-10.4%	0.4%	-0.6%
南三陸町	228	217	176	219	-4.8%	24.4%	0.9%
女川町	160	139	140	162	-13.1%	15.7%	16.5%
石巻市	1598	1389	1344	1426	-13.1%	6.1%	2.7%
東松島市	353	316	310	345	-10.5%	11.3%	9.2%
松島町	154	136	135	152	-11.7%	12.6%	11.8%
利府町	223	215	221	222	-3.6%	0.5%	3.3%
塩竈市	490	387	387	385	-21.0%	-0.5%	-0.5%
七ヶ浜町	154	139	140	146	-9.7%	4.3%	5.0%
多賀城市	418	386	385	384	-7.7%	-0.3%	-0.5%
仙台市	6987	6473	6638	6581	-7.4%	-0.9%	1.7%
名取市	569	545	557	545	-4.2%	-2.2%	0.0%
岩沼市	370	330	326	308	-10.8%	-5.5%	-6.7%
亘理町	274	243	245	279	-11.3%	13.9%	14.8%
山元町	185	154	150	174	-16.8%	16.0%	13.0%
合　計	**12932**	**11758**	**11836**	**12013**	**-9.1%**	**1.5%**	**2.2%**

（出所）総務省・地方公共団体定員管理データ各年度版より作成

年４月１日には１割以上減少している自治体が多く存在している（表③参照）。そのことが災害への応急対応に厳しく影響したのである。被災自治体は、発災以降、職員体制不足を補うために全国の自治体から職員派遣を受け入れてきた。[8] それとともに、職員採用を進めることによって被災自治体の職員体制の強化が図られたが、特に発災後の職員数の変化をみると、２０１０年４月１日職員数に対して２０１５年４月１日職員数を大幅に増加させた自治体と横ばいないしマイナスの自治体に分かれている。１割近く、あるいは１割を超える職員増によって２００５年当時にほぼ職員数を戻しているのが女川町、松島町、亘理町、山元町、東松島市である。それに対して発災以降職員数が横ばいないし減らしているのが岩沼市、気仙沼市、塩竈市、多賀城市、名取市である。[9]

　発災以降の部門別の職員数の変化について石巻市を例にみてみると、市町村合併直後の２００５年４月１日から２０１０年４月１日にかけて総務・企画部門マイナス50人、税務マイナス12人、民生マイナス22人、農林水産マイナス23人、教育マイナス60人など軒並みマイナスであり、全体でマイナス209人となっている。2010年4月1日から発災直後の2011年4月1日にかけては、総務・企画マイナス17人、教育マイナス22人が目立ち、全体でマイナス45人となっている。2011年4月1日から2015年4月1日への変化をみると、税務マイナス27人、教育マイナス51人と引き続き減少する一方、衛生プラス51人、土木プラス80人と職員の拡充が行われており、全体としてプラス82人となっている（表④参照）。

また、女川町をみると、2005年4月1日から2010年4月1日にかけて総務・企画部門マイナス4人、民生マイナス5人、教育マイナス7人、全体でマイナス21人となっている。2010年4月1日から発災直後の2011年4月1日にかけてはほぼ変化がない。2011年4月1日から2015年4月1日への変化をみると、教育マイナス6人と引き続き減少する一方、総務・企画プラス7人、土木プラス23人と職員の拡充が行われており、全体としてプラス22人となっている（表⑤参照）。

以上、石巻市と女川町を例に職員体制の変化をみたが、共通してみられる傾向としては両自治体とも発災以降教育部門の職員を減らす一方、土木部門の職員体制を強化していることである。両自治体とも震災以降、小中学校・市立高校の統廃合などとともに、社会教育・保健体育といった学校部門以外の部門を含む教育部門の職員を減らす一方、復興のまちづくり計画を進めるために土木部門の職員増が求められた。

一方、全国の自治体から被災自治体への派遣職員の状況をみると、宮城県内津波被災市町村における2015年4月1日現在の派遣職員数は910人であり、石巻市、気仙沼市、南三陸町、山元町の順で多い。なかでも山元町における派遣職員の多さが目立っており、町職員174人に対して派遣職員102人となっている（表⑥参照）。

被災自治体の多くは発災以降、職員体制の一定の強化を図るとともに職員の派遣を受け入れることで応急対応、復旧、復興の体制をつくってきたが、被災自治体の事務量の増大に対応するのは困難をきわめた。財政規模をみても震災後は平時の何倍もの規模に膨れあがったのである。

表④　石巻市における普通会計部門別職員数

（人）

	議会	総務・企画	税務	民生	衛生	労働	農林水産	商工	土木	教育	消防	普通会計計
2005年4月1日	12	328	102	326	178	5	81	29	122	414	1	**1598**
2010年4月1日	11	278	90	304	154	5	58	25	108	354	2	**1389**
2011年4月1日	10	261	87	304	148	5	55	29	111	332	2	**1344**
2015年4月1日	11	267	60	310	199	3	65	31	191	281	8	**1426**
05-10増減数	-1	-50	-12	-22	-24	0	-23	-4	-14	-60	1	**-209**
10-11増減数	-1	-17	-3	0	-6	0	-3	4	3	-22	0	**-45**
11-15増減数	1	6	-27	6	51	-2	10	2	80	-51	6	**82**

（出所）総務省・地方公共団体定員管理データ各年度版より作成

表⑤　女川町における普通会計部門別職員数

（人）

	議会	総務・企画	税務	民生	衛生	労働	農林水産	商工	土木	教育	消防	普通会計計
2005年4月1日	2	35	10	42	15	0	9	7	10	30	0	**160**
2010年4月1日	2	31	9	37	15	0	8	7	7	23	0	**139**
2011年4月1日	2	32	9	38	14	0	8	7	7	23	0	**140**
2015年4月1日	4	39	8	36	14	0	7	7	30	17	0	**162**
05-10増減数	0	-4	-1	-5	0	0	-1	0	-3	-7	0	**-21**
10-11増減数	0	1	0	1	-1	0	0	0	0	0	0	**1**
11-15増減数	2	7	-1	-2	0	0	-1	0	23	-6	0	**22**

（出所）総務省・地方公共団体定員管理データ各年度版より作成

表⑥　宮城県内津波被災自治体への職員派遣数

（人）

	2015 年 4 月現在
気仙沼市	153
南三陸町	110
女川町	48
石巻市	209
東松島市	73
松島町	14
利府町	5
塩竈市	38
七ヶ浜町	22
多賀城市	37
名取市	46
岩沼市	31
亘理町	22
山元町	102
合　計	**910**

（出所）総務省資料

しかし、財政規模の膨張と比べて、被災自治体の職員数は大幅に増えておらず、人件費は抑制されている。職員体制の不足は他自治体等からの派遣職員でまかなっている。常勤職員体制の不十分さは被災自治体に対する財源保障のあり方と関わっていると考えられる。

4　被災自治体の事例

①津波被災都市の財政状況

表⑦は宮城県内の津波被災都市の財政指標の推移をまとめたものである。三位一体改革最終年度である２００６年度と発災後の２０１２年度を比べてみよう。まず普通会計の財政規模を歳出総額でみると、気仙沼市および東松島市は６００％超増となっており、石巻市、岩沼市も４００％超増となっている。最低の多賀城市でも１２８％増である。ところが、基準財政需要額（臨時財政対策債振替前）をみると、総じて伸び悩んでおり、石巻市と気仙沼

表⑦　宮城県内津波被災都市の財政指標（2006年度および2012年度）

（千円）

	基準財政需要額（臨時財政対策債振替前）	基準財政収入額	経常収支比率 (%)	左のうち 人件費 (%)	左のうち 公債費 (%)	財政力指数	歳入総額 (A)	歳出総額 (B)
2012年度								
石巻市	32,186,690	14,126,771	99.6	25.6	21.4	0.47	369,604,464	321,975,095
塩竈市	10,858,855	4,406,879	98.3	26.5	19.9	0.47	56,920,973	49,696,889
気仙沼市	15,336,651	5,684,925	103.0	31.0	20.4	0.41	215,800,870	198,320,543
名取市	12,054,447	7,735,601	91.4	28.8	19.3	0.74	61,697,640	55,358,199
多賀城市	9,846,976	5,815,782	112.9	29.3	21.3	0.68	41,777,490	40,072,305
岩沼市	7,534,324	5,053,602	94.4	30.3	13.5	0.76	75,199,826	70,306,834
東松島市	8,496,440	3,160,786	94.6	23.4	24.4	0.40	131,293,090	120,688,825
2006年度								
石巻市	32,861,643	15,641,300	95.5	30.5	19.3	0.49	58,546,976	57,956,543
塩竈市	10,387,011	5,295,949	91.7	27.5	17.5	0.54	19,087,840	18,698,284
気仙沼市	13,043,715	5,780,327	94.2	33.1	18.9	0.45	21,346,506	21,006,786
名取市	11,821,170	7,915,674	88.2	30.8	17.7	0.69	22,325,479	21,872,107
多賀城市	9,687,683	6,406,350	100	30	17.9	0.69	17,715,850	17,575,334
岩沼市	7,307,561	5,470,486	93.9	34.2	13.4	0.79	12,715,847	12,215,464
東松島市	7,818,892	3,315,923	81.8	27.6	13.6	0.43	16,061,728	15,664,279
旧本吉町	2,978,253	815,024					4,614,107	4,549,082

宮城県内津波被災都市の財政指標の変化（2006年度～2012年度）

	基準財政需要額変化率（%）	基準財政収入額変化率（%）	経常収支比率の増減	うち人件費	うち公債費	財政力指数の増減	歳入総額変化率（%）	歳出総額変化率（%）
石巻市	-2.1%	-9.7%	4.1	-4.9	2.1	0.0	531.3%	455.5%
塩竈市	4.5%	-16.8%	6.6	-1.0	2.4	-0.1	198.2%	165.8%
気仙沼市	-4.3%	-13.8%	8.8	-2.1	1.5	0.0	731.3%	676.0%
名取市	2.0%	-2.3%	3.2	-2.0	1.6	0.1	176.4%	153.1%
多賀城市	1.6%	-9.2%	12.9	-0.7	3.4	0.0	135.8%	128.0%
岩沼市	3.1%	-7.6%	0.5	-3.9	0.1	0.0	491.4%	475.6%
東松島市	8.7%	-4.7%	12.8	-4.2	10.8	0.0	717.4%	670.5%

（出所）総務省資料より作成

市はマイナスになっている。基準財政収入額は震災による税収減を反映して大きく減少しており、特に塩竈市と気仙沼市は10％を超える減少となっている。また、石巻市と多賀城市も10％近い減少をみせている。以上のことから、被災自治体の財政規模が膨張したのは主として復興交付金や特別交付税といった臨時的な歳入増によるものであり、それらの臨時的歳入がなくなれば、一般財源はかなり抑制されているとみることができる。

また、経常収支比率はすべての自治体で上昇しており、財政が平常時の状態になれば、かなり厳しい財政状況になることが予想される。さらに人口減少を反映した2015年国勢調査にもとづく地方交付税算定が適用されれば、被災自治体の一般財源規模は縮小することが予想される。

こうした財政枠組みを前提に被災自治体の財政運営を行うとすれば、経常的経費の抑制を重視せざるを得ない。特に常勤職員の増加を抑制せざるを得ないのであり、そのことが経常収支比率における人件費分の抑制としてあらわれているといってよいであろう。

■宮城県内自治体の事例：七ヶ浜町

次に、被災自治体の事例として宮城県七ヶ浜町をとりあげる。[10)] 七ヶ浜町は仙台近郊に位置し、面積13・19㎢、人口約2万人の小規模自治体である。三方を海に囲まれた漁村集落を中心とした町であったが、仙台の宅地開発によってベッドタウン化が進んできた。漁業は養殖（主にのり、カキ）と漁船漁業があり、農業は米作が中心である。

①被害の概況

2015年12月時点における七ヶ浜町公表資料によると、死亡者は、「町民で亡くなった方」94名、「七ヶ浜町でなくなった町外の方」11名、行方不明者2名、震災関連死3名となっている。津波による浸水面積は4・8㎢

（町面積の36・4％）、住家被害は、流失・全壊674世帯、大規模半壊237世帯、半壊413世帯、一部損壊2604世帯であり、計3928世帯が被害を受けた[11]。

②応急対応

20日間の断水があり、給水タンクでまかなった。約1カ月の電話不通が続いたため、情報収集が困難であった。七ヶ浜町では高台に公共施設が集中しており、避難場所を確保することが可能であった。発災後、避難所の開設を行い、最多時で36カ所開設した。役場職員は避難所に張り付き、寝泊まりした。当初は障害者の方のプライヴァシーが守れず、苦情が出るなどの問題が生じた。避難者数はピーク時（2011年3月14日時点）で6143名であり、全避難所の閉鎖が完了したのが2011年6月18日であった。

発災後3日目に社会福祉協議会が中心となってボランティアセンターが立ち上げられ、2011年7月24日までの約4カ月間に延べ約1万7000人のボランティアが活動した。

1カ月後に総合相談窓口を設置した。役場が無事であったため、データの活用が可能であった。

応急仮設住宅は7カ所、421戸が整備された。その他、町外などのみなし仮設住宅に209世帯が入居した（2011年10月末現在）。仮設住宅への入居は点数制による優先順位をつけており、高齢者、障害者、生活保護世帯等を考慮した。そのため、先行入居した仮設住宅団地には高齢者など健康リスクの高い層が集中し、最後に入居した仮設住宅団地には単身者が多くなるといったアンバランスが生じた。ただし、七ヶ浜町自体がコンパクトな町であり、仮設住宅団地間の距離はさほど遠くないため、旧来のコミュニティが全く失われるという状況ではなかった。

③復旧

復旧状況について産業関係に絞ってみると、のり養殖については、震災前の39経営体170人であったが、2012年7月時点で41経営体147名となっている。漁業者でグループを形成し、のり加工施設10棟・乾燥機械

10機を共同利用施設として整備した。また、のり養殖筏施設は5249台のうち3370台を復旧した。また、漁船漁業については、作業船については135隻あったが、81隻が流出・損壊し、復旧により100隻となり、一部共同所有化した。農地はほとんどが浸水し、がれき撤去が困難であったが、環境省の事業や農水省事業におけるボランティアによる撤去作業とともに、分別機械を導入することによってがれき混入土砂を処理し、2013年度中に復旧が完了した。町資料によれば、のり・魚介類の水揚げ高は震災前の2008年度に対して2013年度は65％まで回復した[12]。

被災事業所の復旧に対しては、多賀城・七ヶ浜商工会が申請手続きを支援した。2013年3月19日現在、町内中小企業19事業者が事業採択され、13事業者が申請中となっている。商業・サービス業に対しては仮設商店街を設置し、6棟に7業者が入居した。

④復興

2011年4月、震災復興基本方針を策定し、コミュニティに配慮した地域復興、津波に強いまちづくり、都市基盤の迅速な復興を掲げた。2011年11月に「震災復興計画・前期計画（2011年度～2015年度）」を策定した。復興事業費は445億円を計画した。

2011年8月、各地区の区長と震災復興に関わる意見交換会を開催し、9月に第一回居住意向調査を行った。時間の経過とともに住民の意向が変化しており、2012年1月に第二回住民意向調査を行うとともに、その後個別相談会を開催した。2012年4月には「被災地の土地利用ルールに関する指針」を策定し、①災害危険区域、②津波浸水域の土地区画整理エリア、③津波浸水域の現地再建想定エリア、④非津波浸水域の4つに分け、ゾーニングを行った。2012年9月に建築基準法にもとづく災害危険区域条例を成立させ、居住用建物の建築を禁止した。コミュニティに配慮した住宅復興の整備カ所を7カ所設定し、高台住宅団地および災害公営住宅を計画した。

２０１２年８月には笹山地区と中田地区においてまちづくり協議会を設置した。七ヶ浜町の住宅復興の特徴は小規模自治体でありながら、さらにコミュニティに配慮し、集中型ではなく、旧来の集落・コミュニティにできるだけ近い地域に分散型の復興を進めていることである。

産業に関しては、水産業を中心に６次産業化を進める方針となっており、役場、商工会、農協、漁協が連携して進めている。具体的には業務系エリアにおける地場産品の直売所、水産物加工販売等の構想がある。

⑤被災者の状態

プレハブ仮設住宅については、サポートセンターによる見守りが行われており、ほぼ全世帯の状況を把握できているという。サポートセンターは、地元の総合型地域スポーツクラブである「アクアゆめクラブ」が受託した。また、みなし仮設住宅に対しては、当初は見守り活動ができておらず、孤立化が懸念されたが、その後社会福祉協議会に見守りを委託している。

発災後半年はストレスによる疾患が多くなる傾向があったという。また、発災後、介護保険の認定者が増加しており、２０１０年９月約５００人台、２０１１年９月７３４人、２０１３年９月８０９人となっている。

⑥財政課題

財政課題としては、災害公営住宅の問題がある。災害公営住宅は総工事費55・1億円を予定しているが、そのうち一般財源負担11・7億円（うち6・2億円は8分の1負担分、残りは補助対象外分）となっている。その他、復興事業のうち交付金対象外となるものがかなり出てきており、土地区画整理事業、中学校、給食センター整備などでの財政負担が生じているという。

復興課題と別に公共施設等の老朽化問題があり、今後は学校、役場庁舎、国際村施設などの建て替えが必要となる。さらに、復興交付金で整備している施設（災害公営住宅、防災公園など）の維持管理費が財政に影響する。

表⑧　七ヶ浜町における普通会計部門別職員数

	議会	総務・企画	税務	民生	衛生	労働	農林水産	商工	土木	教育	消防	普通会計計
2005年4月1日	3	44	10	28	16	0	9	2	8	34	0	**154**
2010年4月1日	3	42	10	32	12	0	6	2	8	24	0	**139**
2011年4月1日	3	48	9	28	12	0	6	2	8	24	0	**140**
2015年4月1日	3	59	10	32	11	0	7	2	7	15	0	**146**
05-10増減数	0	-2	0	4	-4	0	-3	0	0	-10	0	**-15**
10-11増減数	0	6	-1	-4	0	0	0	0	0	0	0	**1**
11-15増減数	0	11	1	4	-1	0	1	0	-1	-9	0	**6**

（出所）総務省・地方公共団体定員管理データ各年度版より作成

　また、国勢調査人口減の影響も懸念される。七ヶ浜町では先にみたように人口減少が続いており、特に若い世代が利便性のよい仙台市等に移住している。交付税算定において、２０１６年度から２０１５年国調の数値がカウントされるため、一般財源が減少することが予想される。

　なお、七ヶ浜町は２０１２年度および２０１３年度に臨時財政対策債を発行しない財政運営をとっている。この点は他の被災自治体等と異なる財政運営といえよう。政府による地方財源確保の中長期的見通しが不透明なことともに、人口減少への懸念から、抑制的な財政運営をとっているとみられる。

⑦職員体制

　表⑧は七ヶ浜町における普通会計の職員数の変化をみたものである。職員体制で目立つのが教育部門の職員の減少であり、そのうち発災以降の職員減少は主に給食の民間委託による。発災以降は総務・企画部門が主に拡充されているが、土木部門は増えていない。土木部門には他自治体からの職員派遣が行われている。

⑧小括

七ヶ浜町においても「創造的復興」による三点セット「高台移転・職住分離・多重防御」は基本的にとられているが、小規模自治体であるため、その弊害をある程度緩和することが可能となっているとおもわれる。また、町がコミュニティ配慮を基本方針としたことが、集中型ではなく、分散型の復興計画へとつながっている。また、復興まちづくり計画においては、住民意向調査や個別相談会などによって住民のニーズ変化に対応しながら進めている。

今後の大きな課題としては、若い世代を中心とした人口流出の問題があり、財政を含む町の持続可能性をどう確保するかが重要課題となっている。

おわりに

被災自治体の震災対応をつうじて明らかになった教訓は以下の点である。

第一に、コミュニティづくりと合意形成の重要性である。たとえば、東松島市や岩沼市などではコミュニティへの配慮と合意形成が丁寧に行われることによって、結果として住民のニーズにあった住宅再建がスムーズに進められている。

第二に、被災者に身近な基礎的自治体における独自性発揮の重要性である。たとえば、仙台市は移転先借地料の免除や単独移転への補助など、住宅再建への比較的手厚い独自支援策を打ち出している。

第三に、東日本大震災は、分離主義的な国・地方の役割分担論の不毛をも明らかにした。被災者の救助、人権保障のために国も自治体も責任を負い、連携と相互補完を行わなければならない。

第四に、平時における自治体の職員体制や財政の余裕度が震災対応に影響することである。

第五に、小規模自治体の重要性である。たとえば、小規模自治体である七ヶ浜町は、仮設住宅においても比較的従前のつながりが維持でき、また従前のコミュニティに配慮した集団移転を進めている。

以上にみられるような自治体の努力にもかかわらず、復興の遅れ、格差の問題とともに、地域の持続可能性の視点から深刻な問題が続いているといってよい。被災自治体の震災対応における最大の教訓の一つが「行革」、自治体統合からの転換を図り、公共部門の再建・強化を行うことの重要性である。特に、自前の自治体職員を採用・育成することが急務であり、政府も行革推進による自治体職員削減政策からの転換を図るべきである。

また、地域コミュニティに根ざした自治が息づいている地域においては、住民参画と合意形成において優位性を発揮した。このことは、あらためて市町村の基礎に地域共同体、コミュニティがあり、市町村はある意味では地域コミュニティ連合としての性格があることに気づかされる。このような意味での「自治」の再生が求められるのである。

最後に、地方創生が被災地に及ぼす影響は看過し得ない。特に、地方創生戦略の「集約化」「コンパクト化」の先行モデルとして被災地が位置づけられる面があることに注意が必要である。集落の分散、点在を特徴とした農山漁村地域において定住政策や少子化対策を進める際に、「集約化」政策との整合性があるかが厳しく問われなければならない。

【注】

1 「創造的復興」の問題点については、岡田（2012）、岡田・自治体問題研究所編（2013）、宮入（2011）、平岡（2011b）などを参照。

2 岡田・自治体問題研究所編（2013）参照。

3　2015年1月31日現在。宮城県公表資料による。
4　災害救助法に関わる問題については、津久井（2012）、津久井・出口他（2012）参照。
5　清水・玉村（2013）参照。
6　ただし、仙台市は政令市であるため産業廃棄物行政や大気汚染防止法の執行を担っており、震災廃棄物対策を総合的に行うことが可能であった。平岡（2013）参照。
7　復興交付金に関しては、宮入（2011）、（2012）、（2013）参照。
8　他自治体からの職員派遣受け入れの詳細については、稲継（2015）を参照。
9　南三陸町については震災で多くの職員の方々が亡くなったことから職員数が減少し、発災後の職員採用によって2010年当時に戻している。
10　七ヶ浜町については、役場、サポートセンターなどに何回かのヒアリング調査を実施した。この項は役場等でのヒアリングおよび提供資料にもとづく（最終調査日2014年8月27日）。
11　七ヶ浜町「七ヶ浜町の復興状況」（2015年12月1日）
12　七ヶ浜町「七ヶ浜町の復興状況」（2015年12月1日）

【参考文献】

阿部重憲（2015）「住民本位の住宅再建と復興のまちづくりをめざして～「創造的復興」に抗して／宮城県内の動きから～」『住民と自治』2015年4月
稲継裕昭（2015）「広域災害時における遠隔自治体からの人的支援」小原・稲継編（2015）
岡田知弘（2012）『震災からの地域再生』新日本出版社
岡田知弘・自治体問題研究所編（2013）『震災復興と自治体』自治体研究社
熊本一規・辻芳徳（2012）『がれき処理・除染はこれでよいのか』緑風出版
小原隆治・稲継裕昭編（2015）『震災後の自治体ガバナンス』東洋経済新報社
塩崎賢明他（2009）『住宅復興とコミュニティ』日本経済評論社
塩崎賢明（2014）『復興〈災害〉―阪神・淡路大震災と東日本大震災』岩波新書
清水貞夫・玉村公二彦（2013）「高齢者と東日本大震災」『奈良教育大学紀要』第62巻第1号
津久井進（2012）『大災害と法』岩波新書
津久井進・出口俊一他（2012）『「災害救助法」徹底活用』クリエイツかもがわ
平岡和久（2011a）「被災地再生の財政学」『地方自治職員研修』2011年6月

平岡和久（2011b）「東日本大震災と復興政策・財政の課題」『京都自治研究』、第4号、2011年6月
平岡和久（2011c）「復興財源をめぐる議論状況と問題の所在」『住民と自治』2011年8月
平岡和久（2011d）「東日本大震災と復興の基本方向をめぐって」『経済科学通信』126号、2011年9月
平岡和久（2013）「東日本大震災と自治体の震災廃棄物対策—仙台市の事例を中心として」『別冊政策科学2012年度版　アスベスト・原子力災害特集号』61-71ページ
松井望（2015）「復興計画の設計と運用」小原・稲継編（2015）
宮入興一（2011）「東日本大震災と復興のかたち」『世界』2011年8月
宮入興一（2012）「東日本大震災の特徴と震災復興計画の検証」愛知大学中部地方産業研究所『年報中部の経済と社会2011』2012年1月
宮入興一（2013）「災害と地方財政」重森暁・植田和弘編『Basic 地方財政論』有斐閣
宮本憲一・森永謙二・石原一彦（2011）『終わりなきアスベスト災害：地震大国日本への警告』岩波ブックレット
室崎益輝・幸田雅治編著（2013）『市町村合併による防災力空洞化：東日本大震災で露呈した弊害』ミネルヴァ書房
山崎丈夫編著（2011）『大震災とコミュニティ』自治体研究社
ＮＰＯ法人ひょうご労働安全センター・震災とアスベストを考えるシンポジウム実行委員会（2010）『震災とアスベスト』アットワークス

第6章

東日本大震災における二重債務問題と人間復興における金融課題

静岡大学教授　鳥畑与一

はじめに

東日本大震災は、津波を中心とした甚大な被害ゆえに、被災地の復旧・復興の上で二重債務問題の早急な解決を不可避のものとした。東北沿岸部は、津波によってインフラを含めた店舗・工場施設と住宅などの地域社会の経済活動と暮らしとなりわいの基盤に壊滅的被害を被ったからである。建築物被害は、全壊約13万戸、半壊約26万戸（復興庁集計）に及ぶが、岩手県と宮城県などの沿岸部市町村の大半が津波で壊滅的被害を被った。被災３県の商工会議所の調査によれば、津波被害地域で確認できた会員企業６１４２社中、全壊３３４４社（54・４％）、半壊７８３社（12・７％）の被害状況とされた。また帝国データバンクによれば、２０１１年７月時点で被害甚大地域に本社のある企業５０００４社中２０７０社、41・４％が営業不能状態のままであった。

このような状況下で、大手企業のサプライチェーンの一翼を担う企業ばかりか、地域経済を担う中小企業や小規模事業者の前に、復旧・復興に向けた見通しが極めて不透明なもとで、どうやって既存の債務返済を続けるのか、そして事業再生に向けて必要な新規ローンを借りることができるのか、売り上げ回復に苦闘するなか新たに形成された二重債務の負担にどうやって耐えるのかなどという、いわゆる二重債務問題[1)]が深刻な課題として浮かび上がったのである。

1　二重債務について

(1) 二重債務の規模の想定

岩手県、宮城県、福島県の主要被災3県の金融機関の貸出残高は、2010年3月期決算時で約11兆5352億円であり、被災地39市町村における貸出残高は中小企業向け1兆4300億円を中心に2兆8000億円であった。また金融庁「東日本大震災以降に約定返済停止等を行っている債務者数及び債権額」によれば、2011年11月末の時点で返済一時停止先が4513先、1105億円、条件変更締結先が1万3852先、6461億円で、両者の合計が1万8365先、7566億円であった。うち事業者向け債権は、1万2422社、6628億円である。これにリース債権等も含めると二重債務問題を抱える事業者は、約1兆円規模と推計された[2)]。

このような二重債務問題に対する対策は、後述するように既存債務対策としての債権買い取り機関の創設を中心に政策的議論が進んだが、産業復興機構においては各県最大500億円の資金規模が、そして東日本事業者再生支援機構においては当初から5000億円の資金規模（最大2兆円）が必要なものと二重債務問題の規模が想定されていた。

(2) 二重債務問題の顕在化と被災地の要請

二重債務問題は大震災直後から、その緊急の対応を求める声が被災各地の商工団体等から上がった。また2012年2月のNHK特集「魚の町は守れるか－ある信用金庫の200日」では、津波等で壊滅的被害を被った企業が新規借り入れで事業再開を行う際に旧債務が大きな障害となっていた事例が紹介された。特集で紹介されたヨシエイ加工（ふかひれ生産）は、東北銀行の動産担保融資の先進例として農林水産省ウェブサイトでも紹介された優良企業であるが、旧債務約3億円に加えて4億5000万円の新規借り入れが必要であった。被災以前の事業規模が回復できたとしても同一の事業規模に対して2倍以上の債務を負わねばならない。ヨシエイ加工の事例においてさえ、メインバンクは融資に「消極的」であり、事業再開までの運転資金借り入れを含めた二重債務負担が再建へのチャンスを閉ざしかねないことが浮き彫りにされていた。二重債務問題が、多くの被災企業を再建断念に追い込みかねない現実が顕在化したのである。

例えば、岩手県「第1回被災事業所復興状況調査」（2012年2月調査）によれば、被災12市町村の商工会議所及び商工会の被災会員企業3150事業所は、建物の全壊約71％、設備等の全壊約76％の被害を被った[3)]。ほぼ1年を経過した時点での事業再開は、約46％であるが、建設業の67％を除けば水産加工業の28％を筆頭に製造業、卸売小売業などの事業再開は過半数に達していない状況であった。ほぼ震災前の設備状態に復旧したのはわずかに19％、被災前と同等以上の業績に回復したのは28％に過ぎなかった。この復旧の困難さを克服する上での経営上の大きな課題として挙げられたのが、施設整備資金の不足（38％）、運転資金の不足（30％）、二重債務の負担（18％）であった。水産加工業においては、それぞれ55％、44％、48％となっており、二重債務問題が大きな障害となっていたのである。同様の問題はさらに1年後でも確認できる。中小企業家同友会『被災地企業の実態と要望調査報告書[4)]』（2013年1月調査）でも、「事業再開の障害となったもの」として、施設設備復旧資金の不足（DI値）がマイナス49％、運転資金の不足が同マイナス37％、二重債務問題が同マイナス41％と、取引先の確保の同マイナス55％に次ぐ深刻な課題として挙げられていた。

阪神・淡路大震災でも、住宅に関する二重債務問題が地域社会の復旧に大きな障害となることが明らかになり、公的支援の強化が講じられてきた。個人に対しては1998年に「被災者生活再建支援法」が成立し、最高100万円の全壊住宅再建補助が実現した。その後の改正を経て、現在では全壊住宅に対して最高300万円が公的に補助されるまでに至っている。しかし、国は事業者の公的被災支援については、「私有財産制を旨とする日本国憲法に違反する」として認めてこなかったが、東日本大震災による広範かつ甚大な津波被害は、住宅ばかりか店舗・工場などの被災による中小企業と小規模事業者の二重債務問題への公的支援を不可避のものにしたのである。

2 二重債務問題への対応の迷走と到達点

(1) 二重債務問題解決への提案

二重債務問題解決の緊急性をいち早く提起したのは日本弁護士連合会（以下日弁連）であった。「第1次緊急提言」（2011年4月14日）では「不合理な債務からの解放」を訴えていたが、続く「提言」（4月22日）では、いわゆる「平成の徳政令」として既往債務の返済を支えていた資産の滅失等により当該債務の返済が困難となった場合、また生計・生活を維持するために同等の債務を負担せざるを得ない場合、「モラル・ハザード」の懸念もないことから、厳密な再建計画や経営の刷新、余剰資産の処分等の債務者側の特段の負担を要求することなく、被災の実情のみに着目して」金融機関が債権放棄を行うことなどを提起したのである。また全国商工団体連合会（以下全商連）も、「金融支援策の提言」（同年6月3日）で二重債務を解消しゼロからのスタートを保障するために、①「震災復興・債権管理機構」創設による債権の買い取り、②被災によって担保価値が失われた被災企業・個人に対する債権の放棄、③公的資金等を積極的に活用した新規融資の実施などを提起した。さらに『日本経済新聞』（同年5月30日）は「こうした問題が復旧・復興の障害になりかねない。……阪神大震災よりも状況は厳しいと言わざるを得ない。当時を上回る救済策を講じても、国民の理解が得られるのではないか。問題はどこまで踏み込むかだ」として、事業再生の可能性や過去の被災地との公平性、民業補完の原則、金融機関の経営基盤を損なわない等の条件での二重債務問題への取り組みを促したのである。

このような中で政府の復興構想会議『復興への提言』（同年6月25日）も、「被災した中小企業に加え、農林水産業等の事業性ローンや住宅ローンの借入者が、今後、復興へ向けての再スタートを切るにあたり、既往債務が負担となって新規資金調達が困難となるなどの問題（いわゆる二重債務問題）が生じることが想定される。……過去の震災などでの取り扱いとの公平感にも留意しつつ、可能な限りの支援策を講ずべきである」とした。しかし民主党政権の「二重債務問題への対応方針」（同年6月17日）での中小企業再生ファンド設立を通じた「過剰債務を抱えているが事業再生の可能性のある中小企業」への支援の基本的枠組みは、大きな議論を呼び、結果として対策の遅れと2つの債権買い取り機関の設立という「混乱」を生む結果となる。

（2）政府の二重債務問題対策の混乱

民主党政権の「二重債務問題への対応方針」は、「公的な旧債務整理プロセスの拡充・強化」を基本として、収益性が高く再生可能な中小企業を対象にして、中小企業再生支援協議会を窓口にして中小企業基盤整備機構や民間金融機関等が出資する中小企業再生ファンドを新たに岩手県、宮城県などの被災県に設立し、出資や債権買い取り、既存債務と株式への交換などの手法により中小企業の再生を支援するというものであった。この中小企業再生ファンドを通じた二重債務問題への対応については、民主党プロジェクトチーム「二重債務問題に対する対応スキーム」（同年6月8日）が詳しい。これによれば、中小企業等向けの事業性ローンについては、「再生が可能」「判断が困難」「再生が困難」を基準に分類して、「再生が可能」と判断されたものについては中小企業再生支援協議会を窓口にして中小企業再生ファンドで債権の買い取り等を行わせるとされた。「再生を希望しつつも、先の見通しが立たない事業者」の事業性ローンについては「再生を前提としない債権買い取りスキームは困難」とされていた。

中小企業基盤整備機構の中小企業再生ファンドは、収益性は高いが過剰債務に苦しむ企業を対象にして、銀行等から買い取った「不良債権」を株式に転換（いわゆるＤＥＳ＝デット・エクイティ・スワップ）する他、新たな株式取得による出資や社債引き受け、融資などによる資金注入によって事業の再構築を行わせることで企業再生を実現した後、その株式を上場・売却することで投資額を回収する投資事業有限責任組合（ファンド）を活用した手法であった。

ファンドによる投資回収（エグジット）は、再生した企業の収益（キャッシュフロー）を基にした高株価の実現が必要であり、収益基盤がそもそも脆弱であり、かつ中小零細企業を中心にした被災地の復旧・復興の手法にはそもそも適合しないものであった。実際、２００３年10月から２０１１年3月までの7年半で組成された中小企業再生ファンド数は22ファンドであるが、ファンド総額は７９４億円で投資先企業数は１５６社、そのうち再生が終了したとして出資が回収されたものが80社に過ぎない。投資額は1社平均5億円であり、本業自身の収益性が高く短期間に再生可能な優良中堅企業に対象が限定されざるを得ず、被災地の二重債務問題に活用することは困難なスキームであり、多くの被災企業が救済の対象外となる危険性の高いことが国会でも大きな問題となったのである。

そのため民主党と自民党・公明党間で、より多くの被災企業が対象となるように債権買い取りの手法等について協議が行われたが、決裂するに至っている。再生ファンド方式ではあまりにも対象が限定されるため、自民党・公明党が公的買い取り機関創設による1兆円超の買い取り規模での幅広い救済を主張したのに対して、債権買い取りの手法や規模、支援基準などについて最終的合意が得られなかったのである。そのため7月に民主党政権は、①各県ごとに地域経済復興を目的にした「○○県産業復興機構」を中小企業基盤整備機構や地域金融機関の出資をもとに設立する、②「生業を営む小規模企業者を含め、事業の再開や事業再生の相談に幅広く対応するワンストップ相談窓口」として産業復興相談センターを設立するという修正を行った上で、産業復興機構の創設に踏み切ったのであった。

しかしその後、自民党・公明党が参議院で、①営利目的のファンド等とは異なる被災地域の復興を目的にした買い取り機関を設立する、②預金保険機構等の過半数出資による株式会社として政府保証枠で2兆円の買い取り規模を可能とする、③債権買い取りのみならず資金の貸付、債務保証、出資、人的サポートなど事業再生への一貫した支援を行う、④できる限り多くの事業者に再生機会を与えるよう配慮する、⑤支援基準を満たした事業再生計画と金融機関等の貸付等の支援確約を必要とする、⑥債権買い取り価格が債権額を下回る場合の債務免除努力を課す、⑦支援決定は5年以内、支援期間は15年とするという内容の「株式会社東日本大震災事業者再生支援機構法」を可決させたことで、2つの債権買い取り機関が併存する事態[5]となったのである。このことは、債権買取り等による支援の遅れと、被災企業側の一定の混乱を引き起こすことになったと言える。

(3) グループ補助金等の二重債務問題対策の多様な進展について

ところで二重債務問題への対策は、旧債務の買い取り等による負担軽減策に限定されるものではない。実際、債権買い取り機関の創設を巡って国会審議が迷走し対応が遅れる中で、その他の対策が大きく進展する事態となった。

二重債務問題には、旧債務と新債務の2つの側面が存在する。旧債務については、旧債務の買い取りや債権放棄の他、返済期限延長や金利減免などの借り入れ条件の変更等による負担軽減策がある。[6]震災直後には、被災企業の債務返済の一時猶予措置がとられた後に、順次返済条件変更を行いながら旧債務の返済が再開されていった。中小企業金融円滑化法以降、金融機関の貸出条件の弾力的変更の余地が大幅に拡大し、被災企業の旧債務の返済負担の軽減措置に大きく貢献したものと考えられるが、それでも旧債務として存在し続けるのであり、これへの対策が債権買い取り機関の課題として焦点となったわけであった。

しかし二重債務問題の対策は旧債務に限定されるものではなく、新債務の負担軽減策も大きな役割を果たすことになる。実際、２０１１年６月から「中小企業等グループ施設等復旧整備補助事業」（以下グループ補助金）の募集が開始され、事業者の店舗・工場の施設復旧費用の４分の３の公的補助（国が２分の１、県が４分の１）による新債務負担軽減策が講じられたことが、表①に見るように二重債務問題の緩和に大きな役割を果たすことになった。[7] この施設復旧費用等については、県・市レベルの補助制度（２分の１）がグループ補助金から漏れた被災企業を対象に沿岸被災自治体に創設された。また政策金融公庫等による災害復旧貸付、復興特別貸付や信用保証協会による復興緊急保証や災害関係保証などの規模は、表②に見るようにそれぞれ33万件、６・５兆円と66万件、11・８兆円にも上った。また新債務に対する利子補助を行う国や自治体独自の施策も講じられるなど旧債務による新規借入の障害の軽減策が大きく進展した。

とりわけ大きな効果を発揮したのが「グループ補助金」等による設備復旧・修繕に対する補助金の新設であった。「復興のリード役となり得る『地域経済の中核』を形成する中小企業等グループが復興事業計画を作成し、県の認定を受けた場合に、施設・設備の復旧・整備を支援」するとして、①経済取引の広がりから、地域の基幹産業・クラスター、②雇用・経済の規模の大きさから重要な企業群、③我が国経済のサプライチェーン上、重要な企業群、④地域コミュニティに不可欠な商店街等の４つの類型に基づくグループを対象としたグループ補助（表①参照）は、１７９億円の補助規模でスタートした当初は大企業中心の配分と批判されたが、第３次で一気に１６５１億円に拡大することで被災地域のより零細な企業や小規模事業者のグループにも広がるようになった。それは大企業優先への批判と中小零細企業の復旧・復興に活用しようという世論の高まりの結果であるが、その公的補助額は15次までに累計で７５２グループ（参加事業者１万７３８５）、４４６７億円の規模[8]となっている。被災地の復旧計画の進展度や自治体の取り組み姿勢等によって、表③に見るように地域間の格差が発生しているとはい

表① グループ補助金の県別構成（合計）

（単位：億円）

	G 数	業者数	金額
青森	10	208	86
岩手	128	2013	804.4
宮城	240	7185	2300
福島	271	5725	1025
区域	63	1443	110
茨城	32	662	114
千葉	8	149	28.6
合計	752	17385	4467

（資料）経済産業省東北経済産業局「中小企業等グループ施設等復旧整備補助事業の採択事業決定」

（2011 年 8 月～ 2015 年 11 月）

表② 東日本大震災における公的金融サポート

		件　数	金　額（億円）
貸付	災害復旧貸付（～ 5.22）	7,369	884
	復興特別貸付 (5.22 ～)	280,936	58,351
	セーフティネット貸付	39,356	6,147
	合　計	**327,661**	**65,382**
保証	復興緊急保証	117,906	24,289
	災害関係保証	3,201	450
	セーフティネット保証 5 号	539,668	93,297
	合　計	**660,775**	**118,036**

（資料）中小企業庁「東日本大震災後の資金繰り支援策の実施状況」（2011 年 3 月 14 日～ 2015 年 6 月末）

注）貸付は日本政策金融公庫と商工中金によるものである。

注）復興特別貸付は貸付期間 20 年で最大 5 年の据置期間と利子補給制度がある

表③　岩手・宮城のグループ補助金の獲得

		1次	2次	3次	4次	5次	6次	7次	8次	9次	10次	11次	12次	13次	14次	15次	合計
岩手県																	
久慈市・岩手沿岸北	グループ数	2	0	0	0	0	4	0	3	0	0	0	0	2	0	0	11
	事業者数	23	0	0	0	0	54	0	22	0	0	0	0	24	0	0	123
宮古市	グループ数	2	0	2	0	3	3	0	0	1	0	0	0	0	2	1	14
	事業者数	56	0	34	0	166	54	0	0	7	0	0	0	0	37	4	358
大槌町・山田町	グループ数	1	1	3	0	4	4	1	0	0	2	0	2	1	1	2	22
	事業者数	30	7	19	0	52	75	12	0	0	20	0	37	25	6	14	297
釜石市	グループ数	2	0	5	0	2	5	1	1	0	2	0	1	0	1	0	20
	事業者数	25	0	48	0	104	61	13	20	0	39	0	26	0	14	0	350
大船渡市	グループ数	1	2	5	0	6	8	2	1	0	3	1	0	3	0	1	33
	事業者数	36	22	59	0	162	172	30	8	0	30	34	0	63	0	4	620
陸前高田市	グループ数	0	0	1	0	3	1	1	0	1	1	0	0	0	0	1	9
	事業者数	0	0	9	0	48	19	8	0	10	13	0	0	0	0	10	117
盛岡・北上・一関他	グループ数	0	0	3	0	0	12	2	0	0	1	0	0	0	1	0	19
	事業者数	0	0	49	0	0	210	32	0	0	48	0	0	0	12	0	351
岩手計	グループ数	8	3	19	0	18	37	7	5	2	9	1	3	6	5	5	128
	事業者数	170	29	218	0	532	645	95	50	17	150	34	63	112	69	32	2,216
宮城県																	
気仙沼市	グループ数	1	1	2	0	2	3	2	0	1	4	0	1	2	3	3	25
	事業者数	58	7	136	0	117	532	411	0	14	44	0	7	51	24	38	1,439
南三陸町	グループ数	1	1	2	0	2	1	1	0	0	2	0	0	0	0	1	11
	事業者数	19	10	16	0	78	54	58	0	0	137	0	0	0	0	65	437
石巻市	グループ数	2	2	9	1	5	8	6	3	3	5	0	0	0	5	1	50
	事業者数	55	8	558	16	105	849	572	59	62	257	0	0	0	745	6	3,292
女川町	グループ数	1	0	1	0	3	0	0	0	0	2	0	0	0	0	3	10
	事業者数	58	0	10	0	93	0	0	0	0	80	0	0	0	0	21	262
塩竈市等	グループ数	0	5	4	0	7	8	7	0	1	1	0	2	1	0	2	38
	事業者数	0	132	102	0	137	214	170	0	5	25	0	21	6	0	114	926
仙台市	グループ数	1	2	10	3	1	19	7	2	1	1	1	0	1	1	2	52
	事業者数	5	36	154	64	10	545	76	49	12	7	5	0	5	7	17	992
名取以南・内陸	グループ数	4	3	2	0	3	4	0	0	0	3	1	0	0	1	2	23
	事業者数	15	26	18	0	41	86	0	0	0	58	6	0	0	8	53	311
その他内陸	グループ数	4	2	1	0	0	1	2	0	0	0	0	0	0	0	0	10
	事業者数	20	28	14	0	0	13	17	0	0	0	0	0	0	0	0	92
宮城計	グループ数	14	16	31	4	23	44	25	5	6	18	2	3	4	10	14	219
	事業者数	230	247	1,008	80	581	2,293	1,304	108	93	608	11	28	62	784	314	7,751

表④　宮古市における二重債務問題の対応状況

被災事業者	797	
営業再開	686	再開率 86%
休業中	13	休廃業率 13.9%
廃業	98	
グループ補助金（国県で 4 分の 3）	253	再開事業者 37%
宮古市修繕費補助金（県市 2 分の 1）	199	再開事業者 35%
宮古市復旧費補助金（県市 2 分の 1）	41	
宮古市団体等修繕費補助金（市 2 分の 1）	3	
宮古市利子等補助金	延べ 1525	
事業者再生支援機構支援決定	45	再開事業者 10%
産業復興機構支援決定	23	

（資料）宮古市産業振興部資料（2015 年 10 月時点）
注）上記被災事業者は宮古商工会議所会員に対する調査によるものである。

え、被災企業の事業再開における二重債務の規模軽減に大きな役割を果たしているのである。

実際、この国主体のグループ補助金に県・市レベルの補助金を加えると、事業再開に意欲を持ち、実際に事業再開にこぎ着けた企業の大部分が、施設・設備の復旧において何らかの公的補助を受けることができている自治体が存在するというのが筆者の被災地ヒアリング調査の結果であった。例えば、表④に見るように、宮古市では被災企業の事業再開率は約86％であるが、そのうち、国のグループ補助を受け取った企業比率が約37％であり、これにグループ補助から漏れた被災企業を対象にした県・市の独自の施設・設備補助金受給率35％を加えると、被災企業の約72％が何らかの公的補助を受けることができており[9]、債権買い取り等の支援を受けた被災企業10％を大きく上回る結果となっている。

3 債権買い取りによる二重債務問題への成果と問題点

(1) 債権買い取り機関による支援実績の現状

グループ補助金等が二重債務の負担軽減に大きな役割を果たしている一方で、2つの債権買い取り機関の実績は低調な結果となっている。表⑤と表⑥に見るように、両者の債権買い取り件数と規模は、当初想定された規模に大きく及ばない水準である。産業復興機構は6県合わせても債権買い取り件数は320件（買い取り債権額は非公表）であり、その他の金融支援548件を合わせても何らかの金融支援の合意に至ったのは868件である。表⑦に見るように、産業復興機構の債権買い取り以外の金融支援の大部分は、金融機関の貸出条件変更であり、債権放棄3件やDES（債務の株式化）やDDS（劣後債権化）などの何らかの債務軽減策はわずか29件でしかない。債権買い取り後は、一定期間元本や金利返済を凍結し、事業再建状況を踏まえながら一定期間後に一部債権を放棄するとともに残債を金融機関に買い戻すというのが基本的手法とされるが、表⑧に見るように事業再生の可能性の判断基準が厳しいため対象企業がかなり限定されていることが確認できる。

事業再生の判断基準が産業復興機構より緩やかであり、より多くの被災企業に事業再生のチャンスを与えることとされていた事業者再生支援機構でも、支援決定数640件で、うち債権買い取り数は609件（債権額999億円）でしかない。事業者再生支援機構は、支援基準が産業復興機構に比べて緩やかである上に、債権買い取り価格が債権簿価を下回った場合は債務減免を行うことが定められており、そのほか出資や新規融資と債務保証、買い取った債権の利子減免や支払い猶予などの多様な手段を通じて事業再生をより弾力的に支援していくスキームと

表⑤　産業復興機構の実績推移

	2012年8月末	2012年末	2013年末	2014年末	2015年末
相談受付	1,396	1,779	2,740	3,770	4,881
各種助言等で終了	807	1,112	1,891	2,674	3,654
対応中	343	286	186	209	168
合意取付	117	197	460	698	868
債権買い取り	31	75	214	296	320
その他金融支援	86	122	246	402	548
支援機構に引継ぎ	107	136	174	189	191

（資料）「産業復興相談センターの相談受付状況」
注）このデータは2012年8月より発表開始された。

表⑥　東日本大震災事業者再生支援機構の実績について

	2012年末	2013年末	2014年末	2015年11月末
相談件数	873	1,636	2,116	2,381
質問・説明で終了	324	796	1,163	1,520
相談中で待機	284	168	205	97
具体的協議中＊	52	125	59	19
方針決定済み＊	109	205	158	105
支援決定数＊	104	342	531	640
岩手	44	92	133	157
宮城	48	167	258	303
福島	6	25	49	68
債権買い取り先（件）	100	324	503	609
買い取り債権額	206	575	828	999
2000万円未満（件）	na	156	253	312
5000万円未満（件）	na	68	111	138
1億円未満（件）	79	44	69	78
うち債務免除先（件）	47	185	329	426
債務免除額	64	209	334	441
新規融資保証（件）	15	95	165	201
つなぎ融資（件）	0	17	30	33
出資先（件）	2	5	7	10
出資額	40	41	42	42
＊のデータ取得先	265	672	748	764
10名以下	148	390	452	465
10～100名以下	109	257	274	282
農業畜産	12	22	26	29
水産関連	86	145	164	169
建設土木	18	48	51	55
製造業	50	143	150	155
運輸倉庫	13	35	43	40
卸・小売業	38	114	126	130
飲食業	14	48	56	59
観光業	13	36	35	37

（資料）東日本大震災事業者再生支援機構「活動状況報告」より
注）支援機構の業務開始は2012年3月5日で、支援決定第1号は2012年5月16日であった。
na=not available: 使用不能

表⑦　産業復興機構の支援実績 県別と手法別

	岩手	宮城	福島	青森	茨城	千葉	合計
相談受付	934	1,454	1,267	419	241	566	4,881
助言・説明で終了	659	1,063	1,062	290	179	401	3,654
対応中	37	33	38	20	4	36	168
金融支援合意取付	186	259	138	105	53	127	868
債権買い取り	104	137	43	—	20	16	320
その他金融支援	82	122	95	97	33	111	548
再生支援機構へ引き継ぎ	52	99	29	4	5	2	191

金融支援構成	件数
貸出条件変更	457
債権放棄	3
第２会社方式	8
DDS、DES	26
その他	59

（資料）経済産業省東北経済産業局「産業復興センターの活動状況」
注）2015年12月18日時点のデーターである。

表⑧　復興機構と支援機構の支援基準

	有利子負債ＣＦ比率	営業損益黒字	債務超過解消
産業復興機構	10年以内	3年以内	10年以内
事業者再生支援機構	15年以内	5年以内	15年以内

なっているが、それでも当初の想定に比べてかなり低い実績に留まっているのである。

この低い実績を踏まえて、両債権買い取り機関とも被災地における説明会などを積極的に行っているが、相談件数に比して本格的な協議に進み、さらに債権買い取りを含めた支援を受けることができた被災企業はかなり限られてしまっているのが現状なのである。

（2）債権買い取り機関の実績低迷の原因

債権買い取り機関の支援実績が「想定」を大きく下回っている理由に、グループ補助金による新債務の負担軽減や公的金融サポートや民間銀行自身による貸出条件変更等による対応が考えられる。しかし、これらが債権買い取りによる二重債務問題の対応の必要性を消滅させたわけでは決してない。実際、グループ補助金や公的金融サポートを受けた被災企業においてさえ二重債務は大きな規模となっている。前述のヨシエイの場合もそうであるが、筆者の被災企業のヒアリングでも旧債務に加えて新債務が大きく増大する結果となっている。例えば、宮古市の旧債務が約3500万円であった某企業では、グループ補助金として約4300万円（4分の3の補助で約1100万円の自己資金）の復旧計画を申請した。ところが資材高騰と建設の遅れで事業再開が1年延びたばかりか工事費が6000万円相当にまで増大した結果、運転資金も含めて新たに約6000万円の借入を行わざるを得なくなった。被災前で1億に届かなかった売り上げが回復できていない状況で、旧債務を含めて債務が3倍近く増大したことになる。事業再開に向けたグループ補助や公的金融サポートや民間銀行の融資支援は、結果として二重債務の形成と膨張を促進する可能性が高いのである。ではこのような被災企業の二重債務問題の解決に貢献するような形で債権買い取り機関は機能しているのであろうか。

この2つの債権買い取り機関は、債権買い取りを中心にした事業再生支援の基準や手法の違いはあるものの、基本は既存債務の「棚上げ」による事業再生の障害除去に焦点を当てたものであった。債権買い取りに併せて債権放棄を基本的に行う事業者再生支援機構の場合でも、基本は既存債務の凍結であり、事業再開後の収益で「棚卸し」された旧債務とともに二重債務を返済するスキームであり、日本弁護士連合会等の「平成の徳政令」的な提案とは大きく異なる対応策である。また国等の公的責任が曖昧にされ、民間金融機関による被災企業再生支援の補完としての役割制限もまた実績低迷の原因として指摘できる。政府「二重債務問題への対応方針」は、「民間金融機関が有する貸付債権については、一義的には金融機関が被災者の便宜を考慮しつつ、債務の減免等を含めた対応を行うことが基本的考え方」であるとし、まずは金融機関の主体的対応を主として、債権買い取り機関の役割を民間金融機関の補完的役割に限定しているのである。この点で、債権買い取り機関の支援スキームは民間金融機関のそれと大きく競合することになるのであり、いわば再建可能な取引先企業の債権を買い取り機関に「奪われる」ことへの拒否反応を民間銀行側に引き起こすことになったと言える。

このことは、被災企業の収益（キャッシュフロー）を基に債権買い取り価格を決定する基本手法から不可避的に発生するとも言える。簡単な事例で示せば、事業再生期間10年で500万円の収益（毎年50万円の元金払いの原資）を生み出す貸出債権の価格は割引率（期待金利）5％で1000万円と想定される。貸付額が3000万円とすれば2000万円も安い買い取り価格となり金融機関に大きな損失処理を迫ることになる。金融機関の損失負担を軽減するためにできるだけ貸付額に近い買い取り価格を実現しようとすれば、事業再生期間でより大きな収益が見込める被災企業に対象を限定せざるを得なくなる。ましてや買い取った債権の買い戻しで収益を上げようとするファンド方式ではより高水準の収益を産み出せる被災企業に対象を絞り込まざるを得なくなる。しかし、高水準の企業収益が期待できる被災企業は金融機関にとっても優良顧客先として復活する可能性が高い取引先であり、金融機関としては債権買い取りによる顧客喪失に消極的な対応を取ることになる。産業復興機構の金融支援で、民間金融機関の貸出条件変更による対応が多い理由はここにあると言える。事業者再生支援機構にしても、金融機関の同意を取り付ける必要上からも債権買い取り価格を一定水準以上に維持するためには、最長支援期間15年内でそれなりの収益を生み出す事業再生計画を作成できる被災企業に対象を限定せざるを得ないのであり、被災企業の救済措置としての限界があると言える。とりわけ、利益拡大が目的ではない、なりわいとしての小規模事業者の二重債務対策としては大きな問題を抱えるスキームであると言える。

4 二重債務問題の解決に何が必要か

(1) 債権買い取り機関の支援手法の問題点

2つの債権買い取り機関は、被災企業の支援対象を大きく制限せざるを得ないスキームであった。同時に債権買

表⑨　支援機構のスキーム例１

	旧債務
民間銀行１	334
民間銀行２	269
政策金融公庫	221
旧債務 合計	824
	新債務
民間銀行	900
G補助金	1690

支援機構債権	
623	利息減免と元本据え置き後、9年以内での返済計画
債権放棄額	
201	

新旧債務
1523

単位：万円
（資料）某企業の事業再生計画より

い取りを受けた被災企業の二重債務問題をも有効に解消するには大きく問題を抱えるスキームであった。つまり旧債務の「棒引き」ではなく、あくまでも旧債務の「棚上げ」による旧債務を理由とした新規借入の困難の解消策であったからである。

産業復興機構は債権買い取り額やその価格に関してはデータを開示していないが、事業者再生支援機構は一定のデータを開示している。債権放棄を基本的手法とする点で、事業者再生支援機構の方が産業復興機構よりも被災企業の二重債務問題の対策機関としては優れていると言えるので、事業者再生支援機構の検討で債権買い取り機関の課題を明らかにしたい。

事業者再生支援機構は、債権買い取り価格が債権額を下回った場合は債権減免を行う努力義務が課されているが、１７６ページの表⑥を見ると債権買い取り先６０９件中、債務免除先が４２６件、その債権免除額が４４１億円となっている。債権買い取り先の70％に対して債権減免を行ったことになる。ここから債権放棄対象被災企業の買い取り債権額を約７００億円と想定すれば、約63％の債務免除を行ったことになる。債権買い取り価格が貸付額簿価を下回った金額を全て債務免除していると仮定すれば、債権買い取り価格は貸付額簿価の37％と推計される。もちろん個別企業ごとに債務免除額は異なることになるが、事業者再生支援機構の場合は、債権買い取りと債権放棄を同時に行うことで被災企業の旧債務を軽減しつつ、残った債務の返済計画を組み込んだ事業再生計画を策定していることになる。

例えば、表⑨に見る企業の場合は、民間銀行からの保証付き債務は一旦代位弁済

表⑩　支援スキーム例2

	旧債務	債権放棄額	機構債権	手法1	手法2
民間銀行	4016	1716	2300	一部を劣後債権化し、15年返済据え置き後、リファイナンスによる一括返済	その他は元本据え置きと金利減免の上で15年以内の返済計画
政策金融公庫	1421	21	1400		
旧債務合計	5437	1737	3700		

	新債務	備考
民間銀行	1944	機構と協会の保証付き
政策金融公庫	984	
高度化融資	1500	無利子の20年返済
G補助金	4000	

新旧債務
8128

単位：万円

（資料）某企業の事業再生計画より

を行った上で信用保証協会の求償権を事業者再生支援機構に買い取ってもらっている。政策金融公庫からの借入を含めた８２４万円の旧債務に対して、事業者再生支援機構は約２００万円の債権放棄を行った上で残債に対して利息減免と元本返済の一定期間据置きを行った上で、約9年での返済計画を組んでいる。この企業はグループ補助を獲得しているが、それでも自己資金分等の新債務と合わせると新旧債務は１５２３万円となり旧債務比で2倍近く増大する結果となっている。

　また表⑩に見る企業では、同様に代位弁済等の措置を行った上で、旧債務５４３７万円に対して１７３７万円の債権放棄を受けている。残債３７００万円の約3分の1を劣後債権化した上で金利減免と15年の返済据え置き後に、リファイナンスの上一括返済する計画とともに、残りの部分については金利減免の上元本返済の一定期間据置き後に15年以内に返済する計画を組んでいる。この企業もグループ補助を受けているが、無利子の高度化融資を含めた新債務約４４２８万円の結果、新旧債務は８１２８万円とやはり2倍近く増大する結果となっている。金利減免等によって一定期間の金利返済負担は大きく抑えられる形になっているが、それでも倍増した元本を最長でも15年以内に返済できる事業再生計画を作成することが必要なのである。事業収益が「回復」した時点で旧債務の「棚上げ」は解除され、債務減免による元本削減を伴いながらも大きく増大した二重債務の返済問題に被災企業は直面せざるを得ない。

(2) 二重債務問題のあるべき方向性について

このような二重債務問題の「未解決」を生み出したのは、通常のビジネスサイクルにおける中小零細企業の経営再建問題と大規模な自然災害からの復旧・再生問題が混同されていること、さらに言えば営利企業となりわいの混同が原因といえる。後者においては、自然災害という自己責任に解消し得ない被害を社会全体としてどう対応していくかという問題が問われているのであり、かつなりわいとしての事業を中心にした地域社会(コミュニティ)の一体的復旧・復興という個別企業の再建問題に解消できない課題が突きつけられているのである。このような課題は、自然災害による大規模被災という困難な環境のもとで機械的に「再建が可能かどうか」を基準とした経済原理に基づく選別と淘汰では果たし得ないし、いわゆる創造的復興論では対応し得ない課題と言える。

創造的復興論においては、過疎化・高齢化する地域社会や収益性の低い中小零細企業は、生産性の低い淘汰されるべき部分とみなされる。限界集落化する地域コミュニティを維持する行政コストも非効率なものとして削減対象視されるのであり、漁港の集約や漁業の株式化そして住居の高台移転などを通じた地域コミュニティそのものの集約・大規模化による効率化こそが地域社会の「活性化」と「持続性」を保障するものだとされる。金融面においても、債権買い取りにおいては、二重債務の返済が可能な被災企業か否かという基準で選別が実質的に行われることになる。このような政策は、より多くの中小零細企業、とりわけなりわい的側面が強い小規模事業者の淘汰を促進していくことになる。商売と生活が一体となって営まれるなりわいの衰退は、表⑪に見るようなその地域の人口減少を通じて地域社会の衰退を促進し、商店街も含めた地域経済の衰退という悪循環を引き起こすことになる。[10] 実

表⑪　東北被災３県の人口推移

	被災前（2010 年）	被災後（2015 年）	増減	増減率
久慈市・岩手沿岸北	76781	71371	-5410	-7.0%
宮古市	59229	54951	-4278	-7.2%
大槌町・山田町	33728	27038	-6690	-19.8%
釜石市	39399	35191	-4208	-10.7%
大船渡市	40579	37966	-2613	-6.4%
陸前高田市	23221	19092	-4129	-17.8%
岩手県沿岸部	272937	245609	-27328	-10.0%
盛岡・北上・一関他内陸	1053706	1026031	-27675	-2.6%
気仙沼市	73154	65235	-7919	-10.8%
南三陸町	17378	13431	-3947	-22.7%
石巻市	160394	145625	-14769	-9.2%
女川町	9932	6586	-3346	-33.7%
塩竈市等	231697	225088	-6609	-2.9%
仙台市	1046737	1076973	30236	2.9%
名取以南沿岸部	169166	167000	-2166	-1.3%
田村市	40422	38500	-1922	-4.8%
南相馬市	70878	57733	-13145	-18.5%
川俣町	15569	14479	-1090	-7.0%
広野町	5418	4323	-1095	-20.2%
楢葉町	7700	976	-6724	-87.3%
川内村	2820	2021	-799	-28.3%
避難指示区域計	**142807**	**118032**	**-24775**	**-17.3%**
相双地方	195950	111907	-84043	-42.9%

（資料）各県のウェブサイト掲載資料より

際、多くの被災地域では人口減少による若年労働力の不足が深刻化し、それが復興特需以外の商工業売り上げの回復を困難にしているのである。

大規模災害においては、まずは自然災害からの復旧の権利を保障した上で、さらなる新たな復興を展望したものであるべきである。この復旧権の保障が、いち早い「暮らしとなりわい」の復旧・再生に基づくコミュニティ再生への道を開くからである。

地域社会の担い手である中小零細企業や小規模事業のなりわいと生活の再建こそが地域社会のコミュニティの真の復活を保障するのである。再生の見込みといった現時点で判断困難な要件を条件化するのではなく、再生の意欲がある企業や事業に対して等しくチャンスが与えられるべきである。そのためには担保価値を喪失した債務については、企業規模にかかわらず公的買い入れ機関による一括の買い入れを行い、その返済を凍結するとともに、その債権免除をより大規模に行うことができる公的負担を拡大する必要がある[11]。

このような二重債務問題における支援は、被災企業の救済という側面のみで捉えるべきではない。自己責任の取りようのない自然災害による地域社会の破壊は、そこで営まれてきた新たな付加価値を生み出す経済活動の消失を意味する一方、失業者の増大等を通じて社会的コストの増加を産み出すのである。地域社会の再生を目差した支援はこのような社会的損失増大を回避し、地域社会の経済活動を継続するための投資として把握されるべきなのである。復興財源において、「現世代の費用は現世代が負担する」原則が財務省等によって強調されているが、自然災害から社会的共通資本を再生し、企業と個人の経済活動の自立性を復興することは、将来的に向けた経済活動拡大の基盤強化なのであり、将来世代への負担の軽減と経済的恩恵の拡大を意味するのである。それは決して損失と負担の先送りではないのである。

おわりに：次なる自然災害に向けて

東日本大震災とその後の政府の対応が示したのは、大規模自然災害による地域社会の生産インフラや経済基盤の破壊からの復旧・再生は市場原理では対応不可能ということである。100年〜1000年単位で発生し、特定地域を襲う大規模自然災害から社会を防衛しかつ再生するためのコストをどう何世代もの国民が、かつ日本全体で負担し支援しあう仕組みが求められている。この点で、第1に自然災害への一種の国民皆保険制度の拡充が、これからも日本のどこかで繰り返される自然災害から国民の生活を守るために必要と言える。この点で地震保険制度は、今回の大震災で少なからぬ役割を果たしたが、同時に大きな限界をも示すことになった。

表⑫に見るように、今回の東日本大震災では全国で約78万件、1兆2346億円の地震保険の支払いが行われた。東北だけでも38万件、7839億円という支払いであり、それまでの過去最高であった阪神・淡路大震災時の783億円をはるかに凌駕する金額となっている。その背景には、阪神・淡路大震災を契機に火災保険に対する地震保険の付帯率が2010年までには48%まで増大し、その結果、地震保険世帯加入率が24%にまで拡大していたことが挙げられる。[12)]

しかし、現行の地震保険は、地震・噴火・津波を原因とする居住用建物・家財の損害を対象としたものであり、全壊・半壊・一部損壊の被害に対して実際の修理費ではなく、契約金額（建物上限5000万円等）の一定割合（100%、50%、5%）を支払うものである。元来「その発生頻度と規模を統計的に把握することが難しいほか、一度発生すると異常・巨大な災害となる可能性がある特異性のため、保険制度に馴染まない」地震に対する保険制度は、国の関与のもとに地震保険法で1966年に単一の保険制度として創設され、拡充を経ながら現在に至って

表⑫　東日本大震災における地震保険の支払い

県	受付数	支払数	支払額（単位：百万円）	支払率
青森	9,095	7,857	5,087	86.4%
岩手	31,326	27,735	58,189	88.5%
宮城	280,072	261,594	559,416	93.4%
秋田	2,356	2,005	1,109	85.1%
山形	3,936	3,320	2,707	84.3%
福島	84,293	77,920	157,435	92.4%
東北計	**411,078**	**380,431**	**783,943**	**92.5%**
全国計	**896,865**	**783,648**	**1,234,593**	**87.4%**
東北シェア	**45.8%**	**48.5%**	**63.5%**	

（資料）日本損害保険協会「東日本大震災に係る地震保険の支払件数、金額について」（2012年5月31日時点）

いるものである。

東日本大震災時では、1150億円の保険支払額までは民間負担、1兆9250億円までは国と民間の折半、そしてそれ以上は95%を国が負担するという仕組みであった。地震保険料は、損害保険会社で構成する損害保険料率算出機構が計算して統一的に適用されるが、地震リスクの評価の高まりで地震保険料の値上げが進められている。このような保険料負担の増大は火災保険（地震保険）の加入率増大の妨げとなるし、経済的格差を反映しやすくなる。事業性の施設や設備に対する地震保険制度の創設や所得格差による加入率の違いを生み出さないように皆保険制度に向けた公的援助の拡大が必要と言える。

また、今回の東日本大震災では、未だに不十分とはいえ、二重債務問題への制度的対策が飛躍的に進んだ。これらの制度が大震災後に順次整備される中で、多くの被災企業経営者は事業再生に向けてどんな「助け」が活用できるのかわからず、非常な苦しみと不安に苛まれながら頑張ったのであった。

次なる大規模自然災害に向けて、復興庁を恒久的機関として、さらにその中に東日本大震災事業者再生支援機構を母体とした債権買い取り機関を恒常的機関として付設することが必要である。

同時にグループ補助等の施設・設備の復旧・修繕に対する補助制度なども最初から大規模に発動できるような体制を整えておく必要がある。次にどこの地域で大震災が発生しても、東日本大震災で築きあげられた制度が統一的かつ体系的に適用できる制度の確立が緊急に行われることが必要なのである[13]。

【注】

1　本稿では二重債務問題を、①既存債務が事業再開のための新規借入の妨げとなるという側面と、②二重債務による負担が中長期的な事業再生の妨げとなるという側面に区分している。政府の二重債務問題対策は①に焦点を当てたものであるが、既存債務の免除制度等による「不合理な債務からの解放」を求めた日本弁護士連合会「東日本大震災に関する第1次緊急提言」は②にも焦点を当てたものと言える。また事業者と個人において二重債務問題は発生するが、本稿では事業者の二重債務問題に焦点を絞っている。

2　藤井一裁「二重債務問題の解決構築に向けた国会論議」(『立法と調査』2011年10月)も国会における金融庁のヒアリング調査報告で約1兆円の推計が明らかにされたことを述べている。

3　3150事業所を対象にした調査であるが、第1回目の有効回収率は73・2%(2305事業所)であった。

4　岩手・宮城・福島の各県同友会会員から得た673企業の回答(回答率21%)による。

5　産業復興機構は、2011年10月の岩手県産業復興機構を皮切りに、宮城県(11月)、福島県(11月)、茨城県(11月)青森県(12月)と続き、2012年3月の千葉県産業復興機構に至るまで6県に創設された。これに対して、事業者再生支援機構は2012年3月の創設となった。

6　企業債務については債権買い取り機関創設という形で対応が進んだが、個人住宅についても「私的整理ガイドライン」によるペナルティを伴わない自己破産による既往債務返済免除が整備された。

7　当初は大企業のサプライチェーンを担う被災企業救済の色彩が強く、6月9日公募発表で募集期間が13日から24日という短さや予算規模(約180億円)の少なさから、申請準備が間に合わなかった企業が多発し、かつ採用率が低くなったことが大きな問題となり、その後大きく改善されることになった。

8　グループ参加事業者のすべてが補助金支給対象となっているわけではない。

9　筆者の岩手県・宮古市ヒアリング調査(2015年12月23日~25日)によれば、自己資金等が十分ある、グループ補助による拘束を回避したい、グループを組むのが困難という被災企業を除けば、ほとんどの被災企業が公的支援を受けられている状況とのことであった。岩手県によれば、県・市独自の補助は735事業者に配分されており、グループ補助を加えると2000事業者を超えているということであった。

10　岩手県「被災者事業所復興状況調査」（2015年8月）や経済産業省東北経済産業局「グループ補助金交付先アンケート調査」（同年10月）でも、復興特需による建設業の回復ぶりとは対照的に水産加工業や卸小売業などの回復の低さが共通して指摘されている。コミュニティ再生抜きのインフラ整備が終わった後の地域経済の危機的状況が深刻化していると言える。

11　内橋克人編『大震災のなかで』（岩波新書、2011年7月）で加瀬和俊氏は、「自営業に課せられている完全個人責任の原則を廃棄することである。具体的には、自然災害による家屋の再建に対する支援金の考え方を漁業者の生産手段の再建にも適用するべきである」と提唱されているが、著者はこの主張に賛同するものである。

12　日本損害保険協会「東日本大震災に対する損害保険協会の対応」（2012年5月）より

13　日本弁護士連合会「災害時の二重ローン問題対策（個人向け）の立法化を求める意見書」（2015年11月19日）の事業者向けも含めた実行が必要である。

第7章

大津波後の漁業、漁村と人口流出

東北大学大学院教授　片山知史

はじめに

２０１４年末に、塩崎賢明氏の『復興〈災害〉―阪神・淡路大震災と東日本大震災』（岩波新書）が刊行された。主に住宅問題に焦点を当てた書である。阪神・淡路大震災から20年経って何故復興災害なのか。阪神・淡路大震災からの復興は終わっていないどころか、その復興過程や復興事業のために被害が依然として生じていることを示している。加えて、その痛恨の教訓は生かされず、今また「復興」の名の下にもたらされる災害が、東北を覆っていることへの強い危惧の訴えである。

東日本大震災から5年が経った。被災地沿岸部の生活基盤は未だ全く整備されず、住民は、「創造的復興」の名の下に、住み慣れた土地を離れ移転先に留まるか、仮設住宅で我慢の生活を送るかを強いられている。創造的復興とは、１９９５年1月17日の阪神・淡路大震災の後に兵庫県が、単に震災前の状態に回復するだけではなく、21世紀の成熟社会を拓く「創造的復興」を目指し、「阪神・淡路震災復興計画（ひょうごフェニックス計画）」を策定したことによる。東日本大震災復興構想会議も「単なる復旧ではなく、未来に向けた創造的復興を目指していく」と位置付けられて開催され、その内容が「復興への提言―悲惨のなかの希望―（２０１１年6月25日）」にまとめられている。そして「この機に作り変えよう」という計画が、多くの被災市町村の復興計画に盛り込まれた（片山２０１３ａ）。

被災地、特に沿岸部の市町村・水産地区では、未だに人々が生活している姿が全く見えない。５年間土木工事を続けているのである（写真①②）。被災地の沿岸部では盛んに高台整備、盛り土工事、防潮堤建設が行われているが、被災地沿岸部の生活基盤は未だ全く整備されていない。漁村を新しく創り直すという10年スケールの整備が行

写真①　気仙沼（2015 年 10 月 6 日）

写真②　女川（2015 年 4 月 18 日）

われている。当時を思い出すと、２０１１年夏頃には、未来都市のようなイメージ図が描かれ紹介されていた。11月に入ると、ほとんどの地方自治体において、コンサルに作成してもらった復興計画が策定され、有識者が助言し、決定されていった。「災害に強い」というコンセプトが中心ではあったが、「絆」「活力」「安心」「笑顔」といった耳触りのよい一見前向きなキャッチフレーズやスローガンが多用された。

その復興スローガンであるが、県の間で大きな違いを見せた。岩手県は「安全の確保」「暮らしの再建」「なりわいの再生」としたのに対して、宮城県は「災害に強く安心して暮らせるまちづくり」「県民一人ひとりが復興の主体・総力を結集した復興」「復旧」に留まらない抜本的な「再構築」「現代社会の課題を解決する先進的な地域づくり」「壊滅的な被害からの復興モデルの構築」である。岩手県の住民の仕事や生活を取り戻すという目標と、宮城県の作り変えて新しい町にするというスタンスでは大きく異なる。宮城県は創造的復興の考え方をなぞった形である。

筆者はこの違いを指摘しつつ、岩手県の目標を評価していた。しかし、沿岸部のまちづくりや居住が遅れているのは、ほぼ同じ状態である。スローガンは違っていても、全く新しいまちづくりが行われているのである。無論、地盤沈下分の嵩《かさ》上げや、津波に対する避難道路の確保などは必要である。しかし、住民が元の土地に住み、店舗が開かれるような、「元に戻す」ことが優先されるべきだったのではないか（片山２０１２a、b）。

巨大防潮堤や高台等の巨大インフラの完成を待って住民の居住場所が整備されるという順序になっている。学校、保育園、病院といった社会インフラがない中、多くの避難者は移転先での生活を根付かせている。時間が経つほど住民が戻る土地や生業がなくなり、人口流出がさらに社会インフラの整備の必要性を低下させている。水産業と住民コミュニティを基盤とした水産地域をできるだけ早く復旧させ、活気ある人々の生活を取り戻さなければならないはずであるが、そうはなっていない。本稿では、沿岸部の浜を支える水産業の状況と、現在内包する問題を示し、創造的復興の基本問題を示す。そして、人口流出が深刻であること、浜の消滅が現実的になってきたことを指摘し、コミュニティを基盤とした復旧の重要性を述べる。

1 漁業の復旧・復興状況

２００８年漁業センサスによると、太平洋北区（青森県～福島県の太平洋側）には、主として漁業を営む経営体数は、１万３０００を超える。そのうち約3分の2が漁船漁業、約3分の1が海面養殖である。岩手県・宮城県・茨城県の3県について、漁業者数が多い沿岸漁業の漁業者数についてみる。主として営んだ経営体数は１９８８年の３８８０をピークに年々減少し、２００８年は約２２５０であった。福島県を除く3県についてまとめると、やはり１９８８年の３０８０から徐々に減少し、２００８年は１７７０となっていた（図①）。その数が２０１３年には、１０８０に大きく減少し、震災前の約6割しか営めていないことがわかる。この漁業者数の減少については、「被災水産地域の課題」で詳述する。

海面漁船漁業は、船が多く残った沖合底びき網、はえ縄、および一部定置網を中心に、宮古、塩釜では２０１１

図①　岩手県、宮城県、茨城県における沿岸漁業の漁業種別経営体数の推移

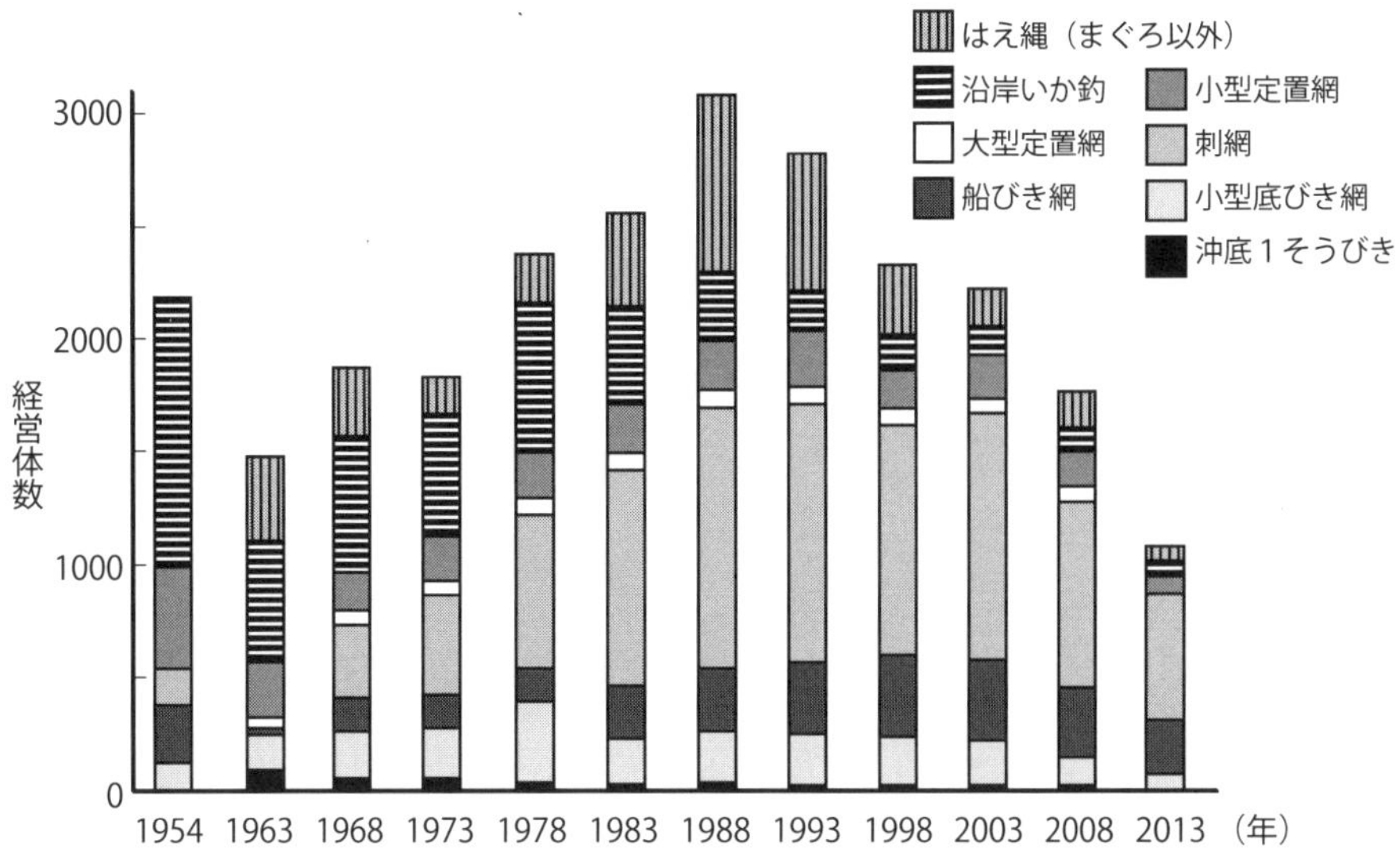

年4月から、大船渡、気仙沼、女川では6月から水揚げが再開した（片山２０１２ａ）。その後の生産の状況は以下のとおりである（図②）。

震災前の岩手県の沿岸漁業の漁獲量は、11万〜12万トンであった。震災後順調に漁獲量を伸ばして２０１３年には９・１万トンになったが、２０１４年にはツノナシオキアミ等が減少し８・９万トンとなった。

宮城県の沿岸漁業は、岩手県と同レベルの漁獲量であったが、震災年の２０１１年には３・６万トンに減少した。その後２０１３年には７・９万トンにまで回復したが、２０１４年はカタクチイワシやスルメイカ、いか類、ツノナシオキアミ等が減少し６・５万トンになった。

福島県については、震災前の県全体の漁業生産量は、震災前、年間８万〜10万トンであった。その中でも、シラス、イカナゴの船びき網、ヒラメ・カレイ類、マアナゴ、タコなどを漁獲する底びき網や刺網、かご等の沿岸漁業によって年間２・５万トンを水揚げしていた。２０１２年６月に北部の水深１５０ｍ以深の海域でミズダコやツブ貝を対象に試験操業を開始し、徐々に対象魚

図②　岩手県、宮城県、福島県における沿岸漁業漁獲量の推移

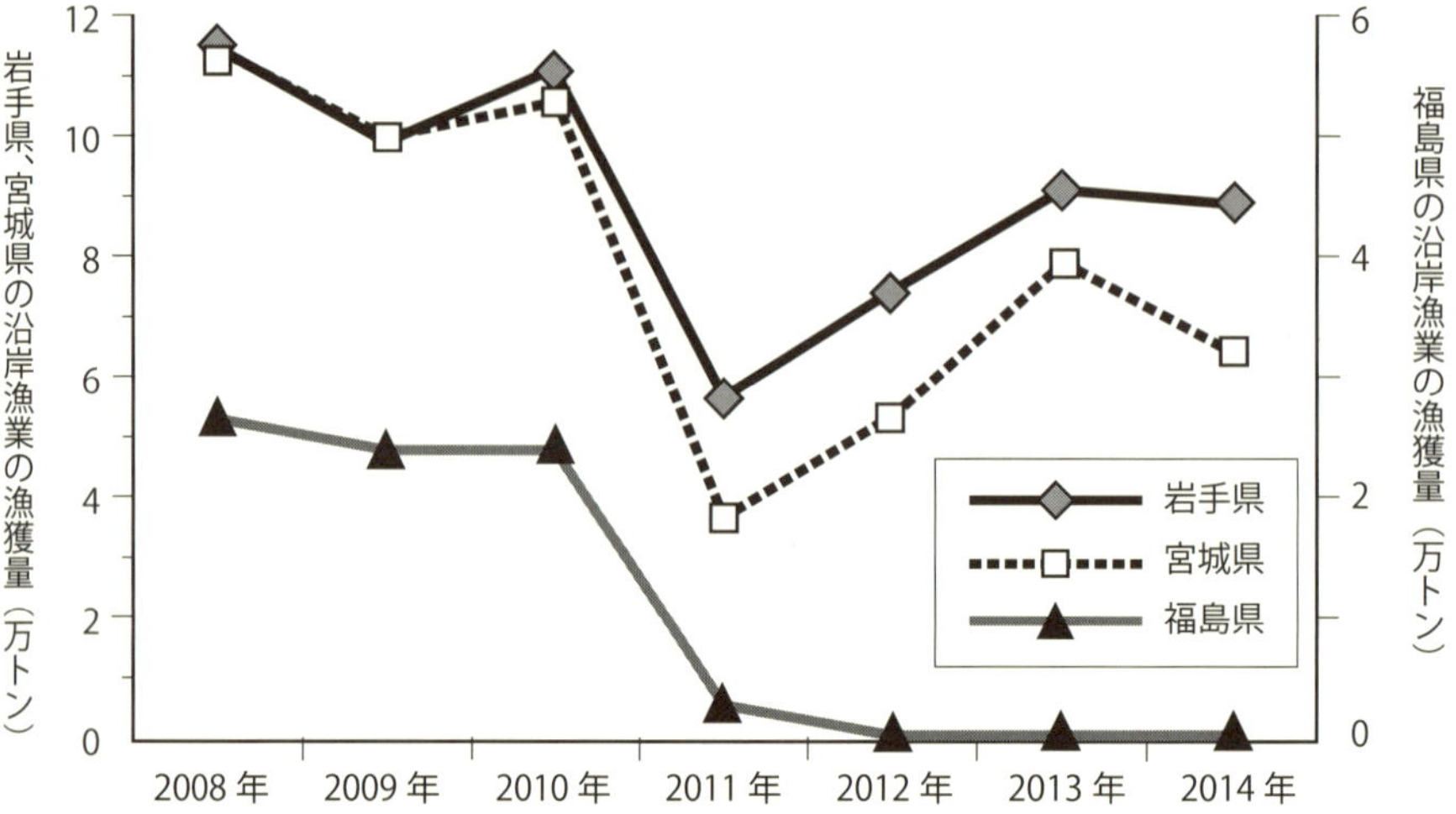

種と水深を拡大させている。２０１４年までは福島県沖の水深１２０ｍより深い海域に限定していたが、２０１５年12月末においては、福島第一原子力発電所の半径20㎞圏内を除く福島県沖で47種類を対象に行われている。しかし、試験操業による漁獲量は、２０１３年は約４００トン、２０１４年は約７００トンに留まっている。

東北の養殖業は、牡鹿半島およびその北側の三陸沿岸で行われ、岩手ではワカメ、コンブ、マガキ、宮城では、マガキ、ノリ、ワカメが生産されていた。岩手県・宮城県合わせて約18万トンの収穫量があった。ワカメ、コンブ、ノリは、秋に種付けし春までには収穫できるので、種さえあれば、短期間で生産できる。一部の漁業者は「がんばる養殖復興支援事業」を利用して、多額の費用を要する生産手段を共有して使用するなど、２０１２年春から生産し始めた。マガキについては、夏に種ガキを採苗し、２年後の秋冬に出荷するというのが通常のパターンである。２０１１年夏は、天然種苗の採集が順調であったこともあり、養殖を再開した漁業者が多かった。翌年２０１２年夏は高水温により、松島湾を中心にカキの大量斃死がみられたもの

図③　岩手県、宮城県における養殖業収穫量の推移

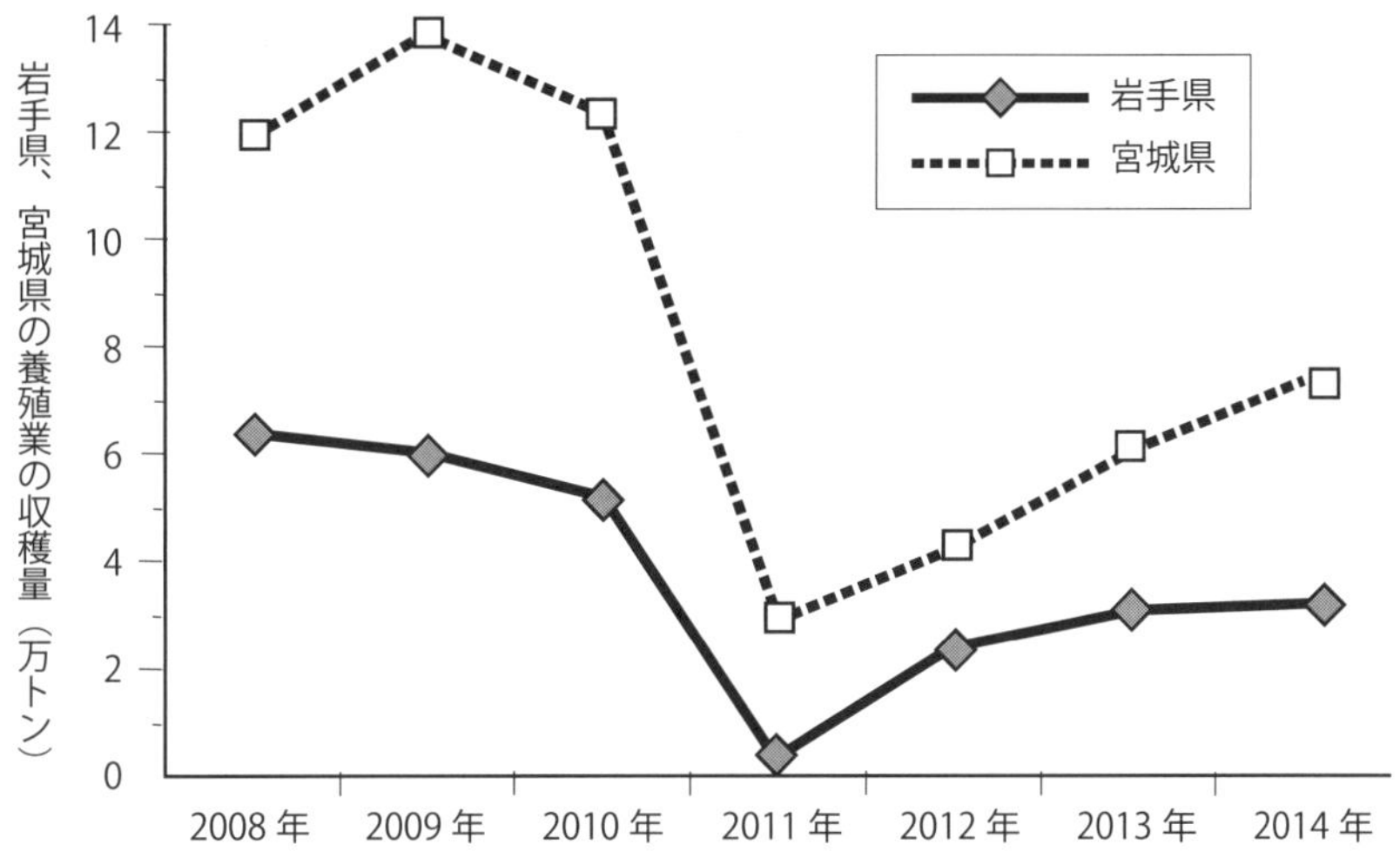

の、それまでの密植状態が解消されて成長が速くなったこともあり、1年後の2012~2013年期から一部で出荷が始まった。養殖全体としては、震災後もほぼ同様の種組成で生産が再開され、両県の合計収穫量は、2014年には約10万トンにまで回復した（図③）。

2　漁業の復旧・復興過程における諸問題

漁業の成り立ちは、①資源生物と海洋環境、②生産手段および漁港インフラ、③生産組織・漁協、④流通加工、⑤漁業者の意志、いずれも整っていることが条件となる。以下に、各要素について、漁業・水産業の再開・復旧の過程を記載するとともに、現在の状況と問題点を示す。なお、大震災後の漁業者の意志については、移住を含む居住場所や生活自体に深く関係するので、被災水産地域の課題や人口流出に関する項で論じる。

東京電力福島第一原子力発電所の原子炉から海洋域に漏出した放射性物質、陸域に飛散した放射性物質によって、漁業・水産業も直接的、間接的に大きな被害を受けた。上

記の漁業の成立条件のほとんどの要素に影響した。資源生物および海洋環境を汚染させ、操業自体が制限された。また流通加工においては、東北から流通された鮮魚、生産された加工品が国内外の市場から排除された。風評被害も広く生じ未だに根強く存在する。これらの被害は現在も継続しており、これを抜きにしては、漁業・水産業および漁村の復旧・復興を語れないが、紙幅が足りないため、ここでは割愛するが、特に放射能問題と漁業・水産業との関係については、濱田ら（２０１５）、片山（２０１６）に詳しいので、ご参照願いたい。

２－１　資源生物と海洋環境

当初、大津波による大規模攪乱や、陸域からの流入物質の変化により、栄養塩濃度およびそれに依存する植物プランクトン生産量が変化するものと考えられた。国や県を中心に行われた海洋観測結果によると、仙台湾等の海域における水質に特段の異常や変化は認められず、全体の生物生産性に著しい変化は見られなかった（片山２０１４）。漁船漁業対象生物については、大津波が浮魚（イカ類を含む）に対して大きな影響を及ぼしたという報告はない。対して、直接的に大きな減耗が生じ分布量が減少したり、その後の加入量が減少した生物は、底魚・底生生物に散見された。以下に、漁業に関連して現在も継続している資源生物と海洋環境の主な問題を3点示す。

・貝毒

仙台湾や気仙沼湾では海底泥が攪乱され、海底中に埋在していた麻痺性貝毒原因渦鞭毛藻《うずべんもうそう》のシスト（休眠細胞）が巻き上がり、海底泥表層にそのシストが高密度に集積した。これらのシストが発芽して同渦鞭毛藻が大量発生した。三陸の多くの海域で麻痺性および下痢性貝毒が発生し、二枚貝養殖業対象種やその他貝類の生産に大きな被害を及ぼしている。

・岩礁資源

直接的な津波の影響としては、アラメ、ワカメ、コンブといった大型褐藻《かっそう》類が流出したこと、エゾアワビの若齢個体やキタムラサキウニが大量に死亡したことがあげられる。その後、浮泥の堆積によって海藻群落の回復が遅れ、キタムラサキウニが大発生し、エゾアワビ資源が低迷状態となっている。この浮泥については、地形の変化に加えて地盤沈下や造成工事による陸域からの泥の流れ込みに起因しているものと推察される。

・サケ

地震および津波によって施設被害を受けたふ化場数は、震災前の8～9割に当たる岩手県で21カ所、宮城県で6カ所だった。サケは秋鮭と呼ばれるように、三陸では11月を中心に沿岸に来遊し母川に回帰する。ふ化場で1～2月にふ化した仔稚魚は3～4月に放流されるが、２０１１年はそのほとんどが流出してしまった。サケは通常3～6年で回帰するが、7～8割は4年後である。つまり、震災の影響を受けて放流数が僅かとなったサケの年級群は、２０１５年秋に回帰する群に相当する。放流数は２０１２年春には震災前の半分程度に回復したものの、２０１５年秋の漁期の漁獲量は岩手県では震災前の約6割、宮城県では約7割に留まった。サケは地域の加工業にとっても重要な魚種であるが、同じく加工に用いられるサンマ、スルメイカが２０１５年に不漁となり大きな影響があった（この不漁は資源の中長期的な変動によると考えられる）。

2-2　生産手段および漁港インフラ

当初「船さえあれば」という認識が国内に広く伝わったため、他県から多くの船舶が提供された。また船舶や資材については、「がんばる漁業復興支援事業」「がんばる養殖復興支援事業」などのグループ補助金によって、1～2割の自己負担で整備することができたので、潤沢ではないものの比較的早く整ったといえる。

一方、水揚げおよび出荷の拠点である漁港については、津波によって破壊したことに加え、三陸の岩手県・宮城県では40～80㎝の地盤沈下が生じたため、嵩《かさ》上げ工事が必要となった。そのような中で、宮城県内の142漁港について拠点漁港60港と拠点以外の漁港に再編する漁港集約化が県の方針となった。当時、拠点から外された地域は一斉に戸惑いの声を上げ、その手法と考え方に批判が集まった。当時の報道には、「60港の整備だけでも2000億円かかるが、現在は300億円強しかないので……」とあり、漁村にはお金がかかるから我慢するよう、一方マリコンには今後2000億円の事業があります、という行政からのメッセージとなった。結局、宮城県では岩手県とほぼ同じスピードで、96％の漁港で水揚げ可能な状態に復旧した（2015年2月末）。

2-3 生産組織・漁協

復興過程において最も大きな生産組織への変革の動きは、水産特区であろう（片山2011b）。水産特区とは、沿岸漁業に民間参入を促すために、「地元漁業者が主体となった法人が漁協に劣後しないで漁業権を取得できる仕組み」を「特区」手法を活用して導入する施策である。漁業法における漁業権の免許手続きでは、地元漁民の適格性のある者に優占的に与えられてきたものである。宮城県は県知事手動で、「沿岸漁業を壊滅的な被害から早期に復旧し、かつ、持続的に発展できる産業にするためには、民間企業の資金・ノウハウの導入が不可欠。民間企業の容易に参入できる仕組みが必要（復興構想会議2011年6月11日）」と提案し、同年6月25日の最終文書に水産特区構想が記載されるに至った。具体的にはマガキ養殖を対象に、法人に漁業権を与えることが想定された。漁業復興において、資金を呼び込むという意義が強調された。

特区の意味するところは、法人に優先的に漁業権を与え、魚場に養殖筏を設置し海面を使用ということだけでなく、それまで県漁協が共販（宮城県漁協の共同販売事業として市場を介さずに流通させる）として全量を取り扱っていた流通体制を崩す意味をも有する。行政側が「この機に生産システムを作り変えよう」という意図がここにあったと思われる。もちろん宮城県漁協は猛反発した。宮城県議会も混乱したが、２０１１年12月に復興特区法が成立し、水産庁も２０１２年４月に宮城県から申請されていた「水産業復興特区（水産特区）」を認定した。これを受けて、牡鹿半島にある桃浦地区のかき養殖漁業者と（株）仙台水産が「桃浦かき生産者合同会社（桃浦ＬＬＣ）」を設立し、２０１２年９月に漁業権を得て生産を開始した。当時は、この動きを「復興の起爆剤」として評価し、反対した漁協に対しては、既得権益にしがみついて漁業権を独占していると位置付けた論調が多かった。「新しい水産モデルを三陸から」「震災を機に水産業を再生」と注目された。しかし、水産特区を利用した法人による漁業権取得はこの一件に留まり、その後、特区の広がりの動きは全くない。前述のように、特区と関係なく養殖業は年々生産量を伸ばしている。「桃浦かき生産者合同会社」には補助金が与えられ、また桃浦地区には県費を投じて水揚処理場が整備されたものの、２０１３年度の営業赤字が計画の2倍以上（７９００万円）に膨らんだ（社員は当初の15名から41名に増加）。反対を押し切って導入した水産特区の必要性が問われる象徴的な状態である。

２－４　流通加工

前述の２００８年漁業センサスによると、青森県～福島県の漁船漁業の生産量、生産額は、83万トンで１６５０億円、養殖は18万トンで３７０億円である。これら水揚げされた水産物は、生鮮で流通するものもあるが、地場工場で加工される量も多い。宮城県では漁業・養殖業生産量合計39万トンに対して、水産加工品（かまぼこ類、いか塩辛等）は、ほぼ同等量の40万トン（全国３５９万トンの11・３％を占め、全国2位）である。加工業による生産金額では、漁業養殖の生産額約８００億円に対して、３５００億～４０００億円である。ちなみに、気仙沼市の例をとると、7・4万人の人口の中で、5万～6万人が何らかの形で水産業に関わっている。船員として従事しているのは約１０００人。この１０００人と5万～6万人が相互不可欠的に依存し合っているのである。

漁業および加工・流通業は、被災地の特に津波被害が大きかった沿岸部の基幹産業であった。漁業者や関連産業に携わる方々は、仮設住宅で我慢の生活を強いられている。自身の生活も大変な中であるが、漁業者は沿岸部の基幹産業である漁業を再開させている。加工業や関連産業を含めて、震災後も水産業全体が地域経済を牽引している。しかし、漁業復興の過程においては、生産手段に意識と予算が集中しすぎていたように思える。

実際の復興施策としては当初、保険、漁港、漁船が中心であり、加工関係にはほとんど予算措置がなかった（２０１１年5月の第一次補正予算で、水産関係２１５３億円に対して加工関係は18億円）。しかし、生鮮出荷のみならず、加工産品として、また魚粉等の食品外資向け、そして近年増加している輸出という使途を考えた場合、大型冷凍倉庫や加工工場群は必須となる。そういった流通加工施設が整わないために、獲った魚が安価でしか売れないという事態が多く発生した。

5年が経過した現在、水産加工業は業績回復が2割程度に留まっている。東北経済産業局のアンケートの結果、売上高が震災前と比較して「増加した」「変化無し」と回答した業者は19％。他の製造業の半分以下である。その停滞の要因は複合的で多岐にわたる（廣吉２０１５）３つの大きな問題に苦しんでいる。

1つ目は、加工工場の再建問題である。経営再建・二重債務問題に加え、用地再建が滞っている。国が整備した加工団地にあった工場は、加工団地全体の復興の方向性がなかなか決まらなかった。加工団地に拠らない工場は町全体の造成工事を待っている状態が続いている。

2つ目は、商品が売れないことである。放射性物質の問題で、多くの国への輸出が未だに制限されている。国内でも一度締め出された市場に、なかなか入り込めない状況である。

そして3つ目の問題は、労働力不足である。被災地では膨大な復興事業・土木工事で、労務単価が上昇した。加工業者は通常の条件で求人を出しても、全く応募がなく、計画通りに生産できない場合が多くみられている。

3 被災水産地域の課題

岩礁域の泥化が依然として改善されず、貝毒が頻発し、サケの漁獲量が低下しているものの、全体的にみれば海洋生態系・海洋資源は早期に回復している。それらに依存した漁船漁業や養殖生産については、福島県を除くと、沿岸漁船漁業と養殖業の生産量が震災前の6〜7割に達し、軌道に乗ったといえる。しかし、浜に人々が生活している姿が全く見えないのはどういうことなのだろうか。

3-1 巨大防潮堤

一方、被災3県（岩手、宮城、福島）の海岸線延長約1700㎞のうち約300㎞の海岸線に設置されている防潮堤を嵩上げし、巨大防潮堤を建設する計画が進行している。宮城県の気仙沼大島、唐桑半島、本吉海岸、岩手県の大槌湾、広田湾、大船渡湾などでは、従来の堤防高より6〜8mも高く設計されている。さらに、越流したとしても直ちに全壊しない「粘り強い構造」、天端（防潮堤の頂上部の幅）の3m以上の確保、壁面の勾配を緩和という方針に従った標準断面では、仮に高さが10mの場合、底幅は43m以上となり、砂浜や海岸線を広く覆いつくす工事が進んでいる。災害危険区域に指定された住民の住めない地域でも、集落につながる道路を守るために防潮堤が建設されており、「巨大防潮堤 何守る」という見出しが新聞の一面に記された（『朝日新聞』2016年1月31日）。2015年9月末現在、計画の594カ所中、完成したのは12％で、建設中、建設準備中がほとんどである。

防潮堤等の沿岸整備工事に疑義を呈する意見に対しては、現場に近い自治体職員や漁協職員ほど、「全く賛成ではないけど、早くやって欲しい、何も進まないから」という意見である。これはまさに、災害資本主義＝ショック・ドクトリンがもたらした構図であり、復興災害が生まれる背景である。先述のように、小規模の漁村では、学校、保育園、病院といった社会インフラがない中、多くの避難者は移転先での生活を根付かせている。つまり、災害に便乗した巨大事業が住民の生活に優先されているのである。高台ができ防潮堤ができたとしても、時間が経つほど住民が戻る土地や生業がなくなり、人口流出が進み、さらに社会インフラの整備の必要性を低下させている。その人口流出に関する実態やデータを紹介する。

3-2 漁業者数

宮城県・牡鹿半島の水揚港である女川魚市場に水揚げするのは、牡鹿半島北岸および女川から雄勝にかけての漁業者である。女川魚市場に水揚げされた刺網漁業の漁獲量は、その7～8割をマダラ、サケが占めるが、２０１３年はほぼ震災前の水準に戻り、２０１４年は震災前を大きく上回った。マダラとヒラメの豊漁が全体の漁獲量を押し上げた。しかし、実際に水揚げした、刺網漁業者数は、２００３年には１６０名だったが、震災後の２０１３年では、45名にまで著しく少ない状態になっていた。２０１４年は２０１３年よりもさらに減少し、増加の兆しが見られない。すなわち、漁業生産という数字上は「復興」したように見えるが、漁業者が減ってしまったのだ。漁業者が操業を再開しない理由としては、高齢化、被災の大きさ、仮設生活、資金不足といった、自身の生活上の問題、生活パターンの変化によるものと考えられる。居住する条件が整わない中、今後漁業者数が増加する要素は見いだされない。

3-3 沿岸部における人口流出の実態

これまで詳述したように漁業の面では、各漁港の復旧がある程度整い、漁業と養殖が再開している。ただし各漁港に以前のような集落があるわけではない。内陸部や近隣の高台の仮設住宅等から浜に通って生産活動をしているのである。191ページの写真①②でみた元市街地のように、未だ全く居住がないのである。

女川町には中心市街地の他に16の小さな集落がある。それらの集落（浜）は防災集団移転促進事業、漁業集落防災機能強化事業によって造成が計画されており、全く居住地をなくす予定の集落はない。しかし、造成され居住が予定されている戸数は、以前と比べてほぼ2分の1から6分の1である。現在、近傍の仮設住宅に住んでいる方が、その新しく造成された居住地に戻り転居する予定である。しかし、内陸部に移り住んだ住民が戻る割合は少ない。移住先でかかりつけの病院ができ、学校に通い、新たなコミュニティが作られつつある。それまでの浜に強い結びつき（地縁、血縁、愛着）があるか、もしくはよほどの生活利便性がなければ、元の地に戻るという選択はとられないのである。

2012年に石巻市によって実施されたアンケートでも同様の結果となっている。従前の集落に居住することを希望した回答は、半島地区では75％であったのに対して、雄勝地区では27％に留まった。2015年の現段階では、両地区ともにより低下しているものと推測される。時間が経てば経つほど、移住先での生活が落ち着き、従前の集落に戻る割合は低くなるであろう。鶏と卵ではないが、人口が激減する集落に社会インフラを整備することは過剰投資として避けられるであろうし、社会インフラの不足が住民の帰還意志をより低下させることになる。半島地区の浜の集落についても、生活基盤である上下水道、消防・警察、学校、保育所、病院、役場等が大きく削減されると見通されている。集落の消滅ということが、実際に生じる可能性がある。集落の消滅を伴う人口の流出は、被災地沿岸部の衰退を意味している。

気仙沼市、南三陸町、女川町のような中規模市町村は、「創造的復興」の旗の下、10年規模の時間を掛けて、新たな町に作り変えられようとしている。雄勝地区や半島地区の小規模な集落は、社会インフラが整っていない。いずれの場合においても、住民の生活の復旧は後回しになっており、それは時間の経過とともに元に戻せない状況になっている。

3-4 「広報」の配布数から推測される人口流出

南三陸町の世帯数に関するデータを集約する。震災前、全町の人口は1万7429名で世帯数は5419であった。地震と津波によって、その63%にあたる3409世帯が半壊以上となった。2015年の住民台帳をみると、世帯数は5363となっており、被災の数からみると明らかに減少数が少ない（図④）。これは住宅を失ったものの、仮設住宅に住むか、また他の市町村に移住しながらも住民票はそのまま残している状態がほとんどであることを示している。

住民台帳では実際の居住世帯の数はわからない。そこで、世帯ごとに一部ずつ配布される南三陸町の「広報」数を調査した。2012年の配布数は4232、2015年は4154であり、震災後若干減少している。その2015年の詳細をみると、全配布先の30%が仮設住宅である。依然として多くの方が仮設住まいをしていることがわかる。

地域別に2015年の住民台帳に記載されている世帯数と広報の配布数を比べた（図④）。住民台帳の世帯数は、震災後のそのまま残しているパターンがほとんどであるため、震災前の世帯数の指標となる。内陸の入谷地区は増加している。また北部の歌津地区も地区内の仮設住宅分があり、ほとんど変わっていない。一方、南部の戸倉地区は半分以下となっている。中央部の志津川地区は約4割減少しているが、配布先の約3分の1は仮設住宅である。町全体での配布数は4154で、約4分の3となってしまっている。その約30%が仮設住宅の世帯であり、この方々が今後町内に居住するかどうかで、大きく南三陸町の世帯数や人口が左右されることがわかる。いずれにし

図④　南三陸町各地区における住民基本台帳の世帯数と広報配布数（2015年）

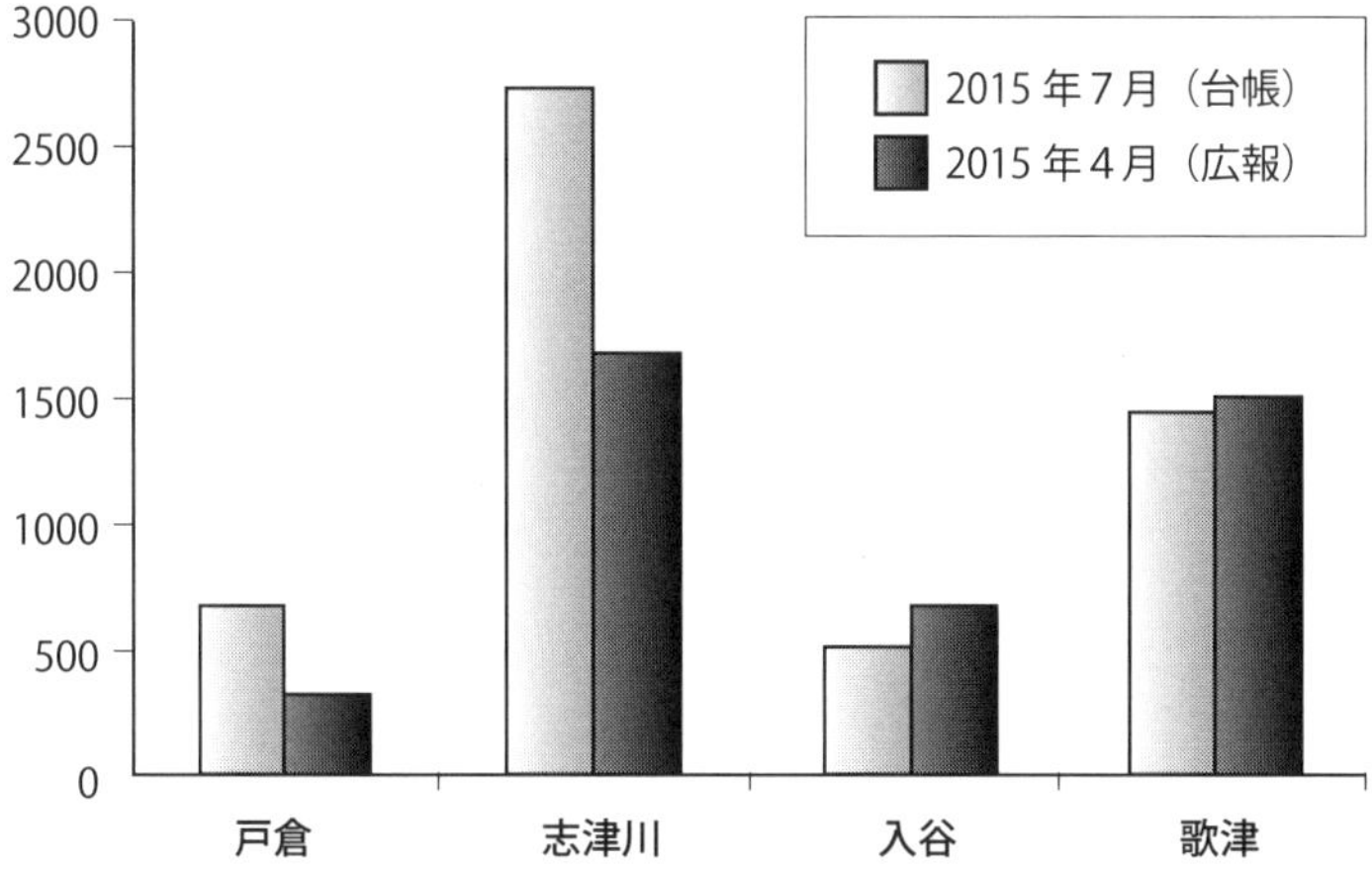

ても、人口流出の規模の大きさを思い知らされる。

同様に女川町のデータを調べる。震災前の女川町には４４３８の世帯に、８０７１名が居住していた。約3分の2にあたる３００７棟が半壊以上の被災となった。２０１１年と２０１５年の住民基本台帳における世帯数と、２０１５年の広報配布数を地区ごとに比較する（図⑤）。南三陸町同様に、住民台帳よりも広報数の方が少なく、台帳の数字よりも、実際に居住する世帯は少ないことがわかる。海岸線から離れた浦宿地区や女川地区は津波の被害が少なく、世帯数の変化がほとんどない。同じく元々高台であった清水地区は半減しているが、新たに造成された隣接の大原北地区と合わせるとほとんど変化がない。一方、海に面した鷺神地区、五部浦地区、北浦地区は、台帳上も大きく減少しているが、広報配布数はさらに少なく、震災前の半分以下となっている。なお、広報配布先の49％は仮設住宅であることを注視しなければならない。

おわりに

あらゆる被災沿岸部では、高台造成と巨大防潮堤建設が延々と行われている。住民の居住や店舗の営業は、それらの完成を待た

図⑤　女川町各地区における住民基本台帳の世帯数（2011 年、2015 年）と広報配布数（2015 年）

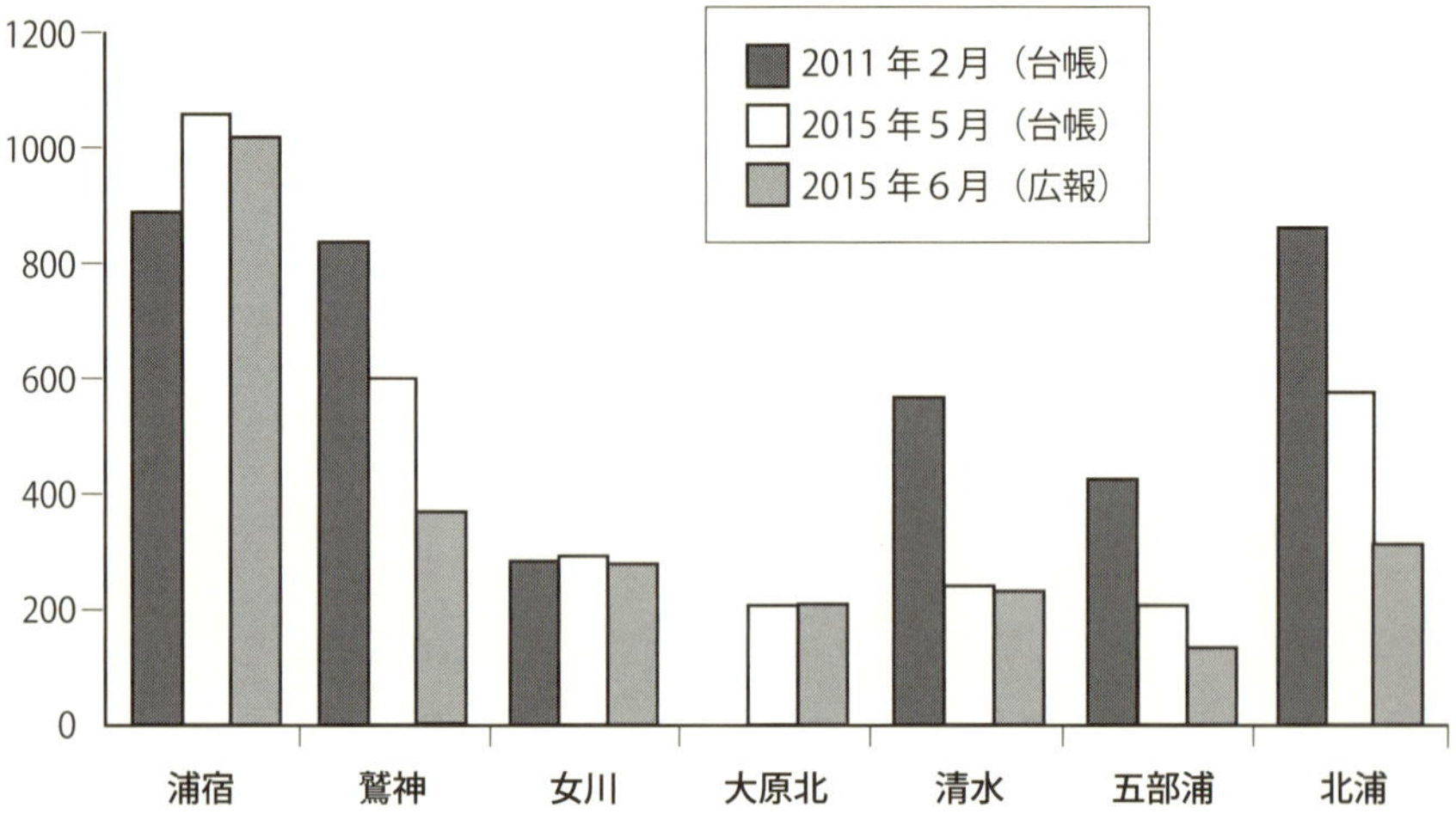

なければならない。生活を支える社会インフラである消防・警察、学校、保育所、病院は、廃止・縮減される。人々の生産活動・経済活動や生活を戻すという基本的なまちづくりがさらに遅れているという現実が、「創造的復興」の実態であることをまず認識しなければならない。

ここで、2つの論点を提示したい。

1つ目は、この都市計画の方向である。高齢化や過疎化といった震災前からの問題に対して、この機に快適で住みやすい新しい町を求めるのは当然である。筆者が多くの問題点を指摘した女川町は、若い町長が主導し、若い住民が復興計画に参画して、被災地では最も活気があるように認識されている。いろいろな新しいアイデアでまちづくりが進められている。元に戻すだけでは、高齢化や過疎化は解決しない。一方、新しい町を作るために、住民が早期に戻れない、住めないという状況は、どのように考えたらよいのか。

2つ目は、同じく震災前から、三陸の漁業は高齢化や就業者減少といった問題を抱えていた。しかし震災後は漁業者が減り、1人あたりの漁獲量が増え、収入が増加している。養殖においても、密植が解消され、養殖生物の成長が良くなり、質も向上した。これで良い、という評価がある。このような状況が、若手の新規参入を促すことにつながれば、漁業の体制としては望ましいといえる。しかし、多くの高齢者が少数の若手に入れ替わることで漁業が活性化すると、単純に理解してよいのかどうか。

町や漁業の数十年後の姿を考えた時、観光業や新たな産業が参入したとしても、被災地域が漁業に大きく依存する構造は変わっていないと思われる。高い復元力を有する沿岸資源は、環境さえ破壊しなければ、永続的に利用可能な生物資源である。被災地の漁村や沿岸漁業に存在した斜陽感があったとしても、沿岸部はそのような資源に支えられていくと考える。では、都市計画や漁業のあり方についてはどのような方向性を持ったらよいのか。

南三陸町・志津川湾で定置網漁業を営む漁業者のことを紹介する。2ケ統の網を湾内に設置し、早朝4時から8時にかけて網揚げを行い、志津川魚市場に水揚げする。乗組員として6~7名を雇っている。ほぼ例年4月から翌年1月まで網を入れて漁獲するが、収入の約8割は10~12月の秋サケによるものである。実は秋サケの漁期以外の月は、人件費を支払うと赤字になる月が多い。それでも網を入れて操業する理由を聞くと、秋サケの時だけ手伝ってもらうことはできない、昔からお世話になっている同じ浜の乗組員のことを考えると、やはり1年を通して雇用することになる、とのことである。一般の企業なら、儲かる時だけパートさんを雇うであろうが、コミュニティの中では経営上マイナスであっても人との関係性の方を優先するのである。

同様のことが震災直後にもあった。その定置網は2011年10月に、浜では最も早く操業を再開した。その際に、あえて他の漁船・漁業者を乗組員として雇って手伝ってもらっていた。まだ生産手段が整わない漁業者への気遣いである。困難な時ほど、コミュニティの力が必要となり、コミュニティが個々を支える。巨大な構造物よりも、もっと頑強に住民の生活を守る漁村の姿がここにあると感じる。改めて私は、漁村、町の復旧が必要であり、そのためには沿岸漁業者（およびその家族）の生活の場をできるだけ元に戻すべきであると考えるのである。

【参考文献】

片山知史（2011a）東北の水産業　震災の実態の課題、震災後の漁業と沿岸環境をふまえて、『経済』9月号、新日本出版社、53-58ページ

片山知史（2011b）漁業特区は日本の漁業生産システムを根本から揺るがす、『現代農業』12月号、農文協、350-352ページ

片山知史（2012a）漁業・水産業の復旧・復興の基本的な方向、『農業と経済』4月号別冊、昭和堂、107-113ページ

片山知史（2012b）「『復旧』か『創造的復興』か―一年間を顧みて―」、『海洋水産エンジニアリング』、104、20-26ページ

片山知史（2013b）宮城県における養殖の再開過程と今後の展望、漁業・水産業における東日本大震災被害と復興に関する調査研究―平成24年度事業報告―、5-11ページ

片山知史（2013a）「海洋生態系管理と地域計画」、『都市計画』、62、6、74-78ページ

片山知史（2014）「東日本大震災が海洋生態系や水産業に及ぼした影響」『水産海洋学入門　海洋生物資源の持続的利用』、講談社、273-281ページ

片山知史（2015a）福島県漁業の将来像、漁業・水産業における東日本大震災被害と復興に関する調査研究―平成26年度事業報告

片山知史（2015b）「ノルウェー型漁業管理は被災地沿岸漁業を救えるのか」、『水産海洋エンジニアリング』、120、38-46ページ

片山知史（2016）魚と放射能汚染、芽ばえ社、96ページ

塩崎賢明（2014）『復興〈災害〉―阪神・淡路大震災と東日本大震災』岩波新書、240ページ（阪神・淡路大震災から20年過ぎた現在、避難所、仮設住宅、復興公営住宅、区画整理、再開発、復興まちづくりといった復興事業によって、孤独死、関連死、家庭崩壊、市町村や集落の衰退が生じている。これらの問題は個人の責任ではない。災害後の復興政策や事業自体が間違っているのである。このような復興による災厄・被害を「復興災害」と呼ぶ）

濱田武士・小山良太・早尻正宏（2015）『福島に農林漁業をとり戻す』、みすず書房、352ページ

廣吉勝治（2015）被災地における産地流通・加工の再建に関する課題と提起、「漁業・水産業における東日本大震災被害と復興に関する調査研究」平成26年度事業報告書、東京水産振興会、39-56ページ

第8章

農業・農村と漁業・漁村・漁港都市の復興の現状と課題

元山形大学教授　綱島不二雄

1　東日本沿岸部の被災の状況

東日本大震災は巨大地震と津波により、主として岩手、宮城、福島の東北3県沿岸部に壊滅的被災をもたらした。加えて、東電福島第一原発の事故が発生し、福島は深刻な放射能被災に見舞われることとなった。被災者の前には、直接目に見える破壊された被災地の復興、そして福島を中心とする目に見えない危険からの復興というきわめて難しい課題に直面することになった。とくに福島県の沿岸部は原発事故情報の発信不足から、被災した状況そのままに避難指示が出され、被災者は着のみ着のままで集団避難するという事態が生じた。

そこにかかげられた復興スローガンは、巨大都市型災害である阪神・淡路大震災と同じく「創造的復興」であり、「日本再生」であった。東日本大震災の被災地は、広大な農山村地帯、地方都市、リアス式海岸の湾に点在する漁村、漁港都市である。いずれの農村も漁村も自然を相手にした生業を主とする地帯であり、「創造的復興」は、この農業・漁業という生業の展望を否定するものであり、被災者にとって、復興の手がかりを奪われるに等しいスローガンと言える。

本章は、漁業・漁村については岩手・宮城を、農業については宮城を対象として論述する。

岩手県は、大震災の被災額も漁業が大きく、また、被災も主として漁業・漁村がその大半を占めている。宮城県は県北沿岸では、漁業・漁村被害が甚大であり、県南は、沿岸部農業・農村被害が大半である。

福島県は、農業が重要産業であり、沿岸部でも園芸産地形成、集落営農の推進など、戦略的投資を行ってきたところである。[1)] 地震津波被害との関連では放射能被害の影響が全県的に大きく、非力な筆者は、検証するに必要な知見を持ち得ていない。農業については、沿岸部は避難指示の対象となっている市町村が大部分であり、飯舘村の肉牛農家が避難期限のギリギリまで、仲間の肉牛も含めて優良な牛の受け入れ先を県内外に求めつづけ、最終的に千葉県に場所を求め、1回に7~8頭の運搬を7~8回繰り返してやっとの思いで、移設を成功させたエピソードを知る程度である。汚染農地を残して、避難せざるを得なかった被災者の無念、怒りを思うのみという状況である。漁業に関しても同じ状況であるが、浪江町請戸《うけど》漁港の元気な漁業者には励まされる。

請戸漁港では、目下、試験操業の繰り返しの日々である。被災者には、震災前の8割相当の補償金は出ていると言われているものの、売り物にならない試験操業の苦闘ぶりは、かつて水俣湾の漁民が置かれた不条理な状況を思い出さずにはいられない。水俣では1968年、国が公害認定したあと、1974年1月に、水俣湾口に汚染魚の有明海への流出を防止する名目で広大な仕切り網が設置された。「フクシマは完全にコントロールされている」発言に通じるものと感じざるを得ない措置であった。漁民の多くは、発症し働けない状況であったが、働ける漁民には、湾内の魚を捕獲し、それをチッソが買い上げて処分するという、漁民労働のディーセントワークどころか、加害者であるチッソが被害者である漁民に対してあたかも懲罰的労働とも言うべき対応をとる、きわめて不条理な状況がまかり通っていたのである。

1987年には水俣湾のヘドロ浚渫《しゅんせつ》は終了したが、その浚渫土は、現在の記念公園の埋め立てに利用されたのである。まさに、臭いものには蓋である。2006年そこで開かれた「公害確認50年」の慰霊式典には胎児性水俣病患者も「祈りの言葉」を述べたが、胎児性患者の中には出席を拒否する人もいた。当然のことである。ちなみに仕切り網は1997年に水俣湾の安全宣言とともに撤去されたのである。この間の漁業者の苦悩は察するに余りあるものである[2)]。

これに対して、請戸の漁業者は明るい。それは近い将来の操業の実現を確信して日々努力しているからであろう。「生業訴訟」の結果が注目される。本書が出版される頃に判決が予定されており、原告に展望を与える結果が出ることを確信している。

2 漁業・漁村の復興の現状と課題――岩手、宮城を対象に

比較をしても余り意味のないことではあるが、「創造的復興」の典型例として、仙台港の復興がある。仙台工業港も大きな被害を受けた。港湾施設は大半が破壊され、輸出積み込みを前にした自動車もすべて流出した。掘り込み式の湾内のガレキは船舶の入港を困難にした。国、県をあげて復興に取り組んだ。その結果、大震災から1カ月後の２０１１年4月11日に仙台・名古屋間のフェリー再開、9月30日、中国、韓国航路再開、２０１２年1月22日北米西岸・東南アジア航路再開、4月28日ガントリークレーン4基すべて稼働再開という復興ぶりである。やればできるものである。

序章でも述べたが、岩手と宮城では、復興理念、施策に大きな相異がある。

宮城は、「創造的復興」をかかげ、その内容は、漁港の集約化、民間資本の活用、企業化、高台移転、職住分離というものであった。これに対して岩手は、復興に向けた三原則：「安全の確保」「くらしの再建」「なりわいの再生」――まず安全を確認した上で、被災者が希望をもって「ふるさと」に住み続けることができるよう「くらし」を再建し、「なりわい」を再生することを復興の原則にかかげた。

両県の復興原則は、きわめて対照的であったが、復興の主体たる漁業者の思い、意志は共通するものであった。この漁業者の力が、いくつもの困難を乗り越え、未曽有の大震災から5年目を前にして、それぞれ復興の目途が立つところにまで、到達しているのである。

本節では、両県の復興を県政と漁業者との対比の中で、復興の現状を押さえ、これからの課題に迫ろうとするも

のである。

1 岩手漁業の復興の現状と課題

岩手の復興への取り組みは早い。県は、大震災後ただちに被災した108の港すべての復興を表明する（漁港の復興は、2015年11月現在、107港が復興完了しており、残る1港も2016年度中には復興予定という）。同じく漁業者も動き出した。その象徴とも言えるものが、被災から3日後、急遽帰着した県漁連会長でもある大井誠治・宮古漁協組合長の「1カ月で宮古魚市場を再開させよう」との呼びかけだった。皆を励ましたいとの思いからの一言であった。宮古は近海漁業の港である。港の惨状を目の当たりにしている組合員には、自宅を流され、電気も水もないのに無理だとの声もあがったが、3月11日に牙をむいた海は、翌日には元の豊穣な姿を見せていた。組合員は、ガレキ処理の仕事に取り組みボランティアの力も借りながら、魚市場の再開に向けて努力を傾注した。そして、1カ月後の4月11日に、宮古漁協のトロール船が魚の水揚げをしたのであった。生業を旨とする漁業者の魂のあらわれである。そして、その基底には、被災者本位の復興を目指す、県の政策目標が据わっていたのである[3]。

つづいて県は、中小企業庁所管の国の事業であるが、事業認定は県が行なう中小企業グループ補助金について、県復興委員会での委員からの発言もふまえて、8グループ中4グループ（久慈、宮古・山田、釜石、大船渡）の水産加工を認可したのである[4]。1カ月で魚市場を再開した実力である。この力を生かすには、水産加工業への連携が重要であり、漁業復興の大きな力にもなる。〝答えは現場にある〟との知事の理念の下、漁業復興に最適な選択がなされたと言えよう。他の漁協もまけじと復興に立ち上がっていた。

11mの巨大防潮堤を擁しながら甚大な被害を出した田老町漁協とて同じである。防潮堤に隣接して建っていた漁協会館も2階まで浸水した。しかし、まさに奇跡的と言う他ないが、1999年に創立50周年を期して建立された田老漁業会館正門玄関脇に据えられた初代山本組合長銅像は無傷のまま残っていた。これを力に建物は内部を改修し今日に至っている。8月までにワカメ、コンブの種子とりをしないと来年の漁はない。残った船は6隻、71人の漁業者が共同船として利用し、共同作業でこのピークを乗り切った。

２０１５年３月現在、田老町漁協では魚市場をはじめ、ＪＦたろう加工場、アワビ種苗生産施設、給油施設、サケ・マスふ化場、鮭ばんや、海藻類共同乾燥施設、海藻類種苗生産施設、製氷貯氷施設など各種施設もほぼ完成している。[5)] 田老漁協にかぎらず、他の主要漁協は、同様な復興状況にある。

大船渡市は、湾が比較的狭くかつ奥深い。湾内も1本の円周道路が命綱である。大船渡市は、他の漁港都市と同じく、地域循環型経済を形成している都市である。市内の土木建築関係企業が、先に動いた。ガレキで埋まった円周道路を重機類のある業者はただちに出動してガレキ処理を始めた。日を待たずに道路は通行可能となり、町は動き出した。大船渡漁協は養殖が中心、ワカメそしてブランド化しているカキが主力である。漁船漁業も、加工、買受人の頑張りで魚の水揚げも震災前に戻っている。大船渡市漁協は、ワカメ中心に復興を早め、借金のない漁協として名を馳せている。新魚市場も完成し、２０１４年度からは供用を開始している。漁業は生業である。海は目の前にある。漁業者は、ともかく働くのである。その働きをより良いもの、より良い成果につなげる施策が復興のカギなのである。

以上、岩手の漁業の復興プロセスについて２０１５年11月11～12日の現地調査もふまえて述べてきたが、岩手県の漁業復興の状況（２０１５年1月31日現在）と、課題についてふれておきたい。漁船は97％、養殖施設は99・4％、水揚量・金額は77％・99・8％、主要4港の製氷・冷凍能力は１００％とほぼ震災前の水準を回復している。加工事業の従事者数は、震災前の80％程度であるが、新しい機械の導入による省力化もあり、人手不足感は薄らいでいる。県の施策と漁業者の復興に向けての強い力を実感している。

漁業は、一定程度の回復を見せており、新たなステップへ向けて歩み出すのだが、ＴＰＰがその前途を阻もうとしている。しかし、高品質の製品出荷及び（フェア・トレード）産直によって、前途を切り開く力は蓄えられている。ただ、漁港都市の復興に関しては、「創造的復興」に関して国の力は強大で、達増知事が提案した企業復興に向けての地元金融機関による過去債務の塩漬け案、地盤沈下地域の国による一括買い上げ、整備、そして事業者への無償貸与といった提案は、被災現場には最も必要なものであったが、受け容れられなかった。しかし、この点は、被災者の権利を生かす復興策としては、将来にわたって充分検討に値するものと考える。

また、まちづくりに関しては、これまた国の力は強く、田老町では旧市街地に隣接する高台に、旧市街地の倍程度の巨大団地が、大手ゼネコンの手によって建設されている。もっとも、公営住宅は、浜に最も近い場所に建設中である。陸前高田の巨大盛り土都市といい、地元との話し合い、県との話し合いが是非とも必要と思われる事項も多く残されている。しかし、知事の復興理念は、今後にしっかりと受け継いでいかねばならない。どう実行していくか、我々がどう取り組むか、被災者の権利にそくした復興を目指す上で、大きな課題である。

2　宮城漁業の復興の現状と課題

(1)　漁港都市気仙沼漁港の現状と課題

惨事便乗型復興のモデル県とも言える宮城の漁業の復興はおくれている。しかも皮肉なことに、「創造的復興」のモデルとなるべき漁港都市が苦闘を強いられているというのが現状である。石巻魚市場は、国際水準と言われる衛生管理の行き届いた、しかも、放射能検出体制も整った市場として再建されている。しかし、その後背地の水産加工群の復興はおくれているのである。新魚市場が充分にその役割を果たせる条件整備がおくれているのである。

以下に漁港都市として気仙沼漁港、漁村漁港として表浜漁港の現状（２０１５年12月現在）を検討していく。

気仙沼漁港は、ことカツオ漁に関しては、カツオを追って10カ月操業をつづける漁師の第二の母港でもある。気仙沼の復興に関しては、小磯明氏の多岐にわたる周到な現状調査（２０１４年6月）を基に、その後の分析を加えた報告書がある。[6] その中の漁業、加工業の結論部分では、漁業は回復しつつあったが、加工業は回復まで時間が必要な状況であったと述べている。まとめとして、「気仙沼のデータが示すことは、大きな視点から見ると『創造的復興』の検証の必要性を示唆していると思われる。そして本当の復興が見えないまま復興事業だけが順調に完了していき、暮らしの復興は取り残されてしまっているように思われる。（中略）いま一度復興政策を問い直す必要があると考える」（67ページ）と結論づけている。

小磯氏の論考は貴重である。しかし現況は、まだまだ混乱を続けている。問題の一つは防潮堤であり、「創造的復興」をかかげる村井県政には、地元の復興に関して本来あるべき「創造的施策」は一切発揮されていない。旧商業中心地、魚町の被災者、市民を中心とする「防潮堤を考える会」の1年半にわたる学習活動は、貴重な経験であるが、その中で得られた結論、すなわち1ｍのフラップゲートを含めた5・1ｍの防潮堤設置を受けて、３ｍほどの嵩《かさ》上げが行なわれることになった。しかし、1年半にも及んだ復興作業のおくれは、地元にとっては大きな負担である。しかも大半の住民は、避難道ともなる道路建設に意を注いでいたが、防潮堤が割り込む形となり、議論は充分尽くされたとは言えず、復興意欲にも深く影響を与えている。目下、現場は嵩上げ作業の最中であり、完成すれば石巻魚市場並みの機能を持つ新気仙沼魚市場は、３カ月で復旧した魚市場に隣接して着工されることになっている。従来の魚市場の復旧には、多くの漁業者の努力と協力が詰まっている。ガレキ処理もあるが、カツオ船も狭くなった岸壁に従来は2～3日停留するところを、1日で整備補給をし、次の船に場所をゆずるといった連携をとったのである。

岩手の達増知事が提唱した、被災した加工団地の国による買い取り、整備、そして加工業者への無償貸与という施策が実施されたとすれば、希望の持てる復興現場となっているのだが、宮城県政にはそれを期待できない。しかし、実行を迫る運動もまた必要な状況と言えるのである。加工団地の復興のおくれは、商店街の復興にも影をさし、漁港都市気仙沼の復興のおくれにつながるのである。苦しい時ではあるが、見据える未来像を被災者が主体的に描ける時が1日も早く到来することが待たれるのである。

（2）漁村漁港表浜の現状と課題

一方の漁村・漁港としての表浜だが、表浜は牡鹿半島の先端部、鮎川港に隣接する5つの浜から成っている。表浜漁港は、漁港機能は復興し、水揚高、金額もほぼ震災前の水準に達している。築地市場でもアナゴの産地として高い評価を得ている浜である。

漁協、漁船、一部住居の被害は受けたが、現在も仮設住宅に入り、日々漁獲に励む毎日を送っている。地震発生時親子二代でやっと入手した船を沖に出すか、船を捨てて家族を守るかの選択に悩み、船を捨て家族ともども無事避難の道を選んだ当時50歳の現地では若者も、当初は、先行きの見えない状況にいら立ち、酒を口にする毎日であった。だが、仲間の力を借りてワカメからやり直し、今では船も手に入れ、元気に仲間とともに浜のリーダー的存在になっている。浜のコミュニティの力の強さを痛感するばかりである。当初は岩手と同じく、共同船での作業から始め、今は個人で船を持って活動している。この浜でも漁港施設の復興と防潮堤案が同時に示されたが、ともかく港の復興が漁民の命ということで、お構いなしで浜の復興を選択した剛の者の集りである。「俺たちは漁師だ！」との誇りをかかげ、後継者もしっかりと仲間になっていたという浜である。高台の仮設住宅からの〝出勤〟も「今の時代、車で5分だ。これまでと変わらない」と意に介さない。

しかし、悩みは次の世代の後継者で、支所運営委員長（県漁協への一本化の前までの組合長）は、少人数化している学校への全面的協力をつづけ、「学校のためなら何でもやる」というスタンスで学校の諸行事には積極的に取り組んでいる。「後継者を育てるのも漁師の仕事」という心意気は、半島部の浜を守り、近隣の浜とも協力し山を守り、浜の資源と保全にも目を配る。単なる経済尺度だけを生活の指標としない、本来あるべきコミュニティの重要性をあらためて感じさせてくれる存在である。ただし、金華山観光の拠点港であり、近隣漁船の指定避難港ともなっている鮎川港の復興が心配の種である。そこでも防潮堤が、復興をおくらせているからである。

以上が宮城県の浜の復興の状況の一端であるが、県北の各港は防潮堤問題に翻弄されている。漁港整備と防潮堤計画が同時に示されているからである。とくに小さい浜の湾口への防潮堤設置は、従来の浜の機能を奪うことにつながるからである。一方で当初の拠点化、集約化の方針に対して漁民の強い要求で実施された全県１４０の浜の応急復興措置（土石利用のアスファルト舗装による岸壁の一部嵩上げと荷揚げ場の復旧）は、利用限界に来ており、本格整備が待たれている。現在（２０１５年12月）の漁港の整備状況は、整備完成は県管理漁港で46％、市町管理漁港は28％にとどまっている。個々の浜の力では、国・県の提案を押し返す力は弱い。浜のコミュニティも二分されるという状況がつづいているのが現状である。

巨大防潮堤問題は、防潮堤そのものの持つ問題（耐用年数、費用対効果など）について、しっかりとした議論をすべきものである。少なくともチリ地震津波以来整備された防災施設で、これまでの津波被害は防いでこれたのである。数百年に一度の1日を取るか、その日を除いた長いくらしと生業の日々を取るか、これは、生業の復興を果たした上で、しっかりとした議論をすべき課題である。議論を重ねた上の結論こそ、最大の地域の防潮堤となるのである。

（3）「水産特区」の現状と課題

２０１１年5月10日、村井宮城県知事の国の復興構想会議における「漁業権の民間への開放」発言に端を発した「水産特区」問題は、被災地宮城の漁民、県漁協ばかりではなく、全国の漁業関係者にも大きな衝撃を与えた。6

月28日には、水産庁「水産復興マスタープラン」に「水産特区」が盛り込まれ、7月に入って全漁連は水産特区反対の決議を表明した。宮城県漁連は、震災復興にむけて文字通り不眠不休の努力を傾注していた時である。漁業者が浜の復旧に全力をあげて取り組んでいた時である。岩手では、先にふれたが、宮古魚市場が被災後1カ月で再開したというニュースが流れ、重茂《おもえ》漁協の共同船、共同作業の最初の取り組みも報道されていた。宮城県議会には、水産特区の撤回を求める請願が提出されたが不採択となる。

2011年5月29日に結成されたばかりの「復旧復興みやぎ県民センター」も、石巻市で、漁業者を含めて300人余りの「水産特区反対」集会を開催し、その後も仙台市内で集会を開き、大漁旗と労働組合旗が同時に行進し、市民へのアピールを展開した。しかし、村井知事の暴走は止まらなかった。2011年12月7日に「復興特区法」が成立し、牡鹿半島の入り口にある石巻市桃浦地区の後継者のいない漁業者15名と、知事の再三にわたる要請を受けて参加に踏み切った仙台水産とで合同会社が設立されることになった。

2012年8月30日、県内有数の大手卸仙台水産株式会社との合同会社「桃浦かき生産者合同会社」（LLC、出資比率51：49）が発足した。紆余曲折を経て、2013年8月30日、LLCは漁業権を付与された。

発足当時、注目を集めたLLCであったが、発足から3年すぎた現在、LLCの実質的運営元である仙台水産が「桃浦かき」として販売促進に務めているが、当初予定の経営目標には達していないようである。この間の情勢に関しては、筆者は、特区申請手続き上の瑕疵《かし》を指摘し、戦後民主主義のあかしの一つである行政委員会の廃止傾向に警鐘を鳴らしつつ、行政委員会の一つである海区漁業調整委員会の役割の重要性をあらためて指摘するとともに、浜の混乱を招いている状況の早期回復の必要性を説いている[7)]。

また、濱田武士は、歴史的、社会経済的立場から『漁業と震災[8)]』の中で県財政とLLCとの関係について興味深い指摘をしている。それは水産特区法制定後の県の動向である。具体的にはLLC支援を想定した財政準備であった。ＬＬＣは震災後に新設された法人である。復旧には該当しない。国からの支援は受けられない。しかも設立名目上は、民間資金を呼び込むための制度だったはずである。県は支援策として、養殖資材、施設の導入（3億９０００万円）、パッキング工場建設支援（2億６０００万円）という膨大な額のものを用意した。支援策の公表数日前に開かれた海区漁業調整委員会には、このことは一切報告されなかった。

２０１５年12月現在、桃浦の浜には、桃浦かき共同処理施設があり、加えて一部3階建ての桃浦かき生産業合同会社のビルも併設されている。さらに、県道2号線から浜の岸壁までの道路は震災後もそのままにされている状況であるが、ＬＬＣの作業場入り口からは、新たに丘の上にある公営住宅、そして県道2号線までを結ぶしっかりとした舗装道路が造成されている。まるでＬＬＣの専用道路かと映るものである。立派に整備された岸壁といい、その現場を横目で見ながら通行する他の浜の漁業者は、いやというほどの差別を目の当りにするのである。何故ここまで、浜に混乱を持ち込むのか、疑問に思わざるを得ない光景である。

濱田は同書で、放射能による風評被害と惨事便乗型復興策を「第二の人災」として重視した上で、「第二の人災」について防災ないし減災をしない限り、漁業の復興はあり得ないという立場をとり、持続的再生産体制を追求することは、もちろん海で働く誇りを取り戻し、漁村で暮らす人々の関係、漁村と自然の関係、漁村と都市部との関係に関わる社会関係資本の復興を果たすこととしている。結論として、真の漁業再生に向けた道筋を見いだすことはきわめて重要であり、「第二の人災」に対する「減災」の実践に取り組む必要があると述べている。大いに傾聴すべき意見である。

２０１８年には、漁業権の更新期を迎える。漁業権の更新は、浜の民主主義を担保するためのものとして浜の詳細な利用計画を立て、養殖業は5年に1回、近海漁業は10年に1回、形式として知事による更新が規定されている。その時を見据えて、浜の混乱を収め、共に発展する方策を被災漁業者とともに見いださなければならない。

「創造的復興」の第二ステージに位置する「地方創生」に対抗し、これまで浜で共生してきたことの重要性をあらためて確認し、視野を広げ、これまでの役割を地域に即して創造的にしっかりと位置づけなければならない。新たな時代では、地域の多様性が重んじられねばならない。多様性の存在は、大震災時には、危険分散の大きな核ともなりうる。そして、充実した日常を形成する根幹となるのである。島国日本の再生は、経済だけでは不可能なのである。しっかりと多様性を位置づける真の意味での総活性化こそが求められているのである。

3 農業・農村の復興現状と課題——宮城を対象に

宮城の農業復興は文字通り、国の言う「創造的復興」の農業モデル版である。「創造的復興」で示された集約化、大規模化、民間企業の参入、農業法人化が復興策のすべてである。しかも、それは石巻市以南の県南部沿岸部の農業・農村が主たる対象である。復興は新農業経営体の創設のみに焦点があてられ、コミュニティ、文化、歴史といった農村の復興は、考慮の外である。宮城県の農業復興は、その基本理念の具体的スローガンである「農と食のフロンティア事業」に集約された形で展開されている。

「農と食のフロンティア事業」とは、農業復興にむけて、農業の6次産業化を推進する諸事業（例えば、6次産業化研究会など）への支援、事業体への税の免除というものである。そしてその本体には、被災地の水田の大規模圃場《ほじょう》整備、大規模施設、園芸の推進など、国の事業が据えられているというものである。

水田の大規模圃場事業は、基本1区画2ha（1haに2分割も可能）の大規模圃場整備であり農業者の負担はない。事業単位は、300ha、工期は6年である。従来の圃場整備事業単位は200ha（1ha区画）で、工期10年というものであったから、今回の事業は、これまでの工事経験が通用しない規模のものである。別の言い方をすれば、無茶な計画である。従来経験していない企業も当然参入せざるを得ないことになるので、着工以前から造成後の圃場の質が疑問視されるほどのものもある。

２０１５年には、亘理市で、２０１５年から作付開始予定の事業が田植直前に未完成であることが判明し、田植の準備体制を整えていた農家集団には、多大な被害をもたらす事態が生じている。また、工事に関して、下請け企業への事業費不払い問題も起こっている。そして、農家が何よりも不安視しているのが、整備された圃場の質の問題である。下請業者が、工事のやり方について農家に聞きに来ているという話が事業受け入れに踏み切った農家から出されているという状況である。

大型圃場整備事業は、圃場形成のみにとどまらない。用排水路、揚水場、土壌条件、圃場の均平度などかなりの経験を必要とするものである。まして圃場規模が大きいほど、その事業精度は増すのである。

仙台市では、この事業に関して、圃場面積に合わせて、大型農業機械類一式、収納庫等を無償で用意し、設立された農業法人、集落営農組織等に無償リースする事業を用意している。しかし、圃場は沿岸被災地、住居は内陸部という状況下では、きめ細かい営農の維持は困難が予想されている。農業復興の中核を担うことが期待される六郷地区においても、圃場整備はまだ完了しておらず、営農集団も目標までの人員が集まらないなかでスタートしたこともあり、大型機械の中には未使用のものまで出ている状況である。しかし、スタートとして間もない現在、結果について判断を下す状況にないという段階である。

むしろ問題は、ごく限られた農家群に対してのみ復興策が適用されている状況そのものにある。被災地農業の大半は、兼業農家によっても担われていたという事実があり、コミュニティの構成員も当然ながら兼業農家である。ところが、兼業農家の営農条件に対しては、ほとんど手当がなされてないことである。仙台六郷地区は、都心部まで車で30分、古くから兼業農家が多い地域である。屋敷の片すみで自家野菜を栽培し、家族の多い農家は自宅近くの畑で質の良い野菜を栽培していた。被災後、仮設住まいの男性を悩ませた最たるものは、大手スーパーで購入した野菜のまずさだったと常々言っていた。やはり自分たちで美味しい野菜を栽培し、消費者に届けたいという思いが以前より強くなったとも言った。水田は、大半の農家が専業農家に委託していた。

今回の圃場整備事業にも兼業農家の畑地は確保されている。しかし、大圃場の一角をさらに細分化して作付けをすることになるが、少しはなれた内陸側に住んでいる兼業農家には、畑地通いは不可能に近い。家のすぐ近くに畑地があったから、栽培していたのである。その条件は今はない。

大規模農業を目指すというが、このフレーズは、40年来喧伝されつづけてきたものである。それが実現していないのである。何故か、国、農水省当局が自ら分析しなければならないはずである。しかし、震災からの復興でも同じフレーズが使われている。広大な被災農地があるから、ただそれだけが推進の動機というのであれば、企業参入、農業の6次産業化も結果は目に見えている。地に足のついた大規模個人経営の事例もある。しかし農政はその農家の上を素通りしようとしている。彼らは、貴重な集落のまとめ役をも果たしているのである。

一例を挙げる。それは誰よりも早く農業再開に取り組んだ六郷三本塚のE氏である。六郷地区は、2m超の津波に被災しほぼ全戸が全壊し、農機具類はすべて海水をかぶり修復不能となった。しかも最初の津波シミュレーションでは帰村不可と言われていたが、二度目のシミュレーションで、現地再建となった地域である。復興半ばで死去した三本塚復興組合の代表であった農家は、我々は国に見放されたという思いを口にしていた。

E氏は、震災前までは、田畑14haを経営していたが、被災後作付け可能な農地はたった25aだった。9カ月間、アパート住まいをしつつ、ボランティアの力を借りて農業再建、自宅の再建にも励んだ。内陸部にある親戚の畑20aを借りて白菜、キャベツ、ブロッコリーを栽培し、2011年7月20日には、野菜の初出荷をしている。ついで、被災地にある自分の農地を少しずつ整備し、レタス栽培も再開した。現在は、17ha（自作地は2・5ha）を後継者2人と本人の3人で経営している。純然たる家族大規模経営である。水田は15・5haを耕作し（受託は20戸にのぼる）、畑作は、ハウス1・5haでレタス、白菜、人参などを作付けている。

それとは別に250坪のハウスでイチゴの種苗育成に取り組んでいる。これは県の原種苗センターが、県内5カ所に分散して育成を委託している事業の1カ所として種苗育成に取り組んでいるもので、高い管理技術が要求される。ちなみにイチゴは、E氏と二男の2人で担当しているが、二男は前年まで、後述する植物工場「みちさき」のイチゴ担当者である。そこで習得した技術を活用している。亘理町、山元町のイチゴ団地にも種苗を提供している。

きわめて多様な経営内容であるが、家族各々が仕事を分担して経営を維持している。機械類は農協から80％補助を受けて揃えている。水田受託には、仙台市のリース事業で受託栽培を実施しているグループもあり、100％補助を受けているグループとは、コスト面で負担が多いが、これまでの実績が大きく栽培委託要請の多さに反映している実力派でもある。後継者は、販売にも新しい試みを展開し、仲間と仙台市の繁華街に飲食店を構え、そして自家栽培野菜等を提供している。

現在三本塚は、六郷地区の先頭を切って現地再建の歩みを早めている。E氏の帰村を契機に現地に戻る農家も増え、2015年12月現在約30戸ほどが自宅再建ないし準備を始めている。近い将来70戸ほどの再建が予定されている。これに合わせて三本塚新町内会の設立を全員参加の会合で発足させた。準町内会員制度も設けた。目下近隣の災害公営住宅等に住み、将来の帰村を目指している人たちを対象としたものである。この間の三本塚を含む東六郷地区の地域再建についての動向は福島かずえ[9]が詳しく述べているので参照されたい。

施設園芸の状況について簡単に紹介したい。沿岸被災地の園芸農業は、被災前、石巻矢本そして仙台の野菜類、名取市の花卉《かき》類、そして亘理町、山元町のイチゴ、それぞれ特徴ある取り組みをしていたところである。技術的にも優れた経営が多く存在していた。そのすべてが流出した。県は、こうした園芸分野の復興はすべて大型施設に集約するという形に一本化して実施した。いわゆる植物工場もその一環として導入された。

植物工場の定義は明確にはなっていない。一般的には、施設内で植物の生育環境（光、温度、CO_2、養分など）を制御して栽培を行なう施設園芸のうち、高度な環境制御を行なうことにより、生育予測の精度を高め野菜類の栽培の周年計画が可能となる栽培施設、とでも定義されるものである。また、自然光との関係では、完全人工光型、太陽光人工光併用型、太陽光利用型の3タイプがある。

現在（2015年10月）宮城県内には、3タイプ合わせて19カ所の植物工場があり、いずれも法人経営である。そのうち大震災後に復興施策で建てられたものは、8カ所にのぼる。8カ所のうち、規模が最も大きいのは、仙台市蒲生地区に2012年建設された「㈱みちさき」である。

「㈱みちさき」は、再生可能エネルギーやICT（情報通信技術）を活用して野菜を栽培する「スマート農場」を目標に、仙台市の「農と食のフロンティア事業」の一環として誕生した。開始当初は「仙台東部地域6次化産業研究会」が、その主体となっていた。メンバーには、JA仙台、地元農家に加えて、IBM、三井物産、カゴメ、セブン&アイ、カメイといった企業も名を連ねていた。参加企業は各々コンピューター管理、メガソーラー、物流、食品加工、販売、顧客管理、燃料といった各セクションでの役割分担と共同作業を模索していた。植物工場本体に関しては、参加予定農家、JA仙台を中心に、オランダに二度にわたる調査団を派遣し、施設内容、規模等を検討したものと思われる。

2012年「㈱みちさき」は発足した。2万6000㎡の用地の賃貸契約の締結に至るまでには、かなりの交渉先と時間を必要とし、結局仙台市東部蒲生地区での設立となった。社長には、仙台東部六郷地区出身の若手農業者菊地守（当時42歳）が就任した。2004年からラジコンヘリによる肥料や農薬の散布、地場野菜の業務用を手掛ける農業関連会社「六郷アズーリファーム」を運営しており、大震災によりすべてを失ったが、被災にめげず冬のトマトの大規模ハウス栽培に乗り出した青年農業者である。2万6000㎡の敷地に、3棟の植物工場を建て、レタスを中心とする葉物類、主力のトマト、パプリカ、そしてイチゴ栽培に乗り出したのである。施設はオランダ、韓国（低価格）から輸入した太陽光・人工光併用型、移動式高床養液栽培である。総事業費約13億5000万円のうち10億6000万円を国が負担し、地元農業法人「舞台ファーム」も出資している。収穫物は、有機野菜レストランチェーン「サイゼリヤ」、セブン&アイが有力な出荷先となっている。当初の予定とは異なり、独自販売の傾向が強くなった状況をふまえ、菊地社長は小口の出荷先との交渉に多くの時間をさいている。そのため生産ラインも複雑化せざるを得ない状況にある。

その状況は、㈱みちさき」のスタートと時を同じくして「仙台東部地域6次化産業研究会」が解散していることと関連しているようである。あくまでも推測の域を出ないが、研究会メンバーが構想していた、ICTによる経営の高効率システム、メガソーラー導入による自然エネルギー利用、販売戦略の構築策の一体的実現には相当の時間が必要であることから、植物工場単独での見切り発車となったのではないかと思われる。現在（2015年10月）では、植物工場の本来的システム運用が効率よく作動しているとは思えない状況にあることは確かである。

折しも同じく被災した仙台の農家3人によって名取市に設立された総面積6000㎡、3棟の植物工場「さんいちファーム」が販路確保ができず、2011年11月の設立からわずか3年で自己破産申請をしたとの報道もあり（2014年12月5日）、「㈱みちさき」についても、その奮闘ぶりを見るにつけいささか不安の念を禁じ得ない。

農業参入を試みる企業は多い。ただし、被災農地、放射能汚染地域における外気を遮断した安全生産システムも、販売への過程では、放射能フリーとはならない。当初ふれたように被災地8カ所を除いた県内11カ所の植物工場は、それなりに経営を維持している。「㈱みちさき」は、研究会参加企業の連携のための復興モデルと位置づけられていたとも考えられる。農業分野への企業参入は、結果として、地域農業の発展には寄与しえない一つの事例として位置づける必要もありそうである。徹底した省力化、自動化、栽培過程のコンピューター管理が基本だからである。原理的には、収穫を除いては人手を必要としないからである。

これとは対照的に、精米工場に特化して農業参入した「アイリスオーヤマ」は、プラスチック製造工場以外に自社工場を持たない「ベンダー企業」である。用地取得には県の支援もあり、米の集荷は「舞台ファーム」が担当するいわば農業における「ベンダー」企業として振る舞い、一定の販売シェアを確保し、工場拡大も果たしている。「ベンダー企業」の実態はわかりづらいというのが実感である。

亘理町、山元町も国の復興交付金を活用して（亘理町112億円、山元町75億2000万円）、イチゴ団地を造成し、施設の無償貸与を実施したが、2013年9月からの稼働であり、その経営実績は不明である。しかし、課題もある。一つは従来の露地ハウス栽培での高い技術力が高床式の養液栽培にどう活用されているかであり、もう一つは地下水が塩分過多で利用できず水道水を使用することによるコスト圧である。加えて無償貸与期間が過ぎる5年後の対応準備は万全なのかという点である。

地域農業の課題としては、被災農家は380戸にのぼり、その3分の2を占める296戸の復興の道筋は、依然として不明のままであり、その道筋は何ら示されていない。このことはイチゴ団地にとどまらない。大規模農業法人による水田復興しかり、植物工場しかり、園芸（イチゴ）団地しかりである。いずれも、一握りの大規模志向農家以外の農家には、何ら復興の方向は示されていない。ましてコミュニティの復興策は論外と言わんばかりの現実である。もし、この現実が農業における「創造的復興」の姿と言えるとしたら、国の農業復興策、それに同調している県の施策は、農村つぶし以外の何ものでもないということになる。心して次の5年間も被災者とともに地域農業総体としての再生、浜の漁業の再生という被災農業者、漁業者の力を生かした復興に向けて歩まねばならない。人格権が尊重される日本再生への道である。

【参考文献】

1　小山良太「福島県における放射能汚染問題と食の安全対策」田代、岡田編『復興の息吹き』所収農文協　２０１２年９月
2　西日本新聞社取材班『水俣病50年』西日本新聞社　２００６年12月
3　岩手県復興局での聞き取り――２０１５年11月11日
4　岡田知弘『震災からの地域再生』新日本出版社　２０１２年５月
5　「被災から復興へ」（パンフレット）ＪＦたろう　２０１５年３月
6　小磯明「東日本大震災からの復旧・復興事業の取り組みと課題に関する研究」非営利・協同総合研究所いのちとくらしワーキングペーパー№４　２０１５年３月
7　綱島不二雄「水産特区（宮城）成立過程の問題点と今後の課題」『北日本漁業』第42号　２０１４年８月
8　濱田武士『漁業と震災』みすず書房　２０１３年３月
9　福島かずえ「仙台東部地域の農業・農村集落の被災実態とその再生」岡田知弘編『震災復興と自治体』所収　自治体研究社２０１３年11月

第9章

大震災後に作られた法律は、被災者を救済したのか

弁護士　津久井 進

1 消されつつある原発避難者

原発事故で避難を余儀なくされた人々は、5年という長い時間を、不安を抱えながら過ごしている。表面だけしか見ていない無関心層は、まるで様々な政策が講じられているように認識しているかも知れない。しかし、きちんとした法的対応はなされていない。あるいは、おざなりな施策は、避難した人々の過酷な生活や切実な声に応えていない。なぜそうなるのか。

第1に、日本社会において一人ひとりの避難者が大切にされていないからである。
第2に、原発避難者を保護する法律が機能していないからである。
第3に、そもそも避難者が誰であるかという根本的な定義がはっきりしないからである。

5年が経過してもなお、原発避難者がどんな生活実態を強いられているのか、まともな調査さえ行われていない。避難者の一人ひとりを大切にしようと思えば、彼らを支える制度をきちんと実施すべきだ。しかし、現実にそうした動きはなく、避難者を線引きする冷酷な対処が今も続けられているだけである。彼らは「自分は避難者であるのか……」「被災者であるならどんな権利を主張できるのか……」。社会からも制度からも見放された感覚を持ちながら、いったい自分はどういう存在なのか？　と自らを問いつづけている。日を追うごとに、彼らの自尊心の傷は深まるばかりだ。

今、政府は、「原発避難者」という存在を消滅させようとしている。避難者がいなくなれば、原発事故の終焉を堂々と宣言できるからにほかならない。五輪実施までに原発事故に一区切りをつけるという世界への公約を、原発事故を収束させる方法ではなく、原発避難を隠ぺいする方法で実現しようとしているのだ。阪神・淡路大震災のとき、「避難所」に数千人の避難者がいたにもかかわらず、「待機所」と看板を付け替えることにより、「すべての避難所は解消した」と宣言した手法が想起される。表紙を付け替えることで、苦難を背負った人々の存在が社会から消されつつある。

福島の再生に向けて政府が掲げたスローガンは「福島の再生なくして、日本の再生なし」であった。避難者を消すことによって、日本の再生の一歩前進を試みる。欺瞞《ぎまん》というより、悪質なジョークにしか聞こえない。そもそもこのスローガンからは一人ひとりの避難者の姿を想起できない。そこには避難者が抱える苦悩を解決することが再生につながるという回路がないからだろう。

原発事故によって避難している人々の存在を正面から否定することは、人間の尊厳の否定であり、そのアイデンティティを圧殺することに等しい。

真剣に「日本の再生」を実現するには、

第1に、一人ひとりの避難者の存在を正面から認め、

第2に、きちんと制度を確立して救済し、

第3に、難民化しつつある彼らに普通の日常を取り戻させる、地に足の着いた施策の実施、

を緊急に講じる必要がある。

2　5年目の節目に被災者救済の法制度を点検する

巨額の公費を費やした集中復興期間が節目を迎えた。しかし、被災した人々の生活が復活したという報告を聞くことはない。なぜ、一人ひとりの被災者がいつまでも苦難を背負い続けなければならないのか。

■主な被災者救済法制

法律名	支援内容（概要）
災害救助法	避難所、仮設住宅を供与する
	飲食、日用品、医療等を供与する
	住宅の応急修理費（約54万円）を支援する
	生業に必要な資金を給与・貸与する（但し現在休止中）
被災者生活再建支援法	被災世帯に最大300万円の支援金を支給する
災害弔慰金法	遺族に最大500万円の弔慰金を支給する
	震災障害者に最大250万円を支給する
	被災者に災害援護資金貸付を行う
東日本大震災事業者再生支援機構法	被災事業者への金融支援等を行う
被災ローン減免制度（※）	被災者のローンの減免を行う
東日本大震災義援金差押禁止法	義援金等の差し押さえを禁止する
原子力損害賠償法	原発事業者の無過失・無限責任を認める
子ども被災者支援法	原発事故被災者の支援のあり方を定める

※法制度ではなく私的整理のガイドラインである
（注記）そのほか、自治体には数多くの独自制度があるが、ここでは国の法制度のみを挙げた。

理由はいろいろ考えられるが、一つの答えは簡単だ。一人ひとりの被災者を救済する制度が欠落しているからである。あるいは、被災者救済の制度（メニュー）が質・量ともに不足しているか、誤って使用されているからである。つまり、一因は「法のあり方」にある。

東日本大震災後には数多くの法律が制定された。現在までに構築された主な被災者救済のための立法は表のとおりである。

これら制度を便宜上、立法された時期を3区分して整理してみよう。

①概ね1年以内に立法された初期段階
②その後これまで5年目までに立法された中期段階
③これからの時期に措置されるであろう後期段階

立法という作業は、社会で起きた様々な現象から抽出された教訓を、社会の一般的な仕組みに組み込む営みである。ならば、東日本大震災で得られた教訓が立法化されていると考えるかも知れない。しかし実情は必ずしもそうなっていない。

初期段階には矢継ぎ早に多くの立法がなされた。数え方にもよるが40〜50本ぐらいにはなるだろう。一本も立法されなかった新潟中越地震と比べると、目覚ましい立法ラッシュ現象だった。しかし、その中身が問題だ。初期段階に手当てされた法制度は、阪神・淡路大震災や新潟中越地震などをはじめとするこれまでの大災害で浮かび上がった課題を一斉に立法化したものに過ぎなかった。いわばやり残していた宿題を大慌てでクリアランスしたようなものだ。

そして、中期段階に講じられた法制度は、東日本大震災で起きた事象を踏まえて立法化されたことは確かである。しかし、そのほとんどが中央の行政目線で策定されたものであった。

翻って初期・中期段階の立法を精査すると、被災地で紡がれた教訓を踏まえ、被災者が主体的に発意した法制度はほとんど見当たらない。

3 初期段階の救済法

個別の初期段階で作られた法律について概観してみよう。被災者の救済を目的とするものが目立つ。ただ、これまでの法制度の不備の修正を図ることを目的とするもの、いわばマイナーチェンジの立法が中心だった。

「災害弔慰金の支給等に関する法律」に基づく災害弔慰金

たとえば、「災害弔慰金の支給等に関する法律」に基づく災害弔慰金については、これまで支給対象となる遺族に兄弟姉妹が含まれていなかった。この点は、２０１１年８月の改正によって、同居または生計を一にする兄弟姉妹を加えることになった。岩手県沿岸部で建築業を営んでいた兄弟のうち、弟が津波で流されたが、兄が役所に行ったところ「あなたは遺族ではない」と言われたのだった。この訴えを受けた弁護士が重要なリーガルニーズだと気付き、世論に訴えて法改正に結び付いたという経緯である。もっとも、同じ問題が阪神・淡路大震災でも指摘されていた。２０００年には議員提出法案が国会に提出されたこともある既存の立法課題で、そのまま放置されていたものが、東日本大震災をきっかけに法律改正につながったのである。

「災害援護資金貸付」の制度

同じように既存の課題を解決したものがある。被災者は、生活基盤や生業を失って、当面の生活の維持のためにお金が必要となる。その資金需要に応えるための「災害援護資金貸付」の制度である。従来この貸し付けの条件は、第1に保証人を立てること、第2に年３％の利息が条件とされていた。また、将来返済できない状況になったときの免除事由が死亡等に限られるなど極めて限定的だった。しかし、２０１１年5月に制定された「東日本大震災に対処するための特別の財政援助及び助成に関する法律」によって、保証人は不要となり利息は年1・5％に下げられた。あるいは保証人を立てれば無利息になった。さらに、免除要件も弾力的なものに改正された。被災者にとって、非常に助かる現実的な制度改善である。

もっとも、その制度改善の背景には、阪神・淡路大震災で災害援護資金貸付の大量滞納が発生し、市町村が多額の不良債権を管理することになって、それが大きな社会問題に発展するという事情があったのである。

二重ローンに関する制度の改善

もう少し大きなインパクトを与えたものとして二重ローンに関する制度の改善が挙げられる。二重ローンとは、災害が発生する前から抱えていた債務が残ったまま、新たに債務を負担することをいう。他国では、担保となる物件が滅失したときは、そこに付いているローンも消滅する法制もある。ノンリコースローンといわれる。

これに対し、日本の法制は、担保とローンは別々に扱うのが原則なので、たとえ物件が消滅しても、ローンはそのまま残る。ある事例では、3月11日の午前中に不動産売買の決済を行って引き渡しを受け、住民票を移す前に津波に遭って家を失ったため、一度も住んだことのない家のローンが全額残り、住民票もないので各種救済制度も受けられなかった。泣くに泣けない状況である。ほかにも似たような事例は多々あった。こうしたケースに遭遇したとき、誰でもまず被災した既存債務を何らかの方法で減免できないかという問題意識が生まれるであろう。実は1991年の雲仙普賢岳噴火災害を発端に、長く提唱され続けてきた命題だった。その後の阪神・淡路大震災では、二重ローンとなった場合の利子補給の仕組みができたが、表面的な対症療法で焼け石に水であるとの批判も強かった。

そこで、東日本大震災では、2つの措置がなされることになった。

1つ目は、事業者向けの対策として立法された2011年11月の「株式会社東日本大震災事業者再生支援機構法」である。この制度は、新たに立ち上げられた東日本大震災事業者再生支援機構が、銀行などの金融機関から被災事業者に対する被災債務を買い取って、機構が債権者になって全体の窓口役となり、被災事業者の債務を減免・猶予するとともに、新たなファイナンスを実施して事業者の再生を支援する仕組みである。

2つ目は、「個人債務者の私的整理に関するガイドライン」（通称「被災ローン減免制度」）である。正確に言うと、これは法律ではなく、金融庁が立ち上げた任意の債務整理の仕組み。「個人版私的整理ガイドライン運営委員会」が一人ひとりの債務者の状況を調査し、登録支援専門家（主に弁護士）を無償で配置し、債権者との減免の交渉を支援し、破産手続等の法的手続を経ないでも、被災者に破産と同等の債務減免の効果をもたらすというものである。

これらは、雲仙普賢岳噴火災害から20年越しの宿題に対する一つの答えであった。

4 初期段階で放置された災害救助法の改正

初期段階で改正されるべきであったのに何ら措置されずに放置されたものとして「災害救助法」がある。「災害対策基本法」が行政にとって重要な基本法令であるのであれば、被災者にとって最も重要なのが災害救助法である。

災害救助法の守備範囲はとても広い。まず、災害が起きた直後に開設される避難所。そこで供与される食事、水、寝具、日用品。さらに損傷した家屋の応急修理に加え、本格的な住居再建までの間の仮設住宅の供与まで、被災者の避難生活の全体をフォローアップする。

ところが、災害救助法の基本的仕組みが、各自治体が行う被災者の救助に対して国費が補助されるという財政負担制度であることから、何事も費用負担に慎重な自治体によって、極めて制限的な適用のされ方をした。たとえば、凍える体育館で長期間にわたって雑魚寝を余儀なくされたり、いつまでも冷えたおにぎりと菓子パンが供与されたりする状況が、半ば当たり前のようになっている。欧米では速やかに世帯ごとに生活環境を整備するのが当然であり、日本の有様は先進国としてあり得ない時代錯誤の様相を呈している。戦後間もない昭和22年に制定された古い法制度が、長期間にわたって被災者に前近代的な避難生活を強いる根拠となっている。ここには憲法25条が保障する「最低限度の文化的生活」が存在しない。

また、応急仮設住宅（みなし仮設住宅も含め）は、東日本大震災・福島原発事故のように、当初から長期間にわたる避難生活が見越される場合は、提供される住宅が数年単位の居住条件、当該地域の気候条件などを満たすことが最低要件となるはずだ。ところが、災害救助法が大規模災害を想定していないことから、応急仮設住宅の最長期限を2年とする制度を機械的に適用し、その後1年刻みで延長という付け焼刃の対応になっている。あろうことか、原発事故の自主避難者には、その後の生活再建の見通しが立っていないにもかかわらず２０１７年度末で打ち切る方針を出している。現実を直視しない教条的な先例主義が被災者を苦しめている。

まだ記憶に新しいが、２０１５年９月に鬼怒川決壊水害が起き、茨城県常総市を中心とする広範囲の地域で災害救助法が適用された。そこでは、40日以上もおにぎりと菓子パンの配給が続き、在宅避難者への食事供与を打ち切り、避難所の劣悪な環境を放置したまま整理・統合を繰り返すという、先進国における災害対応の進歩と比べて真逆の退行現象が見られた。法制度の改正が放置されたまま、東日本大震災の教訓が普遍化されていないことを痛感した出来事であった。

私は、災害救助法を改正するとともに、運用方法を改めるべきだと考えている。旧厚生省の内部マニュアルには「平等の原則」「必要即応の原則」「現物支給の原則」「現在地救助の原則」「職権救助の原則」の５原則が示されている（図①参照）。

しかし、悪平等の展開や、必要性が減じれば直ちに救助を取り止めたり、過敏に金銭供与を拒絶したりするなど、災害救助法の悪弊の根拠になっている。災害救助法の運用原則を改め、「人命最優先の原則」「柔軟性の原則」「生活再建継承の原則」「救助費国庫負担の原則」「自治体基本責務の原則」「被災者中心の原則」の６原則による対応に改め、これに沿った制度改善がなされるべきである（図②参照）。

また、災害対策基本法は基礎自治体が一次的な責任を負う仕組みになっている。市町村が災害の現場に最も近く、被災者の声を直接的に聞く立場にあることから、妥当な役割分担であるといえる。ところが、災害救助法は都道府県が実施責任を負い、市町村はその受託先として救助に携わるに過ぎない仕組みになっている。災害対策基本

図①　現・災害救助の５原則

① 平等の原則
② 必要即応の原則
③ 現物支給の原則
④ 現在地救助の原則
⑤ 職権救助の原則

図②　新・災害救助の６原則（筆者提案）

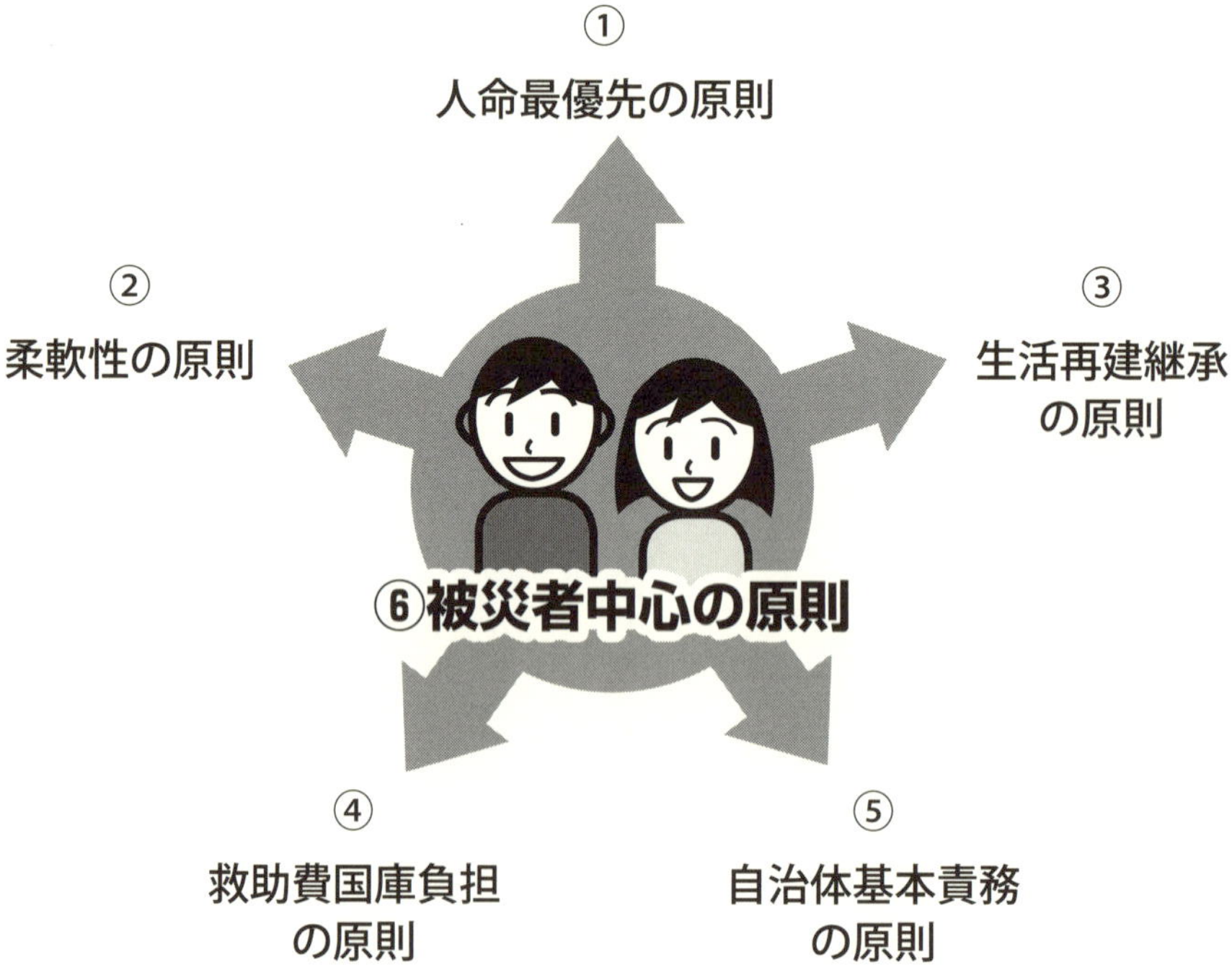
① 人命最優先の原則
② 柔軟性の原則
③ 生活再建継承の原則
④ 救助費国庫負担の原則
⑤ 自治体基本責務の原則
⑥被災者中心の原則

法は市町村、災害救助法は都道府県という、ねじれ現象は有害無益である。被災者に最も身近で直接的な支援の役割を担う災害救助法こそ、市町村において実施責任を負うべきである。

5 原発避難者と災害救助法による住居の供与

原発避難者に供与される住まいの法的根拠は脆弱である。プレハブ仮設やみなし仮設の根拠法は、災害救助法である。もともと災害救助法は災害の急性期への適用を守備範囲としていることから、その運用は「応急的」なものとして規律されている。だから、建築基準法や景観法によって期限は2年と定められている。それ以上の延長は、もともと法律の想定外なのである。

しかし、自然災害の被災者と原発事故の避難者は根本的に異なっている。

第1に、元の地域に戻れるかどうかが不確定であること

第2に、被害を受ける時間軸がケタ違いに長いこと

第3に、自然災害ではなく原因者のある人為災害であること

にもかかわらず他に原発災害に適応する制度がない。そこで、災害救助法を転用しているに過ぎない。被害実態に合わせるわけでなく、避難者の実情にも合わせるわけでもなく、逆に避難者が制度に縛られている。本末転倒というほかない。

県外に避難している原発避難者には、災害救助法とは別の根拠で仮の住まいが提供されているケースも多い。県営住宅や市営住宅などの公営住宅の「目的外使用」という仕組みである。これは本来の公営住宅法の管理・運営の例外措置ということになるので、入居者にとっては常に3つの圧力がかかってくる。

1つは、避難先自治体の方針に大きく左右される

2つは、あくまで公営住宅法の入居条件の原則に縛られる

3つは、一般の住宅困窮者との公平性を強調される

この状態をひとことでいうと住まいの提供が「自治体の一存」で決まるということであり、原発避難者の居住の人権という観点からするとあまりにも不安定である。厚生労働省が管理している雇用促進住宅に入居しているケースも同じような問題を抱える。

避難生活に区切りを付け、恒久住宅に入る場合も、法的根拠は乏しい。復興庁が主たる政策として挙げるのは災害公営住宅の供給である。福島県が２０１５年までに整備した災害公営住宅は概ね３９００戸で、原発避難者向け住宅は１３００戸にのぼる。

災害公営住宅は、公営住宅法に基づいて建設されるが、公営住宅は住宅困窮者に対して住まいを提供するところに目的がある。しかし、原発の避難者は「住宅に困窮」しているのではない。避難を余儀なくされたことで住宅を奪われ、あるいは生業を奪われ「地域社会の機能停止」が原因で住環境を失ったのである。公営住宅法と災害公営住宅、住民のニーズの間の食い違いに着目しなければならない。

避難者が移住を決意するケースもある。移住にあたって避難者が最も悩むのは、住民票を移すことによって以前の自治体との関係が切れてしまうことである。住宅支援の打ち切り強行は、避難者に戻るか移住するかの二者択一を迫ることになる。以前の自治体との関係保全に関しては、本拠地を避難元に置きながら、日常生活に伴う行政サービスは避難先で受けるという「二重住民票制度」や「準市民制度」が提唱されてきたが、これまで本格的な立法検討はなされないまま今日に至っている。

今の日本では、原発避難者は法制度の保護の枠外に放置されている。原発被害という前例のない社会事態に対しては、前例のない制度が創られるべきである。間尺の合わない別の仕組みを持ち出して無理矢理に適用しているが、現実は行政による二次災害にほかならない。避難者の災害関連死が今も増え続け（福島県の災害関連死者数は２０１５年９月30日現在１９７９人）、災害関連の自殺者も80人（２０１５年11月まで）という深刻な事態は、このことと無関係ではない。

制度がないのだから、新しい仕組みによって解決することこそ早道であり、むしろ現実的だろう。たとえば、日本弁護士連合会は、２０１４年7月17日の「原発事故避難者への仮設住宅等の供与に関する新たな立法措置等を求める意見書」において、住宅供与を国の直轄事業にして、長期にわたる住宅供与・更新制度の導入を求めている。東日本大震災と福島第一原子力発電所事故によって生まれた被災地の教訓が、語り継がれ、普遍化され、被災者の救済に役立つ立法として措置されるのは、これから始まる後期段階のステージに負託されている。法律実務者の私たちとしてもその社会的責務を厳しく自覚しなければならない。

6 中期段階の立法――中央主導立法と被災者救済

２年目以降の中期段階にも多くの立法が相次ぎ、復興の推進力になったのは間違いないが、被災者の視点に立つと、被災者の生活再建に直接に役立つ制度はあまりない。

原因の一つは、中央の視線に貫かれた政策が立案されたことである。たとえば、震災直後に設置された東日本大震災復興構想会議の報告書「復興への提言～悲惨のなかの希望～」には、復興構想7原則が掲げられ、原則の5には「被災地域の復興なくして日本経済の再生はない。日本経済の再生なくして被災地域の真の復興はない」と記されていた。この原則は被災者の率直な思いからかけ離れている。被災者の多くは、日本経済の再生よりも、目の前の生活再建を先に何とかして欲しいと考えていた。当然だろう。

この復興構想7原則を受けて制定された「東日本大震災復興基本法」では、第1条の目的条項の末尾に「日本の再生を図ることを目的とする」と明記された。この目的を錦の御旗にして復興予算の流用問題が起きる。「日本の再生を図る目的」なら、沖縄の道路工事にも、道徳教育の啓蒙パンフレットの予算にも使える。願いさえ伝えれば叶えてくれる「アラジンのランプ」状態になった。実際、会計検査院の調査で、復興予算で実施された326事業（調査対象1401事業）のうち計1・4兆円が被災地復興とは関係のない事業であったことが明らかとなった。そのシワ寄せで、被災地に落ちるべきお金は限定的になった。被災者の立場からすると、この復興予算の流用問題は堪え難いモラルハザードである。

災害対策基本法の大改正と「人間の復興」の基本理念

その中にあって、被災者目線から見て善戦したと感じられるのが「災害対策基本法」の大改正である。災害対策基本法は、伊勢湾台風をきっかけに昭和36年に立法され、その後に起きる大災害のたびに教訓を取り込むカスタマイズ機能を持ちあわせた法律だ。今回は、かなり大胆かつ大規模な改正がなされた点が注目される。

主な改正点を5つ挙げることができる。

第1に、災害における基本理念をはじめて明記したこと
第2に、被災者の保護の規定をはじめて盛り込んだこと
第3に、避難者への対応を整序したこと
第4に、大規模災害に即応できる行政対応の仕組みを整序したこと
第5に、教訓の伝承や防災教育などの市民力の底上げを図ったこと

特に、災害の基本理念が明文化された点（災害対策基本法2条の2）と、被災者保護にかかる諸規定の新設については、被災者を元気づける内容であった。災害の基本理念について「人間の復興」を提唱する声が各方面から上がっていた。日弁連が公表した数多くの意見書は人間の復興をキーワードにしていた。2010年1月に関西学院大学災害復興制度研究所が公表した「災害復興基本法案」も人間の復興が中軸になっていた。この理念の起源は、大正デモクラシーの論者のひとり福田徳三だとされている。関東大震災時に「復興事業の第一は人間の復興でなければならぬ」（『復興経済の原理及若干問題』）と説いた。「東日本大震災復興基本法」の「日本の再生を図ることを目的とする」とする理念規定とは懸け離れた優位性をもち、今後も活用されるべき基本指針である。

「子ども被災者支援法」と避難者の自己決定権

原発被害者の救済を期して、避難者を中心とする市民の声に基づいて2012年に議員立法で成立した「子ども被災者支援法」（正式名称「東京電力原子力事故により被災した子どもをはじめとする住民等の生活を守り支えるための被災者の生活支援等に関する施策の推進に関する法律」）は、理念法としては極めて充実した内容を備え、避難者の自己決定権を尊重し、住まいや仕事の保障を謳い、さらに避難者や母子の健康に資するための医療措置（無償検査など）の制度づくりのアウトラインを定め、被災者の困難な生活実態に抜本的に対処するための基本法になっている。

そこに書き込まれた「避難の権利」を保障する理念は、正しい方向を指し示している。ところが、制定直後から、これを主管する復興庁等が中心となって意図的に原発事故子ども被災者支援法の骨抜きを画策し、具体的施策が何ら実施されないまま無力化して現在に至っている。制度が成立した後、市民や法律家などが関与する仕組みが作られず、中央省庁に具体的制度設計を一任してしまったことがその事態を招いてしまった。痛恨の極みである。

7 後期に期待される救済法

東日本大震災と福島原発事故の教訓は、被災者救済の場面では、未だに法制化されていない。教訓が活かされていないというのが現実である。

宿題を次に持ち越さないことが最も重要な災害対策である。早急に教訓を検証し、これを踏まえた立法を図り、それを東北の被災者に適用することが、被災者に対する最も有効な救済手段といえるだろう。そして、首都直下地震、南海トラフ地震など、次なる大災害が間近に迫っている現状を鑑みても、教訓の法制化は喫緊の課題だ。

そうした観点から、これから始まる5年の「復興・創生期間」に向けて、被災者目線に立って改正などの対応が必要と考えられる。３つの提言をしたい。

３つの提言

第１は、「災害救助法」の改正である。

先に述べたとおり、災害直後の被災者にとって最も重要なのが災害救助法である。災害救助法そのものはニュートラルな法文体系であるが、長年にわたって積み重ねられた硬直的な先例主義が被災者を困惑させている。原発避難はそのしわ寄せを最悪の形で受けている。今後の国民の避難生活を想像すれば、災害救助法の抜本的な改正は不可避である。法律家は、いかに災害救助法に不足があるか立法事実を示し、新たな救助法制を示さなければならない。

第２は、災害関連死に関する制度の改善である。

災害関連死には、災害弔慰金支給法に基づく弔慰金支給の対象である。東日本大震災では、これが硬直的・制限的に適用されて、救済されるべき多くの事例が切り捨てられている。日弁連の2013年9月13日「震災関連死の審査に関する意見書」では、「人の死」という重大案件の審査であるにもかかわらず、平均審査時間は、岩手・宮城・福島の3県の平均が7・2分、とりわけ岩手県受託分は4・3分というスピード審査が行われているという事実が指摘されている。人の死をそんなに軽く扱ってよいのか、というのが真っ先に感じる疑問である。しかも、関連死の認定率は、福島県86%、宮城県76%、岩手県60%という状況であり、認定率の低さと、地域による差異が目に付く。

阪神・淡路大震災では、震災6日前に危篤に陥り、いつ死亡してもおかしくないと診断された75歳男性が、震災で人工呼吸器が外れ、間もなく死亡したケースで、これを震災関連死と認めた(大阪高裁1998年4月28日判決)。この結論は最高裁でも維持され、司法の基準となっている。ところが、たとえば岩手県の公表している関連死基準では、「高齢・衰弱で震災がなくても同様の経過をたどったと考えられる場合は因果関係がないと判断する」と明記し、死期が多少早まったとしても、死ぬ可能性が高かったならば却下する、という明らかに狭い基準を立てて対応していた。災害関連死の認定は、現在、ブラックボックスの中で行われている。しかし、いくつか判例の集積も出ているところであるから、あらためて基準の定立に向けて動き出す必要がある。「死」という被災者の最期の教訓を、丁寧に拾い上げ、検証し、次の災害で二度と失敗を繰り返さないことが強く求められている。

第3は、被災者生活再建支援法の改正である。

この法律は、阪神・淡路大震災の3年後に被災地の発意で成立した議員立法で、全壊世帯には最大300万円が支給されるというものである。被災者に対する救済法の中心的な位置付けになる。4、5年ごとの見直しが予定され、本来は2011年に改正が行われるはずだった。ところが、東日本大震災のために改正が延期され今日に至っている。

同法は、住家の被害・再建に着目し、世帯に対して金銭給付のみを行う仕組みだが、東日本大震災の経験を経て分かってきたことは、被災者の生活基盤は住家だけでなく仕事、心身の故障、家族・人的交流など様々な要素で成り立っているということで、住家にのみ着目する適用要件は実態に合わないということである。仙台市では「仙台市被災者生活再建加速プログラム」を策定し、生活再建への取り組みを支援するために、被災世帯ごとのニーズを個別に把握し、住まいの支援だけで足りるケース、住まいだけでなく就労支援も加えなければならないケース、生活再建全体への支援が必要なケースなど、支援策をそれぞれのケースに応じて個別に考えるスキームを実施している。被災者支援を個別の「点」ではなく、全体的な「面」で対応する方法は見習うべきである。

また、もともとの世帯が分離して生活再建に臨む例も多く、たとえば離婚した場合に世帯主である夫にのみ支給され、母子には支給されないというケースも多く見られた。近時はマイナンバーや被災者台帳など個人単位で対応することも多く、世帯単位ではなく個人単位で支援するのがニーズにマッチするだろう。そして、支援方法も単なる金銭支給にとどまらず、たとえば情報提供や寄り添い、見守りなどを行う「被災者生活再建支援員」のような人的支援も含めた上で、個々の被害実態に合わせて支援方法をオーダーメイドで策定して実施する「災害ケースマネージメント」を盛り込む制度に再編するのが適当と思われる。いわば介護ケアマネの災害版である。

8 今こそ被災者目線を

阪神・淡路大震災から21年が経過し、かつての被災地は、すっかり日常を取り戻したように見える。しかし、未だに震災を引きずっている人々がいることも忘れてはならない。新長田駅南地区の再開発事業や、孤独死、震災障がい者の放置など。人の手による復興施策のまずさが引き起こす悲劇を、私たちは「復興災害」と呼んでいる。

「復興災害」の芽は東日本の被災地にもある。宮城県には、5年経って今なおトイレさえ使えない全壊自宅で過酷な避難生活を続けている人がいる。彼らは「在宅被災者」と呼ばれ、少なくとも数千人はいる。制度の救いの手から漏れ落ちた人々だ。災害ケースマネジメントを早急に導入するなど、新たな発想に基づく救済の手を差しのべなければならない。

今年2月に兵庫県立舞子高校の環境防災科で災害法の話をする機会を得た。高校生諸君に「被災地にはどんな法律をつくったらいいだろうか?」と問い掛けてみた。すると、被災者を中心とする理念に基づいて、目の前の命を優先する法律が必要だという答えが返ってきた。彼らは災害ボランティアを現実に経験し、被災地をその目で見て、被災者の生の声を聞いている。そんな高校生たちが、とても真っ当な考えを持ち、鋭い感性を身に付けているのに接して、将来に対する力強い希望を感じた。

被災地を知る高校生たちの瑞々しい感性が、新しい仕組みの実現を連想させる。私は、今こそ、災害復興の基本理念を打ち立て、一人ひとりが大事にされる災害復興法を制定するタイミングだと信じる。今からでも遅くない。被災者目線を忘れずに再スタートを切るべきだ。

終章

大震災における減災思想とそのあり方

兵庫県立大学防災教育研究センター長　室﨑益輝

はじめに

阪神・淡路大震災と東日本大震災は、その甚大な被災と苦難の復興を通じて、今までの防災対策の考え方を根底から変えることを、私たちに強く求めている。防災の思想や戦略の転換を求めているのだ。ここではその転換のキーポイントがどこにあるかを問いかけつつ、これからの防災のあるべき姿を探ることにしたい。

1 新しい防災の考え方

大震災は、多くの教訓を私たちに投げかけた。その中でも、防災のあり方の基本に関わる教訓は、「管理、事前、協働、共助、人間、包摂」といったキーワードで説明することができる。

管理というのは、大雑把で曖昧な取り組みから、リアリティのある取り組みにするということである。事前というのは、場当たり的な応急対応主義から、事前防備を重視した取り組みにするということである。協働というのは、縦割り主義や専制主義を排して、多様な主体が協働して取り組むということである。共助というのは、公助や自助の限界を、コミュニティケアやボランティアケアで補完するということである。人間というのは、一人ひとりの人間に寄り添って、その命や暮らしを守ることを基本におくということである。包摂というのは、排除や差別の論理を排して、危機に瀕する人を社会全体で守ってゆくということである。

ところで、もう一つ大切なキーワードがある。それは、「減災」である。減災は、上述のすべてのキーワードに関わりを持ち、新しい防災の考え方を端的に表すキーワードである。「被害を防ぐ防災」から「被害を減らす減災」

に転換することを求めている。被害をゼロにしようとするのではなく、被害を少しでも和らげようとするのである。たばこ火災のような小さな災害は防ぐことができるので防災でいいが、巨大地震や火山噴火のような大きな災害は防ぐことができないので、減災を目指すことになる。この減災の立場に立つと、大きな自然に対する小さな人間という関係性を念頭において、人間が自然に対して謙虚に向き合う、柔らかに向き合うことになる。力まかせに自然を抑え込もうとする傲慢性を戒めるものである。

これらのキーワードを踏まえると、防災から減災、災害対応から危機管理、行政主導から連携協働、自己責任から社会包摂、都市復興から人間復興へと、今までの防災の考え方を大きく転換することが、これからの方向性として引き出される。

「危機管理」では、被害軽減のための実行管理や目標管理が厳しく問われる。実行管理ということでは、誰が何を何時までにどのようにして実現するのかを明確にして、取り組んでいくことが求められる。目標管理ということでは、検証により目標が達成されない原因を明らかにし、その改善をはかっていくことが求められる。減災をリアルに追求するということである。

「連携協働」ということでは、多様なセクターがその長所を持ち寄って相互に補完しあうことが求められる。今までは、行政がトップダウン的に防災を主導するのが慣行となっていたが、それでは不十分なことが大震災で明らかになった。これからの防災においては、民主的なシステムが防災や減災においても必要なこと、そして巨大災害に総合力で対応しなければならないことから、トップダウンに加えてボトムアップが求められ、リーダーシップに加えてパートナーシップが求められる。地域を超えての連携、職種を超えての連携、立場を超えての連携が求められるといってよい。

「社会包摂」ということでは、ハンディキャップを持った人や自力で立ち上がれない人を、社会全体で温かく包み込むことが求められる。大震災では、自力で避難できないなどの理由で、高齢者や障がい者に被害が集中した。また、経済力のない人が復興から取り残されてしまった。こうした苦い教訓から、「災害保護」という考え方が提起されている。災害を乗り越えられない人、災害で自立できない人を、社会として保護しなければならないということである。自助、共助、公助の関係が「7：2：1」だといって、自助や自己責任を個人に押し付ける風潮があるが、これは行政責任の放棄を正当化するものでしかなく、間違っている。人道的視点からも、弱い立場にある人や傷ついている人を、社会全体で守っていくようにしなければならない。

「人間復興」は、復興の最終的な目標を一人ひとりの人間が希望を取り戻すことに設定する、ということである。道路や建物といった都市のインフラや施設の復興も必要だが、それ以上に人間が生きる力を取り戻すことが必要なのである。ここでは、人間の自立を基礎に社会の再生をはかるというプロセスが大切になる。この人間復興をはかるためには、生きる力を育む暮らしやコミュニティを取り戻す「生活復興」が重要になってくる。復興は、Reconstruction ではなく Revitalization であるといわれる所以である。

2 減災思想の原理

先にも触れたが、減災という発想がこれからの防災に欠かせなくなっている。そこでここでは、これからの防災の方向性を考える一助として、減災という考え方の根底にある思想や規範について考察しておきたい。ところで、減災の考え方の核心は、第1に規範として自然との共生に心がける、第2に目標としてゼロリスクの立場をとらない、第3に実践として対策の融合に心がける、という点にある。

（1）自然との共生

大震災では、自然が人知を超えた存在であること、自然の破壊力がとてつもなく強大であることを学んだ。甚大な被害を目の当たりにして、「大きな自然」と「小さな人間」との関係を認識した。その結果として、強大な自然の破壊力に対して被害をゼロにすることはできないと悟って、減災の思想が生まれたのだ。なお、減災という言葉は、語源的に英語のMitigationに由来している。Mitigationは、地球の環境問題の緩和をはかる取り組みの中で、意識的に使われている。「自然と人間が敵対するのではなく共生する」という考え方がその根底にある。このことからも、自然との調和や共生を念頭に置いたものとして、減災をとらえたい。

ところで私たちは、自然と人間の関係について様々なことを学んだ。その中でも、重要と思われることをいくつか指摘しておこう。

その第1は、巨大地震よって自然が社会に報復したということである。私たちは、経済活動を優先するあまりに、自然を乱暴に破壊してきたが、それが社会の脆弱性を生んだ。その結果が、甚大な被害につながったのだ。阪神・淡路大震災では、市街地の中の緑や水が開発により失われていたことが、火災の延焼を許す結果となっている。危険につながる乱開発を戒めなければならないし、緩和剤としての自然を大切にしなければならないということである。

第2は、力まかせの制圧的な防災には限界があるということである。ハードな構築物で自然を抑え込もうとしても、想定を上回る破壊力が加わると被害が防げないし、設計や工事のミスがあっても被害が防げない。人間の傲慢な姿勢や技術に対する過信が、被害を招いたとみることができる。自然を抑え込もうとするのではなく、自然と共生しようとすることが欠かせないのだ。自然に対しては柔らかな対処が基本で、その破壊力を「逸らす、和らげる、避ける」ことも視野に入れておきたい。

第3は、自然についての正しい認識や知識がいるということである。「松のことは松に聞け」ではないが、日ごろから自然になじんで自然のことをよく知っておかなければならない。災害のリスクに対する軽視や無警戒は、自然の特性や身の回りの自然環境をよく理解していないことから生じる。地震や津波あるいは火山の噴火などのメカニズムを学ぶこと、身の回りの地形や地質あるいは植生などを知ることが、欠かせない。自然が偉大な教師であることを、再確認しておきたい。

(2) リスクの許容

減災では、被害をできるだけ少なくしようと努力はするが、ある程度の被害は避けられないものとして受け入れる。減災は、その基本姿勢として、ゼロリスク追求の立場をとらない。といって、リスクを無批判に許容してはならないと思う。ここでは、絶対的に許容できないリスクと相対的に許容できるリスクとがあることを、正しく理解しなければならない。

許容できないリスクとは、人類や地球環境の存亡に関わるリスクである。戦争や放射能漏えいなどが、これにあたる。取り戻すことができない損失、人間の存亡を左右する損失を、社会に与えるからである。これらのリスクについては、ゼロリスクの立場で臨まなければならない。原子力発電所の放射能の漏えいは、それを防ぎうる保証が現在の技術レベルでは100%でない。それゆえ、万一発生した場合の「取り返せないリスク」を考えなければならない。となると、現時点では許容することができない。

一方で、許容せざるを得ないリスクがある。飛行機では、年平均で10人が命を落としている。自動車では、年平均5000人が命を落としている。ゼロリスクの立場に立つのであれば、「飛行機を飛ばしてはいけないし、自動車をつくってもいけない」ということになる。しかし、社会的にそのリスクを許容したうえで、またリスクを減少する努力を講じたうえで、飛行機や自動車を認めている。自然災害についても同様で、死亡リスクが著しく高い地域は別として、そこでの死亡リスクが許容範囲内であれば、対策を講じることを前提に居住を許している。首都直下地震が起きれば2万人が死亡する東京においても、万一の場合の犠牲は仕方がないこととして、多くの人々が居住している。

社会的規範としての法基準も、ゼロリスクの立場をとっていない。建築基準法は、最低限の基準を決めているだけで、絶対的安全を保障しているものでない。つまり、巨大地震で建物が損傷を受けることや市街地大火で家屋が焼失することを、認めている。ここでは、どこまでのリスクを社会的に許容するのかということが問われる。リスクがもたらす社会的影響やリスクを制御する社会的コストを考慮に入れて、社会的合意のうえで許容値を決めなければならない。なお、このリスクを許容するということに関わって、災害の頻度と強度に応じて減災の目標を設定することを推奨したい。１００年に1回の災害については命も財産も守るが、１０００年に1回の災害については命だけを守って財産はあきらめるのである。命を守るだけであれば、堤防などのハードに頼らなくても、避難などのソフトでカバーすることができる。

ゼロリスクを求めて津波による死者を許さないのなら、東日本大震災後の危険区域指定や高台移転にみられるように、津波の危険のある沿岸部に住んではいけないことになる。同様に、ゼロリスクを求めて大火による死者を許さないのなら、火災危険を排除するために木造を禁止して、伝統的な街並みであっても鉄筋コンクリートで固めることを強制することになる。ところが、「1年間10万人当たり０・０１人」という飛行機並みの死亡リスクを認めるなら、避難対策を講じたうえで、沿岸部に住むことが可能となるし、歴史的景観を守ることも可能になる。自然や歴史の恵みを今まで通り享受することができよう。減災の立場に立つと、利便性と安全性を両立させる道が開ける。

（3）対策の融合

最後の対策の融合というのは、被害軽減を少しでもはかるために、多種多様な対策を効果的に重ね合わせることをいう。融合というのは、対策を足し合わせること、対策を掛け合わせること、対策を補い合うことをいう。「小さな人間」でも努力を積み重ねることにより、「大きな自然」の猛威に向き合うことができると考えている。減災というのは、被害を減らすことである。被害の引き算をはかることである。その被害の引き算を、対策の足し算で行うのである。その足し算においては、質の異なる対策を組み合わせ、その相互補完的な関係を生かすことが欠かせない。対策システムとしての冗長性を高めるために、単線ではなく複線のシステム、直列でなく並列のシステムにすることが求められよう。

先に、危機管理や連携協働あるいは人間復興といった新しい防災の考え方の基礎に減災があるといったが、それについて「対策の融合」という視点からの補足をしておきたい。危機管理は事前と事後の融合、連携協働は行政と住民の融合、人間復興は住宅と職業の融合ということで、被害の引き算を対策の足し算ではかる減災の考え方と軌を一にしている。

危機管理には、英語のリスクアセスメントとクライシスマネージメントが対応する。リスクアセスメントは試験でヤマをかけることに相当する。想定外が起きないように、リスクを事前に的確に予測するよう努めなければならない。油断大敵、用意周到が求められる。クライシスマネージメントは、ヤマが外れても事なきを得ることに相当する。想定外が起きても、応用力や連携力で乗り切るよう努めなければならない。臨機応変、補塡補完が求められる。災害後に、絆とかボランティアが強調されるのは、不測の事態とそれがもたらす空白を、連携力で克服しなければならないからである。

連携協働では、行政主導のトップダウンと住民主体のボトムアップの融合が欠かせない。住民の率先的な参画がなければ、巨大なリスクに立ち向かえないし、地域に密着した対応ができないからである。ボトムアップのコミュニティレベルの取り組みが必要だということで、２０１３年に重要な制度改正が行われている。災害対策基本法の改正で、コミュニティレベルの地区防災計画の作成が位置付けられた。これにより、行政の地域防災計画とコミュニティの地区防災計画が連携して、社会の防災のための駆動力として機能することになった。

人間復興は、生命、生活、生業、生態という4つの「生」の再生に、総合的に取り組むことを求めている。健康、仕事、住宅、教育、福祉、文化などの多様な領域での生活復興を包括的にはかり、人間復興につなげていくのである。生活再建課題の重層的な足し算が、人間復興では欠かせない。

3 減災の足し算と課題

減災の足し算には、時間の足し算、空間の足し算、人間の足し算、手段の足し算などがある。そのそれぞれについて、考慮すべき留意事項や課題を最後に整理しておきたい。

(1) 時間の足し算

時間の足し算は、事前の対策、応急の対策、事後の対策を組み合わせることである。この足し算では、災害直後の応急対策だけではなく、事前の予防対策や事後の復興対策にも意欲的に取り組むことが求められる。ところで、自治体などの対策を見ると、応急に偏重した対策になっている。残念ながら、予防や復興が疎《おろそ》かにされている。例えば、市町村の地域防災計画を見ると、大半のスペースが応急対策に充てられている。応急対策編が70ページだとすると、予防編は20ページ、復興編は10ページしかない。

わが国の防災で、バケツリレーや救助ロボットが好まれるのは、「起きてから頑張ればよい」という応急対応主義が根強いことの反映である。首都直下地震などの市街地大火では、2万人近くの焼死者など大きな被害の出ることが予想されている。その大規模な被害に対する主要な対策は、市民の手による事後のバケツリレーである。バケツリレーで果たして被害を抑制できるかという問題も含めて、場当たり的な対処法だといえる。本来的には、燃えにくい街をつくることや、延焼火災が発生しないようにしなければならないが、そうした事前の予防的な取り組みは、後回しにされている。

市街地の大火と同様に住宅の倒壊によっても甚大な被害がもたらされる。この住宅倒壊のリスクについて、事前と事後の関係を見ておこう。この住宅の防災対策では、応急の救助救護に加えて、事前の耐震補強と事後の再建支援が欠かせない。耐震補強というのは、危険な住宅の補修や補強をはかって、住宅倒壊による死者の軽減をはかる対策である。再建支援というのは、公的な資金援助によって住宅の再建をスムーズにする対策である。耐震補強では直接被害が軽減でき、再建支援では間接被害が軽減できる。予防措置と緊急治療あるいはリハビリを組み合わせ、住宅の被害軽減を総合的にはかっていかなければならないのだ。なお、住宅の清掃などによって維持管理をはかる、公衆衛生の取り組みも忘れてならない。

この時間の足し算に関わって、「事前復興」の取り組みの重要性にも触れておきたい。この事前復興は、災害の前に実施する復興の取り組みをいう。事前の取り組みには、「事前の準備」と「事前の事業」の2つがある。事前の準備には、復興に必要な財源の確保をはかっておく、復興に関わる制度の改定をしておく、復興を進める体制の整備をしておく、といったことがある。東日本大震災では、災害復興などに関する法制度の不備が目立ち、それが復興を混乱させる原因となった。このことから、被災者の基本的権利を守る仕組みの制定など、復興法制の整備は喫緊の課題となっている。

事前の事業というのは、災害後の復興で実施することになる区画整理や耐震補強さらにはコミュニティ強化などの事業を、前倒しして実施することである。社会の脆弱性をそうした事業の実施により事前に取り除いて、最強の状態で災害を迎え撃つようにするのである。事前の減災まちづくりに取り組むということである。日ごろから未来に向けてのまちづくりを実施していると、災害による被害も小さくて済むし、災害後の復興計画の策定もスムーズに進む。事前と事後の連続性が大切だということだ。

(2) 空間の足し算

空間の足し算では、大きな公共と小さな公共を足し合わせることが求められる。大きな公共は、国土レベルあるいは都市構造レベルの空間をいう。小さな公共は、コミュニティレベルあるいは横丁レベルの空間をいう。幹線道路の防災と路地裏の防災の両方がいるということだ。

東日本大震災後の復興を見ても明らかなように、防災や復興では、大規模土木事業が中心になりがちである。幹線道路や堤防や大規模公園といった大きな公共事業で、地域社会を安全にできると思い込んでいる。ところが、そうした公共事業だけでは地域社会は安全にならない。万里の長城といわれた田老の堤防で津波を防げなかったことが、そのことを教えている。お菓子のモナカは、餡子《あんこ》がよくないと皮がいくら立派でも美味しくない。地域社会もモナカと一緒で、幹線道路や堤防という皮と街区やコミュニティという餡子からできている。餡子という小さな公共というかコミュニティがよくないと、地域社会の真の安全を確保することはできないことを、肝に銘じよう。

もっとも、皮がなければモナカとはいえないので、薄くてもよいから皮は必要である。その意味で、防潮堤や幹線道路を否定することはできない。しかし、コミュニティがしっかりし、高台への避難路が整備されていると、巨大な防潮堤がなくても命を守ることができる。餡子というコミュニティがよければ、必要以上に過大な堤防をつくらずに済むということだ。ここでは、厚化粧的な防災から脱皮をはからなければならないことを、強調したい。ところで、国土の強靭化が叫ばれている。これはアメリカの「National Resilience(国民の協働による柔らかな防災)」の身勝手な訳であるが、それはさておき、大きな公共としての国土レベルの強靭化だけでは駄目で、小さな公共としてのコミュニティレベルの強靭化にこそ力を入れなければならない。

餡子をよくするということでは、路地裏に共同の井戸をつくる、隣家との垣根を生垣にする、前面の道路に打ち水をする、相隣間の緊急通報システムをつくる、個々の住宅の耐震化をはかる、コミュニティの人のつながりを育む、といった形での取り組みが求められる。地域の資源や文化を生かす、共同の備蓄や管理に努める、地域の自発性を育む、互助のシステムをつくることが、必要である。地域に密着したまちづくり、住民主体のまちづくり、小さな公共のまちづくりの推進を促したい。

(3) 人間の足し算

人間の足し算では、自助と公助に加えて、互助や共助が欠かせない。行政でも個人でもカバーできない部分を、コミュニティケアやボランティアケアでカバーするのである。自助は自己責任、公助は公的責任である。ともに、義務として大切である。しかし、互助や共助は善意のものであるが、それが果たす役割や機能は自助や公助よりもはるかに大きい。多様で多数の担い手が協働することにより、無限の力が発揮されるものと期待されるからである。

この人間の足し算に関わって、「協働の正四面体」という言葉がある。立体の中で最も頑強なものが、正四面体である。4つの頂点が等距離にあることが、どのような力にも屈しないものにしている。等距離というのは対等の関係にあることを意味している。減災社会の協働正四面体の頂点には、「行政、コミュニティ、企業、NPO」が座ることになる。主要な４つの担い手が互いに支えあう関係を構築して、災害に向き合うということである。

巨大災害からの被害軽減においては、行政と住民あるいはコミュニティが協力すること、それに加えて企業やＮＰＯなどの民間組織や中間組織が協力することが欠かせない。大量の被災者に対して避難所を開設したり、標準的な仮設住宅を建設したりするのは行政の役割である。他方、被災者に寄り添って個々のニーズに細やかに対応するのは、コミュニティやボランティアの役割である。生活再建や地域再生に必要な資源や技能を提供するのは企業の役割である。それぞれの特質を生かして役割を果たし、互いに支えあう関係性を協働の名のもとに構築することが求められる。

ところで、問題点もある。それは、行政と市民の正しい関係が確立されていないことである。行政主導の防災から市民参画の防災へと移行することが求められる時代となっている。しかし、地域防災会議のメンバーにＮＰＯの代表が入れないなど、企画立案あるいは運営段階への市民の参画は、まだまだ限定的である。東日本大震災での復興計画の立案過程では、アンケートなどで市民の声が聴かれることはあっても、計画立案の主人公として市民や被災者が加わる場は、ほとんどなかった。復興計画は、被災者の復興への切実な思いを形にするものにもかかわらず、その被災者が計画作成の場から排除されるのは、大きな問題だといえよう。

（4）手段の足し算

手段の足し算では、ハードウエア、ソフトウエア、ヒューマンウエアを足し合わせることが求められる。ハードウエアは、施設や装備などによる対策をいう。建物の耐震化や防潮堤の設置などが該当する。ソフトウエアは、体制や運営などによる対策をいう。防災組織の整備や対応マニュアルの整備が該当する。ヒューマンウエアは、教育や訓練などの対策をいう。防災意識の啓発や防災技能の鍛錬などが該当する。

手段の足し算を津波対策で見ておこう。堤防によって津波を弱めるハード対策に、情報伝達や避難誘導といったソフト対策を組み合わせる。さらにそのうえに、防災学習などで人々の防災意識を変えるハート対策を足し合わせるのである。東日本大震災では、その時にとられた避難行動を巡って、防災教育の重要性が再認識された。ハードとしての堤防があり、ソフトとしての情報伝達が行われたにもかかわらず、多くの犠牲者が出た。多くの人が危険を過小評価して、逃げようとしなかったからである。意識や知識を変えることが欠かせない。

「大きな自然に対する小さな人間」ということで、謙虚に自然に向き合う態度が求められている。抑え込もうとする傲慢さではなく、和らげようとする謙虚さがいるということである。この謙虚さを自覚したうえでの足し算では、人間が原始の時代から今日までに築き上げてきた、「諦める、祈る、避ける、逃げる、反らす、和らげる、耐える、退ける」といった多様な減災の知恵と技能を、総合化することが欠かせない。高台移転のような「避ける」対応、防潮堤建設のような「退ける」対応だけが、減災の方法ではない。清楚な生活を前提にした「祈る」対応、防潮林や緩衝緑地による「和らげる」対応など、様々な手段を足し合わせることを考えたい。

4 災害に強い社会をつくる

災害に強い人間をつくることも大切だが、災害に強い社会をつくることも大切である。減災における対策の足し算を具体的に見てくると、ソーシャルデザインというか社会そのもののあり方が問われていることに気付く。

時間の足し算で述べた住宅のメンテナンスの重要性は、大量消費時代の垂れ流し文化からの脱却をはかることを求めており、暮らしに密着した慣習としての住まいの作法を受け継ぐことを求めている。それはまさに、社会におけるストックマネージメントのあり方を問いかけるものである。管理性あるいは文化性といった視点からの社会のデザインが求められている。

次の、空間の足し算で述べた身近な空間の整備では、地域や生活に密着してまちづくりを進めること、住民が主体となって環境を管理することが求められる。外面だけがよい張りぼての街をつくるのではなく、内面から力が湧いてくる、生命が宿る街をつくることが求められるのである。地域性あるいは自律性といった視点からの社会のデザインが問われている。

人間の足し算では、行政、コミュニティ、企業、ボランティアなどが、相互信頼のもとに連携することが欠かせない。過度に行政に依存したり、住民に責任を転嫁したりする、もたれあいの社会からの脱却が求められている。ここでは、行政と住民の連携という従来型の枠組みではなく、中間組織や市民組織が積極的に参画する新しい社会的ネットワークが指向されることになる。協働性あるいは関係性という視点からの社会のデザインが求められている。

最後の手段の足し算では、ソフトウエアやヒューマンウエアが問題となるが、それらは社会のあり方や人間のあり方に関わっている。減災に関わる社会的な規範やシステムを見直すことが求められているのである。希薄な防災意識、脆弱な社会体質、不毛の危機管理などを改めることが、ここでの課題となる。包括性あるいは規範性といった視点からの社会のデザインが問われている。

あとがき

本書の初校を終えた4月14日、熊本県を中心に震度7の大地震が起きた。その後再び震度7を記録したうえ、中央構造線沿いに阿蘇、大分県中部地方や八代地方でも強い地震が連続して発生し、50人近くの犠牲者に加え、エコノミークラス症候群による震災関連死も急増している。余震がつづくなかで、3週間経っても1万5000人を超える被災者が劣悪な条件の下で不自由な避難生活を強いられている。地震学者の石橋克彦氏が1994年に警告したように、日本列島は『大地動乱の時代』(岩波新書)に入ったといえる。主だったものだけを見ても1995年の阪神・淡路大震災、2004年の中越大震災、2011年の東日本大震災というように、大規模な震災が相次いでいる。地震災害だけではなく、御嶽《おんたけ》山や桜島の噴火に象徴されるような火山災害も度々起こっている。さらに、2015年の鬼怒川水害に代表される水害や土砂災害も、ほぼ毎年、国内のどこかで発生しており、いまや私たちは文字通り「大災害の時代」に生きているといえる。

だが、日本は、世界のなかでも最も自然災害の多い国のひとつであるにもかかわらず、本書の随所で指摘されているとおり、避難所や仮設住宅での被災者の扱いに象徴されるように、人権を無視した極めて劣悪な水準に留まっているうえ、防災のための専門省庁ももっていない「防災貧国」である。それどころか、「創造的復興」を掲げる政府や宮城県のように、震災復興において被災者の生活や生業の再建よりも、大企業のためにビジネスチャンスを提供する不要不急の公共事業や規制緩和を最優先する「惨事便乗型復興」がまかり通っている。しかも、熊本地震直後の記者会見の場で、菅官房長官が憲法改正による緊急事態条項の必要性を示唆したように、「惨事便乗」は政治の側面にも波及している。しかし、東日本大震災被災地や熊本県の被災地自治体からは、国の迅速な支援とともに現場の裁量権を強く求める声があがっている。ところが、首相は現地視察も中止して懸案のＴＰＰ国会審議を優先する一方で、激甚災害指定を遅らせた。またリスクの大きい川内原発の運転停止についても頑なに否定している。余震が頻発するなかで屋内避難指示を強制しようとした政府の誤った判断は、この国の災害対応力のなさを露呈しているといえる。

一方、東日本大震災被災地の現状は、本書の各章で指摘されているように、国民の税負担によって26兆円に及ぶ予算が組まれたにもかかわらず、未だ17万人の被災者が不便な避難生活を送っている。他方で、アベノミクスの一環として誘致した東京オリンピック関連事業のために資材・人件費が高騰し、復旧・復興事業の未執行が問題になっているうえ、復興予算の被災地以外での流用、除染を含む復旧・復興事業の一括受注、復興交付金・補助金等の獲得、法人税負担の軽減前倒しなど、大企業の「惨事便乗」ぶりが際立っている。

このような復興ビジネスの隆盛とは裏腹に、東日本大震災は、東京電力福島第一原発事故も誘発したために、人類史上最悪といってもいい複数の原発事故の同時発生による核被害は、広範な大地、海洋に及び、放射性物質の除去と封じ込めには途方もない時間と費用を要することも明らかになっている。

にもかかわらず、安倍内閣は、民主党政権の震災直後に決定した5年間の「集中復興期間」を予定通り終了し、２０１６年度以降は「復興・創生期間」として、被災地の地元負担と被災者の自立を、福島県の核被害被災者を含めて求めていく方針を決めた。そこには、被災地の実情に即して柔軟に対応するという姿勢は見られない。逆に、今後も支援を要する原発被災者や地域を制度的になくすことで、事実上の原発事故収束宣言を行い、原発再稼働や原発輸出を推進しようとする安倍内閣の成長戦略優先姿勢が透けて見える。

だが、ひとたび被災地を歩き、被災者の生活実態やそれを支える農林漁業、商工業、医療、福祉を含むサービス業の再建状況を見るとき、劣悪な仮設住宅生活での孤立化や不健康状態の慢性化、二重ローン負担、販売先の喪失等の形で、5年の時間が重くのしかかっている。被災地の基礎自治体は、住民に最も身近な公共団体であるが、職員自身が被災者である場合が多いうえ、なかには岩手県の陸前高田市や大槌町など多くの職員が犠牲になったところもある。そのなかで、政府が求める「創造的復興」と被災者の生活の再建のはざまで、精神的なストレスを抱えながら復旧・復興事業に携わっている職員も多い。

地震・津波災害に加え、長期にわたって広域的に人的被害・環境汚染をもたらす原発事故災害が複合したにもかかわらず、基礎自治体職員の増員や長期にわたる復旧・復興体制・放射能汚染・健康被害対策の再確立といった特段の法的対応も行わず、初期設定した政策スキームにこだわり、必要な措置をとらないことが、「復興災害」（第1章）といわれる第二次被害を拡大しているのである。

本書の発端は、はしがきでも指摘しているように、被災地に住む研究者や東日本大震災後何度も被災地で調査を重ねたり、基礎自治体での震災復興計画づくりに取り組んできた研究者が中心となり、国連防災世界会議に合わせて作成した報告書である。これをもとに、最新の情報を加えて補強したり詳細に論じて、ひとつの著作としてまとめたものである。その目的は、書名が示すように、東日本大震災の復興の検証を通して、「惨事便乗型復興」の問題点を明らかにしつつ、憲法に基づく幸福追求権、生存権、そして財産権を保障する「人間の復興」への展望を示すことにある。

そのために研究会は、東日本大震災復旧・復興支援みやぎ県民センターの代表世話人も務める綱島不二雄氏のリーダーシップの下、自然科学から社会科学に至る幅広い研究分野の専門家から構成されている。分野は異なるものの、みな災害現場に立ち、同様の認識、問題意識をもっている面々であり、研究会を重ねるなかで将来の災害に備え、災害法制面での抜本的な改革案をその理念とともにより強く打ち出すことで意見が一致した。

そこで、阪神・淡路大震災以来、憲法に基づく災害法制や被災者救済制度の拡充を求め、さらに法務分野で実践を積み重ねてこられた津久井進弁護士に新たに執筆陣に加わっていただくことにした。津久井氏に参加してもらったことにより、本書が全体として主張しようとしていた「人間の復興」の具体的な姿が、法制度論として明確にすることができたといえる。多忙ななかで研究会や本書執筆の労をとっていただいた津久井氏に、この場を借りて改めて御礼を申し上げたい。

本書では、国際比較の視点だけでなく、各章ごとに関東大震災、昭和三陸津波と東北冷害、雲仙普賢岳噴火災害、阪神・淡路大震災、中越大震災といった東日本大震災前に近現代の日本で起きた災害と復興のあり方まで振り返りながら、東日本大震災の復旧・復興政策の検証を、国や地方自治体による行財政対応、住宅再建、農林水産業をはじめとする地域産業再建、金融支援という側面から、豊富な実証資料をもとに行っている。それぞれの分野ごとに「創造的復興」の問題点が明らかにされるとともに、「人間の復興」に向けた政策提案がなされているので、ぜひ味読してもらいたいと思う。

最後の2章では、前述した津久井氏の災害法制改革論とともに、災害研究のエキスパートである室﨑益輝氏に、多くの災害体験をベースに災害対策の理念と減災の思想、考え方について執筆していただいた。阪神・淡路大震災後21年の復興過程の問題を時間経過とともに明らかにした塩崎賢明氏の第1章とともに、災害前の減災、災害発生時の初期対応、2年目以降の中期段階という時間軸のなかで論が展開されている。自然との共生による人間社会の持続性をめぐる深い洞察とともに、災害の専門家だけでなく多くの人びとに読んでいただきたい内容となっている。

「大災害の時代」において、どの地域も被災地になりえるし、誰もが被災者になる可能性がある。これは、今回の熊本・大分県での大地震が改めて警告していることでもある。本書が、被災地での被災者の立場に立った「人間の復興」の前進に加え、将来の大災害に備え現行憲法の理念に基づいて国および地方自治体の災害法制・体制を抜本的に改革するために、何がしかの参考になれば、幸甚である。

２０１６年５月６日　編者を代表して　岡田知弘

宮入興一（みやいり・こういち）

愛知大学名誉教授・客員所員、長崎大学名誉教授。経済学修士 (大阪市立大学)。

東京市政調査会藤田賞受賞 (論文「災害対策と地方財政運営」、1995 年)。

財政学・地方財政学の見地から地域開発論に取り組んできたが、1982 年の長崎大水害、1991 年の雲仙普賢岳火山災害、とくに 1995 年の阪神・淡路大震災を契機に、災害の政治経済学の展開に本格的に取り組んでいる。

編著に『四川大震災の総合的研究』(愛知大学中部地方産業研究所、2011 年)、『現代日本租税論』(税務経理協会、2006 年)、共著に『東日本大震災ー住まいと生活の復興』(ドメス出版、2013 年)、『災害復興と自治体ー「人間の復興」へのみち』（自治体研究社、2013 年）など。

室﨑益輝（むろさき・よしてる）

神戸大学名誉教授、兵庫県立大学防災教育研究センター長。工学博士（京都大学）。

地区防災計画学会会長。ひょうごボランタリープラザ所長。海外災害援助市民センター副代表。避難計画・防災計画・復興計画を専門に研究を行ってきた。1976 年の酒田大火以降、内外の数多くの復興計画に関わっている。

主著に『地域計画と防火』（勁草書房、1981 年）、『建築防災・安全』（鹿島出版会、1989 年）、『地震列島・日本の教訓』（NHK 出版会、2010 年）など。

主な論文に「復興まちづくりの現状と課題」日本災害復興学会誌第 5 号、2012 年など。

津久井 進（つくい・すすむ）

弁護士（兵庫県弁護士会）。

1995 年弁護士登録。弁護士法人芦屋西宮市民法律事務所所属。

宅地建物取引主任者、マンション管理士。

日本弁護士連合会災害復興支援委員会副委員長、兵庫県震災復興研究センター共同代表、阪神・淡路まちづくり支援機構事務局次長、一人ひとりが大事にされる災害復興法をつくる会共同代表。

関西学院大学災害復興研究所研究員、福島大学大学院東京サテライト非常勤講師、神戸松蔭女子学院大学非常勤講師ほか。民事・刑事・家事など幅広い分野で弁護士活動をするほか、災害復興の制度改善や被災者に対する法的支援に取り組む。

主著に『Q&A 被災者生活再建支援法』（商事法務）、『大災害と法』（岩波新書）、（以下いずれも共著）『災害復興とそのミッション』（クリエイツかもがわ）、『3・11 と憲法』（日本評論社）、『「災害救助法」徹底活用』（クリエイツかもがわ）、『東日本大震災復興の正義と倫理―検証と提言 50』（クリエイツかもがわ）、『住まいを再生する』（岩波書店）など。

綱島不二雄（つなしま・ふじお）

元山形大学農学部教授、農学博士（東北大学）。

東北大学農学研究所講師、札幌大学経済学部教授を歴任。

日本農業経済学会理事、日本フードシステム学会理事、家族複合経営論、フードリサイクルシステム論、化学肥料産業論、日本科学者会議地震・津波災害復興研究委員会委員長、東日本大震災復旧・復興支援みやぎ県民センター代表世話人。

主著に『戦後化学肥料産業の展開と日本農業』（農文協、2004 年）。

主論文は「複合経営の展開条件に関する研究」山形大学紀要農学編第 12 巻 2 号別冊（1994 年）。

鳥畑与一（とりはた・よいち）

静岡大学人文社会科学部教授。

専門は国際金融論。

1989 年大阪市立大学経営学研究科後期博士課程修了。国際的な自己資本規制を中心に消費者金融、中小企業金融からカジノ合法化問題に至るまで幅広い研究テーマを手がけている。

主著に『略奪的金融の暴走』（学習の友社、2009 年）、『カジノ幻想』（ベスト新書、2015 年）、共著に「グローバル資本主義下のファンド」（野中郁江編著『ファンド規制と労働組合』新日本出版社、2013 年）、「地域振興と中小企業金融」（吉田敬一編著『地域振興と中小企業』ミネルヴァ書房、2010 年）など。

平岡和久（ひらおか・かずひさ）

立命館大学政策科学部教授。

専門は財政学、地方財政論。

大阪市立大学大学院経済学研究科後期博士課程単位取得退学。高知短期大学、高知大学を経て、現職。

日本地方自治学会理事、自治体問題研究所副理事長。

地方税財政改革、自治体財政の実態分析、複線型自治と財政、農山村の地域政策などを現在の主要な研究テーマとしている。

編著に『新しい時代の地方自治像と財政』（自治体研究社、2014 年）、共著に『検証・地域主権改革と地方財政』（自治体研究社、2010 年）、『財政健全化法は自治体を再建するか』（自治体研究社、2008 年）など。

■執筆者紹介（50 音順）

岡田知弘（おかだ・ともひろ）

京都大学大学院経済学研究科教授、経済学博士（京都大学）。

自治体問題研究所理事長、日本地域経済学会会長。

地域開発政策論、地域経済論を専門に研究。1995 年の阪神・淡路大震災以来、中越大震災、東日本大震災の被災地調査に取り組み、災害復興問題にも研究領域を広げている。

主著に『日本資本主義と農村開発』（法律文化社、1989 年）、『地域づくりの経済学入門』（自治体研究社、2005 年）、『一人ひとりが輝く地域再生』（新日本出版社、2009 年）、『震災からの地域再生』（新日本出版社、2012 年）、『「自治体消滅」論を超えて』（自治体研究社、2014 年）、共編著に『震災復興と自治体』（自治体研究社、2013 年）、『災害の時代に立ち向かう』（自治体研究社、2016 年）など。

片山知史（かたやま・さとし）

東北大学農学研究科教授、博士（農学）。

専門は資源生態学、沿岸資源学。

東北大学農学部卒、同助手、水産総合研究センター中央水産研究所・主任研究員、室長を経て、2011 年 4 月より現職。

沿岸資源生物の生態および生息環境の特性を明らかにしながら、資源が変動するメカニズムの解明と資源管理理論の構築に取り組んでいる。

著書に（分担執筆）『地球温暖化とさかな』（成山堂書店）、『浅海域の生態系サービス』（恒星社厚生閣）、『自然資源経済論入門』（中央経済社）、『水産海洋学入門　海洋生物資源の持続的利用』（講談社）、（単著）『魚と放射能汚染』（芽ばえ社）など。

川瀬憲子（かわせ・のりこ）

静岡大学人文社会科学部教授、経済学博士（京都大学）。

大阪市立大学大学院博士課程経営学研究科単位修得。

日本地方財政学会理事、日本地方自治学会理事、自治体問題研究所副理事長。

主著に『アメリカの補助金と州・地方財政』（勁草書房、2012 年）、『「分権改革」と地方財政』（自治体研究社、2011 年）、『市町村合併と自治体の財政』（自治体研究社、2001 年）など。

論文に「被災者・被災地支援と市町村合併—宮城県石巻市財政を事例に」岡田知弘・自治体問題研究所編『震災復興と自治体—「人間の復興」へのみち』（自治体研究社、2013 年）など。

塩崎賢明（しおざき・よしみつ）

立命館大学教授、神戸大学名誉教授。

日本住宅会議理事長、兵庫県震災復興研究センター代表理事、阪神・淡路まちづくり支援機構代表委員。

神戸大学助手、助教授、教授を経て現職。その間、オクスフォード大学（セントキャサリンズカレッジ）、バーミンガム大学で客員研究員。

専門は住宅問題、住宅政策、都市計画。

阪神・淡路大震災を契機に国内外の復興まちづくり、住宅復興研究に取り組む。住宅復興研究で 2007 年度日本建築学会賞（論文賞）受賞。

主著に『復興〈災害〉』（岩波新書、2014 年）、『住宅復興とコミュニティ』（日本経済評論社、2009 年）、『住宅政策の再生』（日本経済評論社、2006 年）など。

装幀：守谷義明＋六月舎
組版：Shima.

東日本大震災◎復興の検証
どのようにして「惨事便乗型復興」を乗り越えるか

2016年6月10日　第1刷発行

編　　者　綱島不二雄・岡田知弘・塩崎賢明・宮入興一
発 行 者　上野良治
発 行 所　合同出版株式会社
東京都千代田区神田神保町 1-44
郵便番号　101-0051
電話　03（3294）3506　FAX　03（3294）3509
振替　00180-9-65422
ホームページ　http://www.godo-shuppan.co.jp/
印刷・製本　株式会社シナノ

■刊行図書リストを無料進呈いたします。
■落丁・乱丁の際はお取り換えいたします。

ISBN978-4-7726-1274-6　NDC360　210 × 148